법 이야기

오 호 택

동방 동방문화사

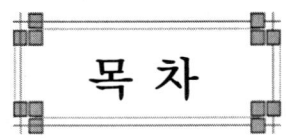

Ⅰ. 법을 아는 것이 힘이다

- [1] 『법 이야기』에 대한 이야기 ·· 3
- [2] 법은 옷이다(법과 일상생활) ·· 7
- [3] 법 없이도 살 사람(법의 기능) ·· 9
- [4] 법대로 하자(법의식과 준법정신) ·· 11
- [5] 법은 영어보다 쉽다(법과 법학공부) ···································· 14
- [6] '한글 전용'은 한글의 전용인가(법률용어) ··························· 16
- [7] 왜 법률용어는 한자투인가(법률용어의 기원) ······················· 19
- [8] "귀에 걸면 귀걸이, 코에 걸면 코걸이"(엄밀한 법개념) ······· 21
- [9] 법전을 외우는 것이 법학 공부?(3가지 법학 공부) ············· 24
- [10] 법대에는 천재가 없다(법학도의 자질) ······························ 27
- [11] '약은 약사에게, 진료는 의사에게' 그러면 법은?(법률전문가) ········ 30
- [12] 로스쿨은 NO스쿨이 아닐까(사법시험과 로스쿨제도) ········ 33
- [13] 사람들이 법에 대해 물어볼 때(법률자문) ························· 37

Ⅱ. 법이란 무엇인가

- [14] '법'은 어디서 온 말일까 ·· 43
- [15] "내일은 내일의 태양이 뜬다"(법과 자연법칙) ···················· 45
- [16] 잠꼬대와 취중진담(행위의 준칙) ·· 47
- [17] 법은 OX 문제가 아니다(법률관계의 복합성) ····················· 50
- [18] 신데렐라와 콩쥐팥쥐(법의 명확성) ···································· 53
- [19] AI는 판사와 검사를 대체할 수 있을까(사실의 해석) ········· 55
- [20] '어르신 우선주차'(법의 강제성) ·· 57
- [21] 킥보드를 규제해야 하나(법의 규범력) ······························ 60

[22] 미니스커트와 트랜스젠더(법과 시대의 변화) ················· 63
[23] 시대를 앞서갈 수는 없는 법(국가와 사회의 구분) ·············· 65
[24] 개고기 식용금지, 왜?(과잉입법) ······························· 68
[25] 삼성 반도체는 왜 평택에 자리했나(법과 현실) ················· 71
[26] 정당한 학생지도는 아동학대가 아니다(입법과 포퓰리즘) ········· 74
[27] 유방(劉邦)의 '약법삼장'(일반법과 특별법) ····················· 77
[28] 빵 하나 훔친 장발장(정의와 법적 안정성) ····················· 80
[29] 말 전하기 게임과 인사청문회(합목적성) ······················· 83
[30] 악법은 법이 아닌가(타당성과 실효성) ························· 86
[31] '갑질'와 '을질'의 차이(법적 제재) ···························· 88
[32] 윤리 선생님의 비 윤리(법과 도덕) ···························· 90
[33] 남자와 여자는 언제부터 부부일까(관습법) ···················· 92
[34] 자살폭탄 테러범의 심리(종교) ································ 94
[35] 법은 시대의 거울이다(법격언) ································ 96

Ⅲ. 법의 속성과 법을 알기 위한 약속들

[36] 다윗과 골리앗, 그리고 토끼와 거북(관점과 학설) ·············· 101
[37] 헌법은 최고 법인가(상위법·하위법) ·························· 105
[38] 그 많은 법 중 "뭣이 중헌디?"(신법·특별법·예외법) ············· 107
[39] 악수는 누가 먼저?(법 원칙의 우선순위) ······················ 110
[40] 강행되지 않는 법도 법일까(강행법과 임의법) ················· 112
[41] 법률에 자세히 안 나오면 어떻게?(위임입법과 판례법, 근로시간) · 114
[42] '이달 셋째 주 수요일'은 언제인가(조리) ······················ 117
[43] AI가 만든 것은 AI 것일까(인격과 법인격) ···················· 120
[44] 자율주행자동차와 법(법과 정의) ····························· 123
[45] 싸움 말리다 싸움 된다(선의·악의, 제3자) ···················· 126
[46] "바람이 불면 나무통 장사가 돈을 번다"(인과관계) ············· 129
[47] 상금을 나누는 방법(법률관계, 권리의 충돌, 다수결) ············ 132
[48] 춘향이 말하기를 "나는 몰라요"(비진의 의사표시) ·············· 134
[49] 이팔청춘 이몽룡과 성춘향(만나이, 연나이, 세는 나이) ·········· 137

[50] 주차금지와 정차(법의 해석) ·················· 139
[51] '검수완박법'(예시와 열거) ·················· 142

Ⅳ. 법에는 어떤 것들이 있을까

[52] 수호지의 양산박(국가·국민주권·대의제) ·················· 147
[53] 헌 법과 새 법(헌법개정) ·················· 150
[54] 나찌와 히틀러(민주주의와 중우정치) ·················· 153
[55] 모든 것은 대통령 탓?(국민의 주권과 책임) ·················· 156
[56] 속도 무제한 아우토반(법치국가원리) ·················· 159
[57] "대한민국은 남녀공화국이다"(평등권, 평등의 원칙) ·················· 161
[58] 사교육 문제의 완벽한 해결 방안(실질적 평등) ·················· 164
[59] "화이트 크리스마스를 만들어 주세요"(기본권의 효력) ·················· 168
[60] 누구를 먼저 구할까(생명권) ·················· 171
[61] "빨갱이가 되라"(사상의 자유) ·················· 173
[62] 하드리아누스 황제와 시인 플로루스(언론의 자유) ·················· 176
[63] "빨리 대학생이 되고 싶어"(교수의 자유) ·················· 179
[64] 인구절벽과 대한민국 소멸(사회권) ·················· 181
[65] 정권교체의 4가지 방식(민주주의와 선거) ·················· 184
[66] 선거의 일상화(대통령제와 책임정치) ·················· 186
[67] 왕과 대통령(권력분립, 입법·행정, 정당) ·················· 190
[68] 패키지 입법과 특별법 전성시대(입법) ·················· 193
[69] 세금이 없는 북한(세법·납세의무) ·················· 196
[70] 발명특허는 확인, 운전면허는 허가(행정행위) ·················· 199
[71] 잘 먹고 잘 사는 법(민법과 상법) ·················· 202
[72] 대동강 물을 팔아먹는다고?(소유권·계약·채무, 사기) ·················· 205
[73] 팥죽 한 그릇에 장자권을 판 에서(계약의 무효) ·················· 208
[74] 합스부르크 왕가의 비극(혼인의 범위) ·················· 211
[75] 게을러터진 흥부네(상속, 유류분, 근로연령) ·················· 213
[76] 눈에는 눈 이에는 이(복수와 국가형벌권) ·················· 216
[77] 양육비 거부자의 신상공개?(자력구제·정당방위·긴급피난) ·················· 219

[78] 마약죄와 도박죄의 공통점(국가형벌권) ·· 221
[79] 자식은 남이다(형사책임 개별화, 연좌제) ··· 224
[80] 슬기로운 감방생활(형의 집행) ··· 226
[81] 카인의 후예(형벌, 살인·살인미수·살인예비) ······································ 229
[82] 재크와 콩나무(살인과 절도, 아동학대) ·· 233
[83] 홍길동과 알리바바(절도죄와 강도죄, 장물죄) ···································· 235
[84] 잠자는 숲속의 공주(성희롱·강제추행·강간) ······································· 238
[85] 심봉사를 도와주자(사회복지) ·· 241
[86] 성냥팔이 소녀(노동관계법) ·· 244
[87] 허생전의 곶감(공정거래법·물가안정법) ·· 247
[88] '악보팔이' 모차르트(저작권·지적재산권) ··· 249
[89] 이스라엘-하마스 전쟁은 누가 책임질까?(국제법과 국제사법) ········ 251

V. 법대로 안 될 때

[90] 결국은 법대로 된다(재판과 심급제) ··· 257
[91] 어떤 법을 적용해야 하나(속지주의, 현행법) ······································ 260
[92] 변사또가 왜 재판을 해?(사법부의 독립) ··· 262
[93] '베니스의 상인'의 엉터리 재판(제척·기피·회피) ······························· 265
[94] 네가 몸으로 때워라(민사재판과 형사재판, 기타) ····························· 268
[95] "네 죄를 네가 알렷다"(증거재판·입증책임) ······································· 271
[96] "이 재판 내가 이긴 건가요?"(각하, 기각·인용) ································ 275
[97] 솔로몬의 엉터리 재판(재판의 강제집행) ··· 277
[98] 남성만 군대 가는데(위헌법률심판·헌법소원 등) ······························· 279
[99] 지금 야간옥외집회는 가능한가(위헌과 헌법불합치) ························· 282
[100] 탄핵, 또 탄핵이야?(탄핵심판) ··· 285
[101] 진보당과 통합진보당(정당해산심판) ·· 288
[102] 『법 이야기』를 마치며 ·· 291

색인 ·· 295

Ⅰ. 법을 아는 것이 힘이다

[1] 법 이야기』에 대한 이야기.
[2] 법은 옷이다(법과 일상생활)
[3] 법 없이도 살 사람(법의 기능)
[4] 법대로 하자(법의식과 준법정신)
[5] 법은 영어보다 쉽다(법과 법학공부)
[6] '한글 전용'은 한글의 전용인가(법률용어)
[7] 왜 법률용어는 한자투인가(법률용어의 기원)
[8] "귀에 걸면 귀걸이, 코에 걸면 코걸이"(엄밀한 법개념)
[9] 법전을 외우는 것이 법학 공부?(3가지 법학 공부)
[10] 법대에는 천재가 없다(법학도의 자질)
[11] '약은 약사에게, 진료는 의사에게' 그러면 법은?(법률전문가)
[12] 로스쿨은 NO스쿨이 아닐까(사법시험과 로스쿨제도)
[13] 사람들이 법에 대해 물어볼 때(법률자문)

Ⅰ. 법을 아는 것이 힘이다

[1] 『법 이야기』에 대한 이야기

 첫 항목은 이 책의 머리말에 해당하는 내용이다. 이 책을 쓰게 된 동기, 이 책과 관련된 책들과의 연결을 설명한 부분이다. 그러므로 빨리 법이 무엇인지 알고 싶다면 건너뛰어 다음 항목으로 넘어가도 된다.
 이 책의 제목을 『법 이야기』라고 할지 『쉬운 법 이야기』」로 할지 고민했다. 아무래도 그냥 『법 이야기』라고만 하면 너무 평범한 제목처럼 들린다. 이 책의 내용이 '쉬운 법'에 대한 이야기인가? 아니면 법에 대한 '쉬운 이야기'인가? 둘 다 맞다. "법은 어렵지 않고 쉽다."는 것이 하고 싶은 말이다. 그러려면 법을 쉽게 설명해야 한다. 어렵게 설명하면 법 자체가 어렵다는 느낌을 지우기 어렵다. 물론 법에는 어렵고 복잡한 부분도 있지만 그런 부분은 자세히 설명하지 않고 넘어갈 예정이다.
 결국 이 책을 쓰는 이유는 법에 대한 이해를 위하여, 법을 쉽게 설명하는 데 있다. 오랫동안 법학을 강의하면서 학생들에게 설명하던 사례와 이야기들을 기록해 두는 것이 좋겠다는 생각이 들어서 쓰기 시작하였다. 대학가에서는 이런 말이 있다. "쉬운 것을 어렵게 설명하는 것은 하급 교수, 어려운 것을 어렵게 설명하는 것은 중급 교수, 어려운 것을 쉽게 설명하는 것은 고급 교수" 단순한 조크가 아니라 사실은 이 말이 진리다. 자신이 체험한 것이거나 그렇지는 않아도 충분히 잘 알고 있는 것이라야 쉽게 설명할 수 있는 것이다.

　사실 처음 법학을 공부하는 사람들을 위하여, 또는 법학입문 교재로 『법학 첫걸음』[1]을 쓴 바 있다. 그 책의 제목도 처음에는 『법학개론』이었다가 『법학입문』을 거쳐 바뀐 것이었다. 제목을 보았을 때 법과 법학에 대하여 친숙한 이미지로 다가설 수 있도록 제목에 대해서 많이 고민했던 결과다. 『법학 첫걸음』은 법학을 공부하려는 사람에게 법학이 어떤 내용으로 구성되어 있으며 어떤 용어들을 쓰는지, 관련 자료를 모아 법학의 기초 내용을 체계적으로 설명한 것이다. 그에 비하여 이 책 『법 이야기』는 법의 기본 개념을 설명하기 위하여 들었던 사례나 사건들을 중심으로 더 쉽게 풀어서 이야기하였다. 특히 법학을 전공하지 않을 비전공자나 일반인 수준에서 이해할 수 있는 수준으로 설명하려고 노력하였다. 그러므로 체계나 짜임새는 조금 부족하더라도 법과 법학에 대하여 맛보기를 할 수 있을 것이다.

　물론 법학은 헌법, 민법, 형법 등 각 세부 분야가 잘 구성되어 있다. 따라서 법을 본격적으로 공부하려면 『법 이야기』와 『법학 첫걸음』을 읽어본 후 각 법학 분야의 교과서들을 차례로 정독해야 한다. 더 나아가 관련 판례나 논문들을 공부해야 제대로 법학 공부를 하는 것이다. 다만 그건 법학 전공자가 해야 할 일이고, 처음 법학을 대하는 사람이나 일반인이라면 기본적인 법의 내용과 용어에 친숙해지는 것이 먼저 필요하다. 『법 이야기』는 그런 사람들을 위하여 쓴 것이다. 그래서 딱딱한 법학 교과서 같은 설명이 아니라 관련 에세이나 신문 칼럼을 쓰는 기분으로 써 내려갔다. 우리 주변에 법과 법학에 대하여 무조건 어렵다고 느끼는 사람들이 많은 이유는 뒤에서 살펴볼 것이다. 아무튼 이 책을 읽어가면서 법에 대한 거부감이 줄고 좀 더 법과 친숙해질 수 있으면 좋겠다.

---

[1] 오호택, 『법학첫걸음』, 제4판, 동방문화사, 2023.

"악마는 디테일에 있다."는 말이 있다. 이 『법 이야기』를 통해서 법이 생각보다 어려운 것은 아니라고 느끼면 좋겠지만, 부분적으로는 이해가 안 되는 부분이 있거나 생소한 법률용어를 만날 수도 있을 것이다. 그럴 때는 어떻게 해야 할까? 모든 것을 지금 완벽하게 알려고 하지 말고 그냥 넘어가면 된다. 사람들이 서로 대화를 나눌 때도 모든 말을 다 알아듣지는 않는다고 한다. 보통 의사소통을 위해서는 상대방이 하는 말의 20~30%만 알아들으면 충분하다. 어떤 연구에 따르면 의사소통의 최대 93%는 말이 아니라 비언어적 방식에 의한 것이라고 한다.[2] 따라서 이해하기 어려운 부분은 "뭐 그런 게 있나 보다."고 생각하고 다음 항목으로 넘어가면 된다. 이 책을 끝까지 읽었을 때나 그 이후에 다른 전공 서적을 통해서 지금 몰랐던 부분도 자연스럽게 이해하게 될 것이다. 또 목차나 찾아보기를 이용하여 궁금한 사항에 대하여 그때그때 찾아보는 것도 도움이 될 것이다. 목차를 보면 (   )안에 있는 부분이 있는데, 법학 전공의 관련 항목을 적은 것이니 용어가 낯설다면 이것도 무시하고 넘어가도 된다.

이 책이나 법학 전공책이 아니더라도 일반적으로 도움이 될 만한 독서법을 추천하고 싶다. 필자가 가끔 사용하는 독서법이다. 즉 책 내용이 머리에 잘 안 들어올 때는 다 읽지 않고 한 페이지에서 서너 줄씩만 읽으면서 넘어가거나, 따옴표로 된 대화 부분만 읽거나, 또는 사진이 많은 책이라면 사진 설명만 읽으면서 넘어간다. 그래도 다 읽고 나면 어느 정도 대강 머릿속에 남아 있게 된다. 다음 기회에 그 책을 다른 방식으로 또 읽어보거나 정독하면 훨씬 풍부한 지식과 교양이 된다. 얘기 나온 김에 또 한 가지 독서법을 추천하고 싶은 것이 있다. 어떤 주제의 책을 서너 권씩 시리즈로 읽는 것이 바람직하다. 그래야 하나의 책에서 어떤 점이 잘못된 것인지 알게 되고 전체적으로 자신의 지식과 교양이 된다.

---

[2] https://changingminds.org/explanations/behaviors/body_language/mehrabian.htm(검색 2024.1.3.)

아무튼 이 책 『법 이야기』에서 하고 싶은 말은 다음 한 문장으로 요약할 수 있겠다.

"법과 법학은 우리 실생활에 꼭 필요하고, 쉽게 이해할 수 있는 분야이다."

[2] 법은 옷이다(법과 일상생활)

인간이 수렵과 채집으로 생활하던 원시시대에는 옷이 없었다. 옷 대신 긴 머리와 몸의 털이 우리를 어느 정도 보호하는 역할을 했을 것이다. 하지만 빙하기가 되어 맨몸으로는 추위를 견디기 어려웠거나 거친 동물들을 사냥하면서 맨몸으로는 부족함을 느낀 인간들은 옷을 발명했다. 동물의 가죽이나 식물의 덩굴 등으로 몸을 보호하고 가리기 시작했다. 옷의 편안함과 유용함 때문에 몸의 털은 줄어들거나 없어졌다. 이제 모든 인간은 옷 없이 살 수 없다. 물론 적도 부근의 더운 나라에서 원시 생활방식으로 살아가는 부족이거나, 또는 의식적으로 옷을 벗고 '인간해방'을 외치는 누드촌의 사람들이 아니라면 그렇다. TV 다큐멘터리 프로에서 그런 원시 부족이나 누드촌 사람들을 본 적이 있다. 그러나 그런 사람은 지구 전체 인구의 몇천분의 1도 안 된다.

"세상에서 제일 유명한 사과 세 가지는?" "이브의 사과, 뉴튼의 사과, 애플사의 사과"라는 이야기는 애플사 출신의 누가 만들어 낸 이야기일 것이다. 뉴튼(Isaac Newton, 1643~1727)이 사과 떨어지는 것을 보고 만유인력의 법칙을 발견했다는 이야기도 전기 작가의 창작일 뿐 사실은 아닐 것이다. 사실 여부는 중요하지 않다. 어쨌든 인력에 의하여 사과가 떨어지는 것은 맞는 말이기 때문이다. 선악과 이야기를 살펴보자. 히브리성경 창세기에 유명한 선악과 이야기가 나온다. 인류 최초의 인간인 아담과 이브(하와)가 신의 명령을 어기고 선악과를 따 먹고 에덴동산에서 쫓겨났다고 한다. 그런데 그 선악과는 어떤 나무 열매였을까? 여러 가지 추측이 있지만 가장 그럴듯한 것은 무화과라는 설명이다. 근거는 이렇다. 선악과를 따먹고 스스로 벗고 있다는 것을 깨닫고 무화과 나뭇잎으로 치마를 만들어 입었다는 이야기가 이어진다. 그런데 갑자기 벗은 몸이 부끄러워졌다면 재료를 찾으러 다닐 새가 없이 바로 옆에 있는 것으로 가렸을 가능성이 크다. 그렇다면 열매를 따 먹은 나무가 옆에 있으니 그 잎사귀로 치마를 만들었을 것이라는 것이다.

얘기가 길어졌는데, 아무튼 옷이 없으면 부끄러움을 느끼고 옷을 입어야 편한 것은 우리 본성이 가르쳐준다. 물론 옷은 부끄러움을 가려줄 뿐 아니라, 추위도 막아주고 다치지 않게 몸을 보호해 주기도 한다. 법이 그렇다. 법은 옷과 같다. 보통의 사람이라면 옷을 입지 않고 거리에 나가면 창피함을 느낄 뿐 아니라 겨울에는 동사하기 쉽다. 이와 마찬가지로 사람들은 누구나 법이 없이 그대로 세상에 노출된다면 제대로 살아갈 수 없게 된다. 인간은 '요람에서 무덤까지(From the Cradle to the Grave)[3]'가 아니라 '엄마 뱃속에서부터 죽은 이후까지' 법의 지배를 받고 있다. 출생신고, 사망신고 뿐 아니라 일상에서 조금만 움직여도 법이 적용된다. 사자(死者) 명예훼손죄(형법 §308) 같은 경우 사람이 '죽은 이후'에 문제가 된다.

법이 적용되지 않는 사건이나 인간관계가 있을까? 예컨대 "A가 B를 사랑한다."고 할 때 사랑하고 안 하고는 법이 간섭할 문제가 아니라고 생각해 볼 수 있다. 그것이 순순하게 A의 마음속에 머무는 동안만 그렇다. A가 사랑을 고백하고 B가 이를 받아들이면 서로 사귀는 사이가 되고, 나중에 결혼할 수도 있다. 물론 중간에 헤어질 수도 있다. 또는 B가 사랑을 받아들이지 않는데도 A는 포기할 수 없는 경우도 있을 수 있다. 그 과정에서 약혼과 결혼에 관련된 민법의 규정들, 형법이나 「스토킹방지 및 피해자보호 등에 관한 법률(스토킹방지법)」이[4] 필요한 경우도 생길 수 있다. 또 다른 예로 A와 B가 부모와 자식 간이라면 부양의 의무나 부모 이혼 시 양육 청구권, 상속 문제 등에서 사랑하고 안 하고가 법적으로 문제 될 수 있다. 우리가 '옷 없이 살아가는 삶'이 잘 상상이 안 되듯이 '법이 없이 살아가는 것'은 상상하기 어렵다고 생각해 두고 다음 이야기로 넘어가자.

---

[3] 1942년에 영국의 베버리지 보고서의 사회보장제도에 대한 목표를 표현한 구호였다. 사회권과 사회보장에 대해서는 [64] 인구절벽과 대한민국 소멸(사회권) 참조.
[4] 긴 법률명은 「 」안에 넣되, ( )안에 있는 것은 약칭이다.

[3] 법 없이도 살 사람(법의 기능)

우리 속담에 '법 없이도 살 사람'이라는 말이 있다. 이 말은 그 사람이 너무나 착해서 법에 저촉될 일을 할 리가 없다는 의미다. 다시 말해서 '매우 착한 사람'이라서 다른 사람과 싸우거나 갈등을 일으키지 않을 사람이라는 말이다. 그러나 우리가 이런 의미로 법의 개념을 이해한다면 이는 과거 조선시대의 유물이다. 조선시대는 신분상의 차별, 즉 양반과 상민·천민의 구분이 있던 시대다. 이때의 법은 상민이나 천민을 다스리기 위하여 존재했다. 일반적으로 법은 양반을 구속하지 않았다. 물론 양반은 양반끼리의 관계에서는 예(禮)의 지배를 받는 것으로 이해하였으므로 현대의 개념에 따르면 '예가 곧 법'이라고 부를 수도 있다. 아무튼 양반은 법의 구속에서 상당한 부분 예외를 인정받았고, 법이 엄격히 적용되는 것은 상민(常民)이었다. 그리고 중국법의 영향을 받아 법은 대부분 형법을 의미하였다. 상민의 입장에서 법은 상민을 탄압하고 수탈하는 도구에 불과하였다. 그래서 법이라고 하면 무조건 피하고 싶어 했는데, 그런 생각이 아직 우리의 의식 속에 남아 있는 것으로 보인다. 지금도 경찰이나 법원에서 어떤 통지서를 받거나 출두 명령을 받으면 대부분의 사람들이 공연히 불안한 이유이다. 따라서 '법 없이도 살 사람'은 남을 해치지 않아서 형법에 따른 처벌을 받을 리 없이 착한 사람이라는 의미를 갖게 되었다.

그런데 우리가 서양법을 받아들여 쓰고 있는 현대에 와서 법의 의미는 조선시대와는 다른 의미를 갖게 되었다. 엄청난 권력을 갖고 있거나, 또는 폭력, 특히 조직적 폭력을 행사할 수 있어서 국가권력을 무시하거나 이용할 수 있다면 법의 제재를 받지 않고 살 수 있을지도 모른다. 그런 경우가 아니고 선량하고 남을 해치지 않는 사람은 법의 보호 없이 살 수 없다. 현실적으로 육체적 힘이 약하고 싸움을 못하면 싸움이 벌어졌을 때 당장은 맞을 수밖에 없다. 하지만 약자도 법의 보호를 받을 수 있고 법에 호소할 수 있다. 우리는 누구나, 오히려 약자인 경우에 "경찰에 신고한다."고 함으로써 힘센 사람을 움츠러들게 만들 수 있다. 이것이 법의 힘이다. 따라서 '법 없이도 살 사람'이라는 말에 해당하는 사람을 현시대에는 '법 없으면 못 살 사람'이라고 해야 옳다.

사람이 법이 없이는 살 수 없다고 할 때, 그 법을 잘 알아야 하는 것은 당연하다. 우스갯소리로 "조직의 쓴맛을 보여주겠다."고 말할 때가 있다. 이 말은 '조폭의 횡포'를 빗댄 말이겠지만, 법에 따라 사건이 처리된다는 것으로 이해하면 법의 특성을 보여주는 말로 이해할 수도 있다. 그렇게 이해하려면 '조직'은 국가를, '쓴맛'은 법적제재를 의미한다고 해야 한다. 개인이 아무 힘이 없다고 해도 정당한 경우라면 국가가 법에 따라 공권력을 동원하여 보호하고 개인의 권리를 확보해 준다.

"법은 멀고 주먹은 가깝다."는 말이 있는데, 이는 국가권력이 제대로 작동되지 않거나, 국가권력을 믿지 못하는 사회에서나 통용되는 말이다. 일제강점기를 떠올리면 쉽게 이해할 수 있다. 그래서 '장군의 아들'이 영웅이었다. 그러나 현재의 대한민국이라면 이 말은 설 자리가 없다. 오히려 요즘에는 법을 잘 이용하여 상대를 괴롭히는 경우를 많이 볼 수 있다. 그래서 '갑질'[5)]에 대하여, 그 구제 절차에 빈번하게 호소하여 오히려 윗사람을 괴롭히는 '을질'이라는 말도 생겨났다. 그러나 이는 법과 제도의 일부 부작용에 해당하고, 본질적으로 약자를 보호해 주는 것이 국가권력이고 그것이 법이다. 그래서 우리 같은 서민은 법 없이 살 수가 없는 것이다.

---

5) '갑질'은 사회·경제적 관계에서 우월적 지위에 있는 사람이 권한을 남용하거나, 우월적 지위에서 비롯되는 사실상의 영향력을 행사하여 상대방에게 행하는 부당한 요구나 처우를 의미한다. 고용노동부, '고용노동분야 갑질 근절을 위한 가이드라인' https:// www.moel.go.kr

[4] 법대로 하자(법의식과 준법정신)

우리는 가족이나 이웃 간에 다툼이 생긴다고 무턱대고 법에 호소하지 않는다. 서로 말로 다투고, 윗사람이나 이웃이 개입하여 해결하고 타협하도록 노력한다. 하다 하다 안되면 하는 말이 "법대로 하자."이다. 그렇다면 그 이전에는 법대로 하지 않는다는 말인가? 지하철이나 버스회사 파업과 관련하여 '준법투쟁'이라는 말이 자주 등장한다. 마찬가지로 이전까지는 법을 법대로 지키지 않았다는 말이다. 우리는 법에 따른 해결 방안을 생각하기 전에 먼저 분쟁을 끝내려고 노력한다. 서양 사람들도 일단을 그렇게 시도해 보지만, 상호 견해 차이가 있을 때는 당연히 제3자인 전문가의 판단을 구한다. 변호사나 판사에게 법에 따른 판단을 구하여 그 판단에 따르는 것이 자연스럽다고 생각한다. 그에 비하여 우리는 어떤가? 가족이나 이웃, 친구 간에 재판을 하게 되면 이미 인간관계는 끝이라고 생각한다. 그래서 일반적으로 재판을 하게 되면 서로 원수가 된다. 예컨대 부모와 자식, 형제간 상속재산 다툼으로 재판을 하게 되면 이미 그 이후 정상적인 가족관계는 끝났다고 생각한다. 따라서 "법대로 하자."는 말은 "너랑 나랑 인간관계는 이제 끝장이다."라는 말과 같다. 그런 심리상태에서 재판이 시작되니까 한 번이 아니라 두 번 세 번[6], 대법원과 헌법재판소까지 갈 수 있는 데까지 다 가봐야 재판이 끝난다.

권리와 의무의 범위를 전문가가 명확히 그어준다는 의미로 재판을 받는 서양 사람들과 달리 우리는 형제간 싸우다가 부모에게 찾아가는 아이들 같은 심리상태라고 할 수 있다. 실제 분쟁 해결 과정에서 형이 잘못했는지, 동생이 잘못했는지는 그다지 중요하지 않다. 그 집안의 가풍대로 "형이 제대로 동생을 돌보지 않았다."고 하거나 "동생이 왜 형에

---

[6] 심급제에 대해서는 [90] 결국은 법대로 된다(재판과 심급제) 참조.

게 덤비느냐"고 하는 식으로 부모의 권위에 따라 싸움이 끝난다. 서양식 권리의식이 우리 의식에 충분히 들어와 있지 못하기 때문이다. 물론 우리가 서양법을 받아들여 사용한 것도 한 세기가 훨씬 넘는 일이기 때문에, 요즘은 상당한 정도로 우리도 서양 사람들과 같은 법의식을 갖게 되었다.

하지만 우리는 아직 법에서 이야기하는 권리와 의무의 관계를 정확히 체득하고 있지는 못하다고 생각된다. 예를 들어보자. 운전을 하다 보면 건널목이 아닌 데서 건너거나 신호등이 빨간불일 때 건너가는 사람을 가끔 보게 된다. 그런데 자신이 불법 무단횡단을 하면서도 표정이 너무나 당당한 사람을 보는 경우가 있다. 운전자나 다른 사람에게 전혀 미안한 마음이 표정에 나타나 있지 않은 뻔뻔한 사람 말이다. 그런 사람을 보면 황당하기 그지없다. 그런 사람은 '보행자 우선'이라는 말을 오해하고 있는 것이 아닌가 한다. '보행자 우선'이라는 것은 교통법규를 지키는 한도에서 지켜지는 원칙일 뿐 불법적 행위를 하는 보행자에게도 우선권이 있다는 말이 아니다. 교통신호는 우리 사회 구성원 모두의 약속이다. 보행자나 운전자나 이 약속을 지킬 때 모두 보호받을 수 있다. 자신만을 생각하면 결국 교통질서, 법질서가 무너지고 모든 사람이 법의 보호를 받지 못하는 원시시대로 돌아갈 뿐이다.

그래서 법을 지키지 않는 경우도 몇 가지 단계로 나눠 볼 수 있다. 당장 주변에 피해자가 없는 경우는 그래도 낫다. 예를 들어 한밤중 보행자나 자동차가 전혀 없을 때인데도 신호등이 켜져 있는 경우가 있다. 이런 때 불법횡단하는 것과 출퇴근 시간에 불법횡단하는 것을 같다고 할 수 없다. 그 기준은 '나의 불법행위로 곧바로 다른 사람이 피해를 당하는지 여부'라고 하겠다. 어떤 행위를 할 때 법에 금지되어 있는지가 중요하지만 시민의 입장에서는 다른 사람에게 해를 끼치는지 생각해 보는 정도의 염치는 있어야 한다. 법을 지킨다는 것은 결국 자신의 자유를 자제하는 것이다. 그러나 크게 보면 그것이야말로 자유를 누리는 방법이 된다. 모든 사람이 자신이 원하는 대로 행동한다면 아무도 자신이 원하는 만큼 자유롭게 행동할 수 없게 된다. 즉 자유를 누리려면 스스로 한계를 지켜야 한다. 법을 지키는 것이야말로 자신을 보호하는 일이 되고, 동시에 다른 사람을 보호하는 일이 된다.

[5] 법은 영어보다 쉽다(법과 법학공부)

　법은 왜 이렇게 어려운 걸까? 아니, 사람들은 왜 법을 어렵다고 생각할까? 답은 간단하다. 법을 잘 모르기 때문이다. 법에서 쓰는 용어를 모르기 때문이다. 호주에 처음 갔을 때 나에게 "구다이~!"라고 하는 말을 들었다. 필자가 영어를 잘하는 편은 아니지만 그래도 간단한 말들은 대화가 통한다고 생각하고 있었는데, "구다이"라니….'굿 아이' 즉 'Good eye?'란 말인가? '내가 눈이 좋은지 물어보는 것인가?' 당황했던 기억이 난다. 나중에 이는 "Good day!"라는 인사라는 것을 알게 되었다. "today"을 "투다이" 하는 식으로 발음한다. 우리는 미국 사람과 대화할 때 너무 말을 빨리 한다고 느낀다. 그러나 미국 사람들은 반대로 우리나라 사람들이 말을 너무 빨리 한다고 느낀다. 당연하다. 알아듣기 어렵기 때문에 그렇게 느끼는 것이다.

　법도 그렇다. 법에 대해서 잘 모르기 때문에 외국어나 외계어로 느끼는 것이다. 그 원인에 대해서는 앞으로 계속 살펴보게 될 것이다. 여기서 짚고 넘어가고 싶은 것은 절대 법이나 법학이 어렵지 않다는 점이다. 특히 영어만큼 관심을 가지고 시간을 투자한다면 법과 법학은 너무나 쉽고 재미있고, 특히 혼자 알아가기에 편한 분야라는 점을 말하고 싶다. 법은 영어보다 쉽다. 영어만큼 많은 단어를 외울 필요 없이 약간의 법적 개념이나 용어들에 익숙해지면 된다. 초등학교 아니 유치원부터 대학을 졸업할 때까지 수업 시간에 편성된 영어 시간만 해도 엄청나다. 그럼에도 불구하고 대학을 졸업하고 나서도 영어에 자신감이 떨어지는 사람들이 많다. 익숙해져야 할 영어 단어나 구문이 너무 많기 때문이다. 영어 공부에 들이는 시간의 반이나, 반의 반만 법을 공부한다고 해도 법과 법학에 대하여 "법 좀 안다."는 소리를 들을 수 있다.

　법학은 넓은 의미의 사회과학에 포함되는데, 정치학이나 경제학 같은 사회과학의 다른 분야에 비하여 훨씬 체계적이고 논리적이며 예외가 적은 분야이다. 일반인들은 보통 법 또는 법학이라고 하면 매우 어렵고 복잡한 이야기라는 인상을 가지고 있다. 우리나라 법의 역사와 법의 현실을 살펴보면 그렇게 생각하는 것도 당연하다. 하지만 법은 아주 쉬운 것은 아니지만 그다지 어렵지도 않다. 문제는 법을 쉽다고 느끼든, 어렵다고 느끼든 법은 현실에 존재한다는 점이다. 우리는 누구나 법에 빠져 살고 있다. 모든 사람은 법이라는 그물(법망 法網)에 갇혀서, 또는 법이라는 울타리 안에서 살고 있다. 다만 어떤 사람을 법을 잘 알고 법의 도움을 받으며, 또 어떤 사람들은 나쁜 짓을 하고도 법을 요리조리 잘 빠져 나간다는 점이 다를 뿐이다. 우리는 그런 법을 무시하면서 살 수 있는 힘 있는 사람이 아니다. 그러므로 법 위에 군림하거나 법을 무시하고 살기는 어렵다. 대신 법을 잘 알고 불필요한 법의 제재에서 벗어나는 것이 필요하다. 그러기 위해서는 법에 대해서 관심을 갖고 알려고 노력하는 것이 좋겠다.

    소크라테스가 "너 자신을 알라."고 했다고 한다. 베이컨은 "아는 것이 힘이다."라고 했다. 그래서 '소크라베이컨'은 "너 자신을 아는 것이 힘이다."라고 했다던가. 그런데 우리가 살면서 사실은 "법을 아는 것이 힘이다." 힘 있는 사람이나 집단은 결국 법을 알고 그 안에서 자신의 의사를 관철시킬 줄 안다. 법에 의하여 불이익을 당하는 사람은 그래서 법이 말이 안 된다고 불평만 한다. 법을 알아보려는 노력을 포기하는 것은 자신의 모든 사회생활을 포기하는 것과 같다.

법의 부지(不知)는 용서되지 않는다.
Ignorance of law excuses no one.

[6] '한글 전용'은 한글의 전용인가(법률용어)

학계에서 한글 전용과 한자 병용의 오랜 논란이 있어 왔다. 그런데 이러한 논쟁이 진영논리에 따른 자존심 싸움으로 가서는 안 된다고 생각한다. 한글은 우리 글이니까 이를 쓰자는 주장은 당연하다. 그러나 한자를 함께 쓰자는 측의 논리는 정확한 전달을 위해서는 한자를 섞어 쓰거나(혼용) 옆에 표기해서(병용) 정확한 의미의 전달을 꾀하자는 주장이다. 둘 다 일리가 있다. 한자 혼용은 "民法은 私人間의 權利義務 關係를 다룬다."는 식이고, 한자 병용은 "민법(民法)은 사인간(私人間)의 권리의무(權利義務) 관계(關係)를 다룬다."고 표기하는 방식이다. 그런데 법률용어는 정확한 의미의 전달이 최우선 과제이므로 한자 병용이 좋겠다는 생각이 든다. 예를 들어보자. '私法과 司法과 死法', '5連敗와 5連霸'를 '사법과 사법과 사법', '5연패와 5연패' 등 모두 한글로만 표기하면 구분이 되지 않는다. 물론 문맥으로 뜻을 추정할 수는 있다. 그러나 서로 심각하게 대립하는 법률관계에서 서로 자신에게 유리하게 해석하려고 싸울 것이다. 따라서 정확한 뜻이 전달이 안 되는 것보다는 한자를 이용하거나 영어 등을 이용해서라도 정확한 뜻을 전달하는 것이 낫다.

법학에서 '한글 전용'은 좀 무리한 주장이다. 우선 '한글 전용'이라는 말을 보자. '한'이라는 말은 크다는 말로 '한강', '한겨레' 등에서 볼 수 있는 말이다. 그런데 이는 순수한 우리 말일까? 순수한 우리 말이라고 할 때 시대적으로 언제부터 우리말로 굳어져야 순수하다고 할 수 있을까? 우리가 잘 아는 몽골의 징기즈칸을 들어보자. 이름은 '테무진(鐵木眞)'으로 백성들이 '징기즈칸(成吉思汗)'이라는 이름을 지어 바쳤다. 그런데 어원을 살펴보면 몽골이라는 나라 이름은 '말갈(靺鞨)', 테무진은 고구려의 3대 왕인 '대무신(大武神) 왕', 징기즈칸(成吉思汗)이라는 왕호는 발해 즉, '진국(震國)' 왕이라는 설이 있다. 여기서 역사학계의 논의를 일일이 좇아갈 필요는 없겠다. 다만 징기즈칸의 '칸'은 한자로 '한(汗)'이라고 표기되므로 한글 할 때의 한과 같은 말이라는 것을 쉽게 추측해 볼 수 있다. 그렇다면 '한글'에 들어가는 '한'이라는 말이 과연 순수한 우리 말이라고 할 수 있을까?

한글 같지만 순수한 한글이라고 하기 어려운 다른 사례들도 많다. 우리는 '月'을 보고 뜻은 '달', 소리는 '월'이라고 이해한다. 그래서 달은 순수한 우리 말이라고 생각하는 경우가 많다. 그러나 '달'은 '월'의 옛날 발음일 뿐이다. '날 일(日)'의 '날'은 '일'의 옛 소리였다. '사람 인(人)'의 경우 사람은 한글, 인은 한자라고 생각할 수 있겠다. 그러나 사람은 '삶'에서 온 말이고 삶은 '생(生)'의 옛 소리라고 할 수 있다. 또 우리나라 순수한 한글 이름 중에서 '한솔'이라는 이름이 가장 많다고 한다. 그런데 '한'은 위에서 살펴보았고, '솔'은 소나무를 뜻하는 한자 송(松)의 옛 발음이므로 순수한 우리 말이라고 하기 어렵다. 우리가 우리 말이라고 느끼기 쉬운, 호랑이, 사자, 토끼도 모두 虎狼, 獅子, 兎의 한자어이다. 밥[飯 반], 숟가락·젓가락[匙箸 시저], 소[牛 우], 말[馬 마], 개[犬 견] 등도 옛날에는 같은 발음이었을 것이다. 이런 사례는 얼마든지 들어볼 수 있다. 삼국시대는 위진남북조의 발음, 신라시대는 당나라의 발음, 그 후 원나라, 명나라, 청나라의 발음이 우리말에 영향을 끼쳤다. 그중에서 뒤에 들어온 발음이 전에 있던 발음을 대체한 경우도 있지만, 공존하는 경우도 있는 것이라고 이해하면 된다. 여러 시대의 발음이 공존하는 경향은 일본어의 경우 더욱 심하다. 그렇다고 우리말 대부분이 한자에서 유래하였다는 것이 아니라 옛날에는 같은 단어를 썼다가 세월이 흘러 달라진 것으로 이해할 수 있다.

결론적으로 '순수한 우리말'에 집착할 필요는 없다. '한글 전용'이라는 말에서 '한'도 순수한 우리나라 말이라고 하기 어렵고, '전용'은 한자로 '專用'이므로, '한글 전용'이라는 말 자체가 한글 전용이 아니다. 다만 이 책은 언어에 대해서 설명하는 것이 주요 관심사가 아니라 법에 대해 이야기하는 것이 목적이므로 이 정도 해 두자.

법률용어의 경우 그 의미가 정확하지 않으면 엄청난 법적 분쟁이 생기게 마련이다. 이 점은 이 책에서 앞으로 많이 나올 주제다. 아무튼 법률용어의 경우 정확한 의미 전달이 최우선 과제일 뿐 한글 전용이 우선 고려해야 할 문제가 아니라는 점을 지적해 둔다. 물론 법률용어의 경우도 법을 알고 지켜야 하는 국민의 입장에서 쉽게 이해되어야 하고, 가급적 고운 말을 쓰는 것이 좋다는 점은 당연하다. 젊은 세대는 한자를 잘 모르므로 한자 병용이 의사전달을 위해서 적절한 표기방식일 것이다. 더 중요한 것은 최대한 쉽고 아름다운 우리말로 법률용어를 바꿔나가는 노력이 필요하다. 그동안 법원과 법제처의 많은 노력이 있었다. 예컨대 구거(溝渠)라는 말을 '도랑'이라는 말로 바꾸거나, 작량감경(酌量減輕)을 '정상참작감경'으로 바꾼 것 등을 들어볼 수 있다. 더 많은 관심과 노력이 요구된다.

여기서 한 가지 덧붙일 것은 한자 병용에서 어떤 한자체를 써야 할까이다. 우리와 대만이 쓰는 번체(繁体)[7], 일본이 쓰는 약자(略字), 중국이 쓰는 간체(簡體) 중에서 말이다. 우리나라에서 한자와 한문은 이제 외국어에 가깝다. 고전을 이해하는 데 필요할 뿐 일상용어를 이해하는 데 쓰지 않는 것이 현실이다. 특히 젊은 세대는 점점 더 그렇게 되어 가고 있다. 그렇다면 굳이 옛날 한자를 쓰기보다는 현대 14억 중국 사람이 쓰고 있고, 외국에서도 많이 통용되는 간체자를 쓰는 것이 바람직하다는 생각을 해 본다. 우리나라에서 한자를 꽤 알아도 중국에 가면 모르는 한자가 대부분인 것은 우리 교육에서 간체자를 무시하기 때문이다. 세계화를 위하여 영어를 공부하듯이 중국과의 교류나 아시아에서의 의사소통을 위해서는 중국어는 몰라도 간체자를 교육에 반영하는 것이 필요하다고 생각한다.

---

[7] 우리는 굳이 우리가 쓰는 한자를 따로 지칭하는 말이 없다. 대만에서는 정체자(正體字)라고 한다. 번체라는 말은 중국이 자신들이 만들어 쓰는 간체자에 대비하여 번잡한 글자라는 뜻으로 부르는 말이다.

[7] 왜 법률용어는 한자투인가(법률용어의 기원)

앞의 항목에서 법학에서 순수한 한글을 고집하는 것은 문제가 있으며, 쉽고 정확한 표현을 만들어 써야 한다는 말을 했다. 그런데 왜 법률용어는 대부분 한자투로 되어 있는 것일까?

일상용어와 다른 뜻으로 쓰는 법률용어도 많은데, 예를 들어보면 '선의로, 악의로'라는 말이 있다. '선의로'라는 말은 일상용어에서는 '좋은 뜻으로, 호의(好意)로'라는 의미지만 법률 문장에서는 '어떤 사정을 모르고서'의 뜻으로 쓰인다.[8] 아홉 글자를 세자로 줄여서 쓰는 것이다. '채무자'는 '빚을 진 사람'의 뜻이므로 다섯 글자를 세 글자로 줄여 쓴다고 볼 수 있다. 형법에서도 '절도죄'는 '다른 사람의 재물을 훔친 죄'이므로 상당히 짧게 표현한 것이다. 이런 식으로 법률문장의 모든 단어를 우리말로 쓰면 지나치게 길어지고 장황하게 된다. 뜻글자인 한자의 특성상 단어의 길이를 짧게 해주어 간편하게 의사를 전달할 수 있게 해주므로 대부분의 법률용어가 한자투로 되어 있다.

그렇다면 우리가 서양법을 받아들일 때 이런 조어(造語) 방식 때문에 이런 식으로 번역해서 쓴 것인가? 전혀 그렇지 않다. 우리가 쓰는 법률용어의 대부분은 일본 사람들이 번역한 것을 한자를 매개로 그대로 가져다 쓴 것이다. 당시의 우리 선배들은 별로 고민하지 않은 것 같다. 법률용어뿐 아니라 서양 문물의 대부분에서 이를 먼저 수입한 일본 사람들이 번역한 말들을 우리는 그냥 가져다 읽었을 뿐이다. 부끄러운 역사다. 처음 접하는 문물 특히 그것이 추상적 개념의 경우 얼마나 번역이 어려웠을까? 예컨대 우리가 별생각 없이 쓰는 '연역적, 귀납적' 논증 방식의 경우 일본 학자인 니시 아마네(西周 1829~1897)가 일본어에 없던 말을 처음 번역해서 쓴 것이다. 우리는 이를 그냥 한자를 우리식으로 발

---

8) 반대로 '악의로'는 '어떤 사정을 모르고서'의 의미다.

음해서 쓴 것뿐이다. 서양 문물을 받아들이면서 일본어로 번역하기 위해서 초기의 일본 학자들은 엄청나게 고민하고 토론하면서 번역했다고 한다. 우리는 그냥 한자를 통하여 음역을 하다 보니까 우리가 쓰지 않던 한자투의 말들이 법률용어에 많이 들어왔고, 그래서 더욱 법률용어가 친숙하지 않게 느껴진다.

또 일본에서나 우리나라에서나 서양 문물을 먼저 받아들였던 계층은 양반이라기보다는 중인계급으로 보아야 한다. 일본의 경우 하급 무사들이었다. 그래서 신분적 콤플렉스 때문에 더욱 어려운 한자투로 번역하게 되었다는 설명도 있다. 충분히 그럴 수 있는 일이다. 지금도 의사들이 자신들만 아는 어려운 전공용어를 써서 의료기록을 남기는 것을 볼 수 있는데, 근대 초 법률을 전공하는 사람들도 그렇게 자신들의 전문성을 과시하려는 의도가 있었다는 점도 이해가 된다. 그 이후 판·검사와 변호사들이 독점적으로 법률시장을 운영하면서 자신들만 쉽게 이해할 수 있는 용어들을 일반 국민이 쉽게 이해할 수 있도록 고치지 않은 것도 사실이다. 법조인들이 이러한 특권을 스스로 포기할 동기가 크지 않았다. 하지만 국민들의 기본권 의식이 커짐에 따라 이러면 안 된다는 의식이 사회에 높아지고 이에 따라 문제점을 지적하고 개선하는 노력이 나타나고 있다. 다만 서양 법률과 법학을 받아들인 지가 100년이 넘었으므로 이미 상당히 정착해 있는 법률용어를 다시 바꾼다는 것은 쉬운 일이 아니다. 법을 쉽게 이해할 수 있도록 재구성하는 노력이 효과를 보려면 아직도 많은 시간이 필요하다. 그렇다고 법학 전공자가 아니어도 쉽게 이해될 그날이 되기까지는 법을 모른 채 그냥 기다릴 수만은 없다. 먼저 능동적으로 현재의 법을 이해하려는 노력이 필요한 것이다.

[8] "귀에 걸면 귀걸이, 코에 걸면 코걸이"(엄밀한 법개념)

앞의 항목에서 법률용어는 정확한 개념을 정확히 전달해야 하며, 그래서 한자로 표현한 용어가 많다는 점을 설명하였다. 그럼에도 법은 "귀에 걸면 귀걸이, 코에 걸면 코걸이"라고 생각하는 사람이 많다. 몰라서 그렇다. 법적 결론이 그때그때 달라진다는 말은 사실이 아니다. 법은 결국 사람과 사람의 관계에 관한 것을 규정하고 있다. 그 사람과 사람 사이의 문제는 결국 법률문제인데, 이렇게 이해관계가 정반대인 사람들의 문제를 해결하기 위한 약속이 법이다. 법적 분쟁을 해결하기 위해서는 양쪽이 모두 납득할 수 있는 논리를 갖추고 있어야 한다. "귀에 걸면 귀걸이, 코에 걸면 코걸이"식으로 법이 해석되고 적용된다면, 그 법을 적용할 때 불리해지는 사람[9]은 절대 납득하거나 승복하지 않을 것이다. 그런데도 받아들이기 어려운 법적 결론을 강요한다면, 실제로 그런 나라가 있다면, 그 나라는 법치국가가 아니다. 법에 따라 움직이는 정상적인 나라가 아니라 법 이전의 원시국가나 극단적인 독재국가일 뿐이다. 우리는 이런 나라의 문제를 이야기하는 것이 아니다. 그런 나라의 문제는 역사학이나 정치학에서 다룰 문제다. 이 책은 적어도 법에 따라 조직되고 운영되는 법치국가, 완벽하지는 못해도 21세기 대한민국에서 벌어지는 법적 문제들에 대하여 설명한다.

'유전무죄, 무전유죄(有錢無罪 無錢有罪)'라는 말이 유행한 적이 있다. 아니 지금도 자주 쓰이는 말이다. 이는 1980년대 말 탈옥수 지강헌이 한 말이다. 그 이야기 한번 해 보자.

1988년 10월 8일, 영등포교도소에서 공주교도소로 이송되던 25명 중 12명이 교도관을 흉기로 찌르고 탈주하여 서울 시내로 잠입했다. 그중에 지강헌이 있었다. 그의 말에 의하면, 사회보호법에 의한 보호감호 때문

---

9) 소송에서 진 사람, 예를 들어 민사소송의 채무자나 형사소송의 피고인을 들 수 있겠다. [94] 네가 몸으로 때워라(민사재판과 형사재판, 기타) 참조.

에 징역형을 마치고도 보호감호를 받아야 한다는 것과, 560만 원 절도를 저지른 자신은 무려 17년을 살아야 하지만 72억 원을 횡령한 전두환의 동생인 전경환이 겨우 7년 선고에, 그마저도 3년 만에 풀려난 사실에 불만을 가지고 탈출한 것이다. 나중에 탈출 과정에서 교도관을 흉기로 찌르고 권총을 탈취하면서 흉악범이 되긴 했지만 맨 처음 교도소에 수감되었을 때는 이들은 흉악범이 아닌 잡범들이었다.

이 중에서 최후까지 잡히지 않던 5명 중 4명은 경찰의 검문을 피해 서울시에서 은신처 여러 군데를 전전하다 10월 15일 밤 9시 40분경 서대문구 북가좌동 고모 씨의 집에 잠입해서 고씨의 가족을 인질로 잡았다. 이 인질극은 당시 TV로 생중계되었다. 그때 지강헌은 경찰에게 비지스(Bee Gees)의 '홀리데이' 카세트테이프를 요구한 뒤, 노래를 들으며 창문을 깬 유리 조각으로 목을 찔러 자살을 시도했다. 이를 지켜본 인질이 비명을 지르자 경찰특공대가 인질이 위험한 것으로 판단하여 즉각 무방비 상태의 지강헌에게 다리와 옆구리에 총을 발사하였으며 몇 시간 뒤 세브란스병원에서 수술도 못 받고 사망한 것이 사건의 전말이다.

"돈 없고 권력 없이는 못 사는 게 이 사회다. 대한민국의 비리를 밝히겠다. 돈이 있으면 판검사도 살 수 있다. 유전무죄 무전유죄, 우리 법이 이렇다." 지강헌이 했다는 말이다.

전혀 안 그렇다고 말하기는 어렵다. 그러나 이는 그렇게 보이는 부분과 실제로 그런 부분이 합쳐진 것이다. 다시 말해서 과장된 말이다. 특히 그동안 우리 사회도 많이 바뀌었다는 점을 기억해야 한다. 당시는 이른바 민주화 시대의 초기였다. 현재는 대부분의 법적 판단, 특히 재판에 있어서는 공정하게 법이 적용된다고 생각한다. 다만 판검사들도 사람인지라 부유하거나 사회고위층에 좀 유리하게 판단할 수도 있다고 할 수 있다. 이러한 문제는 재판이 한 번에 끝나는 것이 아니라 심급제[10]에 의

---

[10] 심급제에 대해서는 [90] 결국은 법대로 된다(재판과 심급제) 참조.

하여 보통 세 번까지 할 수 있으므로 그 과정에서 어느 정도 시정된다. 물론 대법원까지 갔지만 이러한 편견에 따른 재판이 시정되지 않았다면 어쩔 수 없다. 인간사회의 불완전성을 탓할 수밖에.

이와는 약간 다른 의미로 "법망(法網, 법 그물)은 작은 물고기는 빠져 나가고 큰 물고기는 찢고 나간다."는 속담이 있다. 작은 물고기가 빠져 나가는 것은 어쩔 수 없는 일이다. 이는 불가피한 현상이다. 낚시꾼이 낚시터의 모든 물고기를 잡는 것이 아니라 잡히는 놈만 잡고, 작은 물고기는 잡혀도 놓아주는 것과 같다고나 할까. 모든 범법행위를 국가권력이 모두 찾아내어 법적으로 제재할 수는 없는 일이다. 하지만 "큰 물고기는 찢고 나간다."는 말은 위에서 본 '유전무죄 무전유죄'와 같은 의미인데, 21세기 대한민국에서 이래서는 안 된다. 대통령도 감방을 가는 세상이니까.

[9] 법전을 외우는 것이 법학 공부?(3가지 법학 공부)

　법학을 공부한다는 것은 법에 대하여 아는 것이다. 법에 대하여 안다는 것은 어떤 사안과 관련된 법을 찾고 그 구체적 내용을 이해한다는 것이다. 처음 법학과 신입생 중에 "법조문의 내용을 다 알아야 하나?" 심지어 "법조문을 다 외워야 하나?"라고 물어보는 사람이 있었다. 그렇게 생각하는 일반인도 있을 수 있다. 그러나 전혀 아니다. 법률을 다 알기도 어렵고 외울 수 없기 때문이다. 특히 컴퓨터나 AI가 발달한 지금 법조문을 외울 필요는 전혀 없다. 5천 개가 넘는 현행 법령[11]을 어떻게 다 알겠는가? 내용은커녕 제목도 다 알 수 없다. 그러면 법학 공부는 어떻게 하는 것인가? 구체적 사건에 적용될 법을 찾아볼 수 있으면 된다. 그런데 그것이 쉽지 않다. 어떤 사건이 생겼을 때, 법적인 의미에서 그 사건의 성격을 규정하는 것도 어렵고, 이런 사건은 어떤 법에 나와 있는지 찾는 것이 결코 쉬운 일은 아니다. 이 책을 다 읽고 나면 어느 정도 감이 오기는 하겠지만 말이다.

　일단 법의 내용을 알려면 먼저 법조문을 찾아보아야 한다. 우리나라는 성문법 국가[12]이므로 조문화되어 있는 법을 찾아보면 된다. 법전이 책으로 나와 있지만, 요즘은 주로 인터넷을 이용하게 된다. 법제처가 운영하는 국가법령정보센터(https://www.law.go.kr)에 들어가 보자. 그런데 문제가 된 사건의 내용이 어떤 법률, 어떤 조문에 해당하는지 알기 쉽지 않다. 그래서 법학을 공부하는 것이다. 일반인의 경우에는 법조문보다 포털 사이트에서 사건의 핵심 단어를 입력하여 검색해 보는 것이 도움이 된다. 다만 인터넷이나 AI가 찾아준 내용을 무조건 믿으면 안 된다. 오류가 많기 때문이다. 오류가 많다는 것은 인터넷이나 AI가 불완전해

---

11) 법령은 법률과 명령(대통령령·총리령·부령)을 함께 이르는 말이다.
12) 성문법이 우선 적용되고, 관습법이나 판례는 보충적으로 적용된다. [39] 악수는 누가 먼저?(법 원칙의 우선순위) 참조.

서라기보다는, 검색하려는 사건의 문제가 무엇인지 정확히 파악해서 검색 명령을 하지 못하기 때문이다.

다시 말해서 법학 공부는 '법적 사고(思考)를 연습'하는 것이다. 법적 분쟁을 만났을 때 이것이 법적으로 어떤 문제에 대한 분쟁인지 인식하고 해결책을 찾는 연습이다. 어떤 사건에서 법적 성격을 찾아내고, 그에 맞는 요소를 추려서, 이와 관련된 법조문(법의 내용)을 찾을 수 있어야 한다. 예컨대 행인을 치는 교통사고가 났다고 해 보자. 운전자가 남자인지 여자인지, 운전자의 외모가 예쁜지, 차가 고급차인지 아닌지 등은 대체로 교통사고의 법적 처리와는 거리가 멀다.13) 대신에 운전자와 보행자가 각각 교통신호를 지켰는지는 중요한 법적 문제다.

그런데 법전을 읽어봐도 실제로 어떻게 된다는 것인지 알기 어려운 경우가 대부분이다. 형법 조문을 찾아보아도 범위가 넓어서 실제로 어떻게 되는지 짐작이 잘 안된다. 예를 들어보자. 형법은 "사람을 살해한 자는 사형, 무기 또는 5년 이상의 징역에 처한다."고 규정하였다(형법 §250①). 그런데 사형과 징역 5년은 엄청난 차이다. 구체적으로 어떻게 된다는 말인가? 또 실제에 있어서는 법의 내용대로 사건들이 처리되지 않는 경우도 많다. 법은 있지만 실제로는 잘 시행되지 않는 경우가 있어서이다. 낙태죄와 같이 이른바 '사문화된 법'을 말한다. 따라서 법의 내용을 조문에서 확인하는 것뿐만 아니라 현실에서 어떻게 판단되고 집행되는지 아는 것도 법학 공부에서 주요한 부분이다. 살인을 했다고 해서 다 사형 판결을 받는 것은 아니다. 고의가 있었는지 실수인지, 우발적인지 계획적인지, 피해자와 어떤 관계인지, 살인의 동기가 무엇인지 등 다양한 요소를 고려해서 형량이 정해진다. 이런 것들은 법조문에 안 나온다. 판례를 찾아보거나 실제 사례를 많이 접해 보아야 알게 되는 것들이다.

법학 공부의 측면 한 가지를 더 들어보자. 법조문이나 판례의 내용도

---

13) 경우에 따라 문제가 될 수도 있다. 예컨대 차량의 가격은 수리비를 물어줄 때 필요하다.

무조건 정당한 것이 아니며 불완전하거나 잘못된 것일 수 있다. 따라서 법14)의 내용과 실제를 비판할 수 있는 능력도 필요하다.

    법학을 공부할 때는 이러한 세 가지 측면을 다 염두에 두어야 한다. 즉 법의 내용, 법의 현실, 법과 현실의 정당성 등이다.

---

14) 이때의 법은 주로 국가가 만든 법, 즉 실정법(제정법)을 주로 의미한다.

[10] 법대에는 천재가 없다(법학도의 자질)

우리나라 교육에서 '창의성 교육'이 화두가 된 지는 오래되었다. 1994년 학력고사를 대체하여 수능(대학수학능력시험)이 도입되면서 주장된 내용이 논리적·통합적 사고능력을 측정한다는 것이었다. 물론 그 이전부터 창의력 교육이 강조되어 왔고 현재도 그렇다. 그런데 현실은 어떤가? 사고력과 창의력은 '주어진 시간 내에 정답을 찾는' 방식으로는 측정할 수도 향상될 수도 없는 것이다. 우리 고등학교 교육이 대학입시 위주로 진행되고, 대학은 성적 우수자를 잘 뽑는 것에 주력한다면 영원히 창의력 교육은 이루어지지 않을 것이다. 전국 고등학교의 교육방식과 대학의 입시방식을 단일한 잣대로 국가가 통제하는 한 제대로 된 교육이 이루어질 수 없다. 교육방식과 입시방식에 대한 무제한의 자유가 각 학교와 개인에게 주어질 때 창의력이 뛰어난 인재들이 만들어질 것으로 확신한다.15)

수능에서도 '정치와 법'이라는 과목이 있는데, 여기에 법학 문제가 많이 나온다. 그런데 법학에서 창의력이 발휘되면 현실에서 법적 분쟁을 해결하는 방식과 차이가 날 수 있다. 따라서 법률과 판례의 내용을 알고 있어야 현실적인 결론을 도출해 낼 수 있다. 물론 법률과 판례에도 오류가 있을 수 있기 때문에 법률과 판례를 비판16)할 때는 창의력이 필요하기도 하다. 그러나 그것은 다른 차원의 문제이고, 일단 현실에서 법적 분쟁을 해결하기 위해서는 합리적인 판단과 논리적인 법률적용이 필요할 뿐이다. 그러한 법학의 특성을 이해해야 한다. 막연히 사고력·창의력을 강조하여 수능 문제를 출제할 수는 없다. 법학 과목의 특성이 그렇다.

---

15) 헌법 §31④ "교육의 자주성·전문성·정치적 중립성 및 대학의 자율성은 법률이 정하는 바에 의하여 보장된다."
16) [9] 법전을 외우는 것이 법학 공부?(3가지 법학 공부) 참조.

고등학생들이 들었음직한 "공부 잘하면 문과는 법대, 이과는 의대"라는 이야기가 있다. 우리 사회에서 예전에 많이 듣던 이야기다. 그런데 이 두 학과의 공통점은 이른바 '돈과 명예'가 따라오는 직업을 가질 수 있다고 생각하는 것이다. 판·검사와 변호사, 또는 의사가 과연 그런지는 각자 생각이 다를 수 있다. 다만 '공부 잘하는 학생' 부분을 생각해 보자. 일반적으로 법학이나 의학의 경우 기존에 쌓여있는 지식의 양이 많아서 일단 기존의 내용을 암기할 필요성이 있다. 의학의 경우도 물론 새로운 의술의 개발이나 연구는 머리 좋은, 공부 잘하는, 창의적인 사람이 필요하지만 일반 임상의사들은 그렇지 않을 수 있다. 법학도 마찬가지다. 머리 좋은 사람이 법학을 할 필요는 크지 않다. 기본 법적 개념들을 잘 이해하고 있으면서 해결해야 할 사건에 합리적으로 접근해서 해결책을 법적으로 도출하는 것이 필요하지, 창의적이고 기발한 사고가 필요한 것은 아니다. 창의적이고 기발한 생각을 하면 실제 재판에 가서 패소할 가능성이 크다. 왜냐하면 일반인의 관점에서 생각하는 판사가 받아들이기 어려운 기발한 결론일 것이기 때문이다.

법학을 공부하는 것은 '법적 사고의 연습'이라고 표현할 수 있다. 일종의 논리학 연습과도 비슷하다. 법률용어에 익숙해지고 실제 법적 분쟁 사례에 잘 적용해서 합리적인 결론을 도출하는 연습이 필요하다. 혹시 법대에 천재가 들어왔다면 판검사나 변호사보다는 학문적 연구와 비판을 주요 업무로 하는 법학 교수가 어울린다고 생각한다. 따라서 이 항목의 제목 "법대에는 천재가 없다."는 말은 "법대에는 천재가 별로 필요 없다."는 것이 정확한 표현일 것이다. 대신에 일반인의 상식과 지식이 풍부해야 한다. 그러려면 법학책뿐 아니라 다양한 분야의 교양을 쌓을 필요가 있다. 특히 문과 분야 외에 자연과학에 관한 기본적 지식도 필요하다. 예를 들어보자. 영공과 우주를 다른 법이 지배하므로 둘은 법적으로 구분되어야 한다. 이 둘을 나누는 기준은 일반 비행기가 날 수 있는 곳인지 아닌지다. 그런데 비행기가 날려면 공기가 있어야 하고, 추진력을 통해 앞으로 나가면서 양력(揚力)을 얻어야 한다. 비행기가 양력을 얻는 것은 베르누이 정리에 의해 설명된다. 베르누이 정리는 법학이 아니라 물리학에서 배운다. 대강의 개념이라도 알아야 비행기와 로켓을 구분할 수 있고, 영공과 우주를 구분하고 「영해 및 접속수역법」의 기능이 무엇인지 알게 되는 것이다.

[11] '약은 약사에게, 진료는 의사에게' 그러면 법은?(법률전문가)

'약은 약사에게, 진료는 의사에게' 2000년 의약분업 당시의 슬로건이었다. 지금은 의사에게서 처방전을 받아 약국에 가서 약을 조제해서 받아오는 것이 자연스러운 풍경이지만, 의약분업 이전에는 그렇게 엄격하게 분리되지 않았다. 약사도 간단한 진단과 처방을 하여 약을 판매하고, 병원에서도 약을 조제해 주었다. 의약분업 이후 전문 의약품의 경우 엄격히 의사의 처방전에 따라 약사가 조제해 주고, 수술환자 등 긴급할 경우에만 병원에서 직접 약을 주는 예외가 인정될 뿐이다. 당시 각 이해집단의 극심한 대립이 있었으나 의약분업은 결국 약사법 등의 법률이 개정됨으로써 마무리되었다. 자세한 내용은 여기의 주제가 아니므로 생략한다. 여기서 생각해 볼 부분은, 그러면 "법적 분쟁이 생기면 누구를 찾아가야 할까?"이다.

법률전문가 하면 당연히 변호사가 떠오른다. 일반인은 법의 전문가가 아니므로 법적 분쟁에 휘말리면 그 해결을 위해 법률전문가인 변호사의 도움이 절실하다. 그러므로 당연히 법적 분쟁이 발생하면 변호사를 찾아가야 한다. 그런데 변호사는 직접 분쟁을 해결하는 해결사가 아니며 이를 도와줄 뿐이다. 일반인이 흔히 부딪히는 사건들은 대개 민사사건이나 형사사건이다. 민사사건의 경우에는 상대방도 일반인이지만, 만약 형사사건이라면 상대방으로 경찰과 검찰, 나중에는 판사를 대하게 된다. 그런데 경찰·검찰·판사는 법에 대하여 일반인보다 잘 아는 법의 전문가들이다. 그래서 이들을 상대하는 일반인들은 또 다른 법률전문가인 변호사의 도움이 필요한 것이다. 보통 판사·검사·변호사를 묶어 법조인이라고 부른다. 법률전문가를 좀 넓게 이해해 보자. 경찰도 일반인에 비하여 법률전문가이고, 법무사·세무사·변리사·회계사 등도 각자의 분야에서는 법률전문가라고 할 수 있다. 또 위에서 말했듯이 의약분업은 법률의 개정으로 마무리되었는데, 법을 제·개정하는 입법전문가도 법률전문가다. 직업으로는 국회의원이나 지방의원이 해당되지만 실제 전문가는 그 과정을 도와주는 인력들(대부분 공무원)이라고 할 수 있다. 한편 로비스트(lobbyist)17)가 있을 수 있는데, 미국과 달리 우리나라에서는 로비의 개념이 왜곡되어 이 분야는 합법화되어 있지 않다. 또 이보다 더 중요한 법의 전문가가 있다. 법의 이론적 접근과 연구를 통하여 법을 제대로 만들고 운용하도록 하는 학자들도 중요한 법률전문가라고 할 수 있다. 직업으로는 대학의 교수나 각종 연구기관들의 연구원들이다.

그런데 일반인들이 법률전문가의 도움을 받으려면 이런 전문가를 적절히 찾아갈 수 있어야 한다. 물론 일반인들이 법과 법학에 관심을 가지고 공부하여 스스로 법적 문제를 해결할 수 있게 되면 좋겠지만, 그렇지 못하다면 어떤 경우에 어떤 법률전문가를 찾아가야 하는지를 알아야 한다. 그래야 시간과 돈을 낭비하지 않고 사건을 빨리 해결할 수 있기 때문이다. 우리가 살아가면서 일상생활에서 컴퓨터나 자동차의 구조나 작동 원리를 잘 알지는 못해도 어떤 기능을 하는지 어떻게 작동시키면 되는지는 알아야 이것들을 이용할 수 있다. 마찬가지로 일반인이라고 해도 법이 대략 어떤 내용인지, 특정 법적 분쟁의 경우 어떤 전문가를 찾아가서 도움을 받아야 하는지 정도는 알아야겠다. 이 수준까지는 그냥 일반인의 상식 또는 교양이다. 예컨대 무턱대고 변호사를 찾아갈 것이 아니라 변호사와 법무사의 차이를 알고 적절히 찾아가야 한다. 변호사 사무실과 법무사 사무실을 지나가다 보면 하는 일이 거의 같은 것으로 써 있다. 그러나 결정적인 차이는 수임료의 많고 적음이다. 그래서 큰 사건은 변호사, 작은 사건은 법무사에게 찾아가는 것이다. 정확히 말하자면 변호사는 재판을 대리해서 법정에 들어가 판사 앞에서 의뢰인을 대신해서 말해줄 수 있지만 법무사는 불가능하다. 이것이 큰 사건과 작은 사건

---

17) '입법전문 변호사'라고 번역해야 할 듯하다. 우리나라는 변호사 자격증 취득이 폐쇄적이므로 '입법전문 도우미'가 더 적절할 수도 있겠다.

의 차이다.18) 변호사와 세무사·변리사의 차이도 같다. 즉 세무에 관해서는 세무사가, 특허에 관하여는 변리사도 법률전문가라 할 수 있지만 재판에서는 제한이 있다는 점이다. 또 법무사와 행정사도 하는 일이 달라야 하는데 현실에서는 혼동되어 운용되는 측면이 있다. 현직 법무사나 행정사에게 듣기로는, 의뢰인들이 무조건 해결해 달라고 찾아오면 법이 금지하지 않고 있는 범위에서 조언하고 대리한다고 한다. 아무튼 그래서 일반인도 적절한 전문가를 찾아갈 정도의 교양으로서 법에 대한 지식이 필요한 것이다.

---

18) 큰 사건과 작은 사건의 법률적 구분은 [90] 결국은 법대로 된다(재판과 심급제) 참조.

[12] 로스쿨은 NO스쿨이 아닐까(사법시험과 로스쿨제도)

위에서 법률전문가로 든 판사·검사·변호사는 '법조삼륜'이라고도 하는데 공통적으로 변호사 자격증이 있어야 할 수 있는 직업이다. 법은 나라마다 다르고, 법조인 양성기관이나 과정도 나라마다 다르다. 그런데 우리나라는 다른 나라들에 비하여 변호사가 부족하다고 한다. 그래서 사법시험을 통하여 변호사를 양성하던 당시에도 순차적으로 선발 인원을 1,000여 명까지 늘린 바 있다. 그러다가 아예 제도를 바꿔 2009년부터 미국식 로스쿨 제도를 도입하였다. 단순히 변호사 숫자만 비교하면 미국이나 독일에 비하여 우리나라가 아직도 변호사 숫자가 적은 것이 사실이다. 국민 1만 명 당 변호사 수는 우리나라가 5.39명인 데 비하여, 미국의 경우 41.28명, 영국은 32.32명, 독일은 20.11명, 프랑스는 10.38명 수준이다. 우리나라의 인구 대비 변호사 규모는 미국의 8분의 1, 프랑스의 절반 수준이다. 하지만 우리나라의 변호사 수는 최근 폭발적으로 늘어났다. 변협에 등록된 변호사 수는 2010년대 초반까지만 하더라도 1만 명 남짓했지만, 2014년 2만 명을 넘은 데 이어 2019년 3만 명을 돌파했다. 이는 로스쿨 제도 도입에 따른 결과다. 2012년 제1회 변호사 시험 당시 1,451명이었던 합격자 수는 2018년 1,599명, 2019년 1,691명, 2020년 1,768명으로 매년 늘어났다. 2022년에는 1,712명, 2023년에는 1,725명으로 1,700명 수준을 유지하고 있다. 변호사시험을 관리하는 법무부는 매년 로스쿨 입학 정원(2,000명) 대비 75%인 1500명 이상 범위에서 변호사시험 합격자를 정하고 있다. 변호사협회를 중심으로 이제는 변호사 시장이 포화상태이므로 매년 배출되는 변호사 숫자를 줄이자는 의견이 제기되고 있다. 반면에 외국과의 비교를 통하여 더 늘려야 한다는 의견도 제시되고 있다. 어떤 의견이 합당한지는 관점에 따라 다르다. 다만 한 가지 참고해야 할 것은, 우리나라 법조인력 체계는 일본식 모델처럼 변호사와 법조 인접 직역, 법학사(법학과 졸업생) 등으로 구성되어 있다는 점이다. 특히 이런 법조 인접 직역의 권한과 인원 규모가 점차 성장하는 추세다. 법조 인접 직역이란 법무사, 행정사, 변리사, 세무사 등을 말한다. 미국에서는 이런 자격증이 아예 없거나 우리나라와는 다른 제도를 가지고 있다. 따라서 외국과의 단순 비교를 통해 변호사 숫자를 늘리자는 주장은 무리가 있다.

우리나라 법조인력 양성제도는 로스쿨제도 이전과 이후로 나눠볼 수 있겠다. 1947년 조선변호사시험이 실시된 것이 처음이다. 1949년까지 시행되고 고등고시 사법과로 바뀌었다.[19] 그러다가 1963년 사법시험으로 바뀌었다. 초기에는 합격 정원이 없이 절대평가 방식이었다. 평균 60점 이상이면 합격하고 전원 판·검사로 임용됨으로써 사실상의 판·검사 임용시험이었다. 그러나 합격자는 소수였다. 1967년의 경우 5명 만이 합격하였다. 1970년부터는 정원제가 도입되어 매년 60~80명의 법조인이 배출됐다. 1980년에는 합격자가 300명으로 늘어나 사시 합격하면 판·검사가 된다는 공식이 깨지고 사법연수원에서도 치열한 경쟁이 생겨났다. 1996년 500명, 2001년에는 1천 명의 합격자를 배출하였다. 로스쿨 도입에 따라 2010년부터 합격자를 줄여 2017년 마지막 사법시험이 실시되었다.

그동안 사법시험 존치를 원하는 의견도 있었고, 사법시험 폐지에 대하여 헌법재판소의 합헌결정[20]도 있었다. 그런데 우리나라의 경우 대부분의 법과 제도가 서양의 법과 제도를 들여와 쓰는 것들인데, 무늬만 가져오고 실제 제도의 원래 기능이나 장점이 잘 살려지지 않는 경우가 대부분이다. 이는 충분한 논의를 거치고 우리 실정에 맞추어 도입해야 하는데 그렇지 못하고 정치적인 이유로 졸속으로 도입하기 때문이다. 로스쿨도 이전의 사법시험에 비하여 장점이 별로 없다고 생각된다. 로스쿨 도입 이유로는 전문화된 변호사의 대량 배출, 장기간 사법시험에 매달리

---

[19] 한편 고등고시 행정과는 지금의 행정고시에 해당한다.
[20] 헌재 2020.10.29., 2018헌마259.

는 이른바 '고시낭인'을 줄이자는 것이 제기되었다. 그런데 로스쿨 도입 전인 1995년 사법개혁이라는 이름으로 사법시험도 개선에 나선 적이 있다. 총 응시횟수를 제한하고, 일정부분 법학과목을 이수해야 응시자격을 주는 등 나름대로 개선책이 진행되던 차에 전격적으로 로스쿨로 전환된 것이다. 현재의 변호사시험도 5년 내 5회 응시제한이 있지만, 로스쿨을 졸업하고 최종까지 변호사시험에 불합격하는 사람들이 나온 터라 '변시낭인' 문제는 해결된 것으로 보기 어렵다. 사법시험 합격 후 연수제도로 1962년 설립된 사법대학원[21]이, 1972년 대법원이 관리하고 현직 판·검사가 교육하는 사법연수원이 설립되어 실무교육을 담당한 바 있다. 그런데 현재는 사법연수원이 폐지되고 3년의 로스쿨에서 기존의 '법학과 4년과 사법연수원 2년'을 대체하고 있는데, 역부족이라고 생각된다. 무엇보다 국비로 교육받던 사법연수원에 비하여 로스쿨은 개별 대학에서 운영하므로 비싼 등록금은 의대를 연상케 하고 있다. 다양한 전공의 변호사 양성과 관련해서도 사법시험 하에서 전문변호사 제도와 법대로의 편입제도를 통하여 일정 부분 문제를 해소해 가고 있던 터였다. 그런데 이를 기다려 주지 못하고 정치인들이 개입하여 덜컥 로스쿨 제도로 전환시켰는데, 결과적으로 로스쿨 도입 이유와 제도의 장점이 잘 안 나타나고 있다. 무엇보다도 미국과 달리 로스쿨 교수는 변호사 실무를 못 하게 하고 있으므로 학생들이 실무를 제대로 연습할 기회가 매우 제한적이라고 할 수 있다. 미국의 경우 판례법 위주의 법체계인 데다가 로스쿨 교수와 학생이 로스쿨과 로펌을 오가면서 실무를 익히고 서로 자유로운 경쟁을 통하여 능력 있는 변호사를 양성하는 것과 대비된다. 또 자격증인 변호사의 시험을 로스쿨 입학과 변호사 시험에서 정원을 제한함으로써 선발시험처럼 운영하면서도 실제로 판·검사로 선발되는 것도 아닌 이상한 현상이 벌어지고 있다. 판·검사는 각각 법원과 검찰이 별도의 과정을 거

---

[21] 서울대학교에 설치되었다.

쳐 선발한다. 변호사의 숫자를 제한하는 제도는 일제강점기로부터 이어진 법조인의 특권 의식의 잔재라는 의심이 든다. 의료인력이 부족한데도 의사들이 의대 증원 반대를 외치고 있는 것과 비슷한 현상이다. 처음 로스쿨 인가 때는 거기에 들어가지 못할까봐 로스쿨 숫자와 정원을 늘리라고 주장했던 대학들이 일단 인가를 받은 25개 대학에 들어간 후에는 블록화되어 로스쿨의 신설을 극구 반대하는 것도 비슷한 현상이다. 로스쿨의 설립과 폐교가 자유로워야 하고, 변호사 자격증은 쉽게 얻되, 그 이후 경쟁을 통하여 양질의 서비스를 국민에게 제공해 주는 것이 필요하다고 생각된다. 운전면허 따고 나서 운전을 제대로 배우는 것처럼.

[13] 사람들이 법에 대해 물어볼 때(법률자문)

대학에서 법학을 전공하면 '법학과 졸업생'이라는 타이틀이 평생 따라다닌다. 그래서 "국적은 바꾸기 쉬워도 학적은 바꾸기 어렵다."라는 말이 생겼을 것이다. 법학과를 졸업하고 나면 다양한 분야로 진출하게 된다. 로스쿨을 가서 법조계로 갈 수도 있지만,[22] 공무원이 되거나 다양한 일반 회사에서 근무할 수도 있다. 그런데 법조계가 아니라 공무원이나 일반 회사에서 일하게 되더라도 '법학과 졸업생'이라는 꼬리표가 떨어지지 않는다. 공무원과 일반 회사라고는 해도 그 안에 수많은 업무 분야가 있고 그중에는 법무 담당 부서가 있게 마련이다. 법무 담당 부서가 없는 작은 규모의 회사라도 당연히 법무를 담당하는 담당자는 있기 마련이다. 법학과 졸업생이라면 대개 법무와 관련된 업무를 맡게 된다. 법학과 졸업생은 법무 담당자가 되거나 그렇지 않더라도 회사에 법적 문제가 생기면 소환되기 쉽다. 심지어 아직 법학과를 졸업한 것이 아니라 재학 중이라고 해도 동네 사람들이 법에 대하여 궁금한 것이 있으면 와서 물어보는 경우가 있다. 동네 아줌마가 어머니한테 와서 "댁의 딸내미가 법학과를 다닌다는데 이런 경우 법적으로는 어떻게 되나 물어봐 줘요." 그래서 자의반 타의반 법률 자문을 해 줘야 할 때가 많다. 이때 "난 법학과를 졸업했지만 공부를 제대로 안 해서 답변드릴 수가 없군요."라고 얘기한다면 얼마나 난감한 일인가? 그래서 법학을 전공하는 사람들은 인생이 꼬이지 않으려면 평상시에 법을 열심히 공부해야 한다. 그리고 누가 법에 대해 물어보면 친절하게 답해 주어야 한다. 필자가 법학과 신입생들에게 강조하는 말이다.

그런데 법률 자문을 하게 될 때, 몇 가지 주의해야 할 점이 있다. 우선 사실관계를 정확히 파악해야 한다는 점이다. 질문하는 사람이 자기

---

[22] 로스쿨은 법학과 졸업생만 가는 것이 아니라 전문대학원 체제이므로 학부 전공과 무관하다.

문제가 아니라면 자세한 내용을 잘 모르는 경우가 많고, 자기 문제일 경우에는 자신에게 유리한 얘기만 하는 경우가 대부분이다. 따라서 자세히 여러 가지 요소와 상황을 확인한 후에 법적 결론을 말해줘야 한다. 질문자가 정확히 확인해 주지 못하는 요소가 있다면, 이를 가정해서 결론을 말해준다는 점을 분명히 해야 한다. 그렇지 않으면 답변한 사람이 실력이 없다거나 "법은 귀에 걸면 귀걸이 코에 걸면 코걸이"[23]라고 비아냥거리는 소리를 듣게 된다. 실제로 법이나 재판 결과가 반드시 정당한 것은 아니지만 법률 상담에서는 이를 고려하지 않고 현재의 법령과 판례의 입장만 소개해야 한다. 그리고 자신이 잘 모르는 분야라면 섣불리 답을 하지 말고 "확인한 후 말해 주겠다."고 시간을 번 후 제대로 공부해서 정확한 답을 말해야 한다.[24] 그렇게 최대한 확률 높은 법적 결론을 말해준다고 해도 현실에서 꼭 그렇게 되지는 않을 수 있다. 그것은 미처 생각하지 못한 요소가 중간에 있었거나 또는 실제 소송에서 적절히 대응하지 못해서 생기는 문제다. 그래서 결과적으로 "실력이 없다."는 말을 듣는 경우도 있는데, '법학과 졸업생'의 숙명이라고 생각하고 넘어가기 바란다. 필자의 경험으로는 십중팔구는 예상한 대로 실제 결과가 나와서 "실력 있다."는 말을 많이 들었다. 자문이 아니라 아예 "문제를 해결해 달라."는 사람도 많았다. 그리고 아쉬운 것은 최종 결과를 말해 주지 않는 사람도 많았다는 점이다. 혹시 질문자의 입장에 서게 된다면 사건이 끝난 후 피드백을 꼭 해 주기 바란다.

 법률 자문도 어렵지만 인생 자문도 어렵다. 인생 자문의 경우 해결책을 제시한다기보다 하소연을 들어주고 공감해 주는 것이 필요하다. 따라서 어떤 도움이 될 말을 해주기 전에, 상담을 요청한 사람과의 감정적 소통이 중요하다. 그런데 법률 자문의 경우 무조건 공감해 주면 오류에 빠질 가능성이 더 높아진다. 최대한 반대 논리를 생각하면서 들어야 객

---

[23] [8] "귀에 걸면 귀걸이, 코에 걸면 코걸이"(엄밀한 법개념) 참조.
[24] 자세한 것은 오호택, 『법학첫걸음』, 제4판, 동방문화사, 2023, 132~134면 참조.

관적이고 법적으로 정확한 결론을 말해줄 수 있다. 문제는 법률 상담이 인생 상담을 같이 하는 경우가 많다는 점이다. 따라서 심정적으로는 공감을 표시하되 객관적인 사실은 최대한 냉정하게 접근해야 한다. 그래서 법률 자문이 어렵다.

송사(訟事)에서는 먼저 온 사람의 말이 바른 것 같으나 그의 상대자가 와서 밝히느니라(히브리성경 잠언 18:17).

Ⅱ. 법이란 무엇인가

[14] '법'은 어디서 온 말일까
[15] "내일은 내일의 태양이 뜬다"(법과 자연법칙)
[16] 잠꼬대와 취중진담(행위의 준칙)
[17] 법은 OX 문제가 아니다(법률관계의 복합성)
[18] 신데렐라와 콩쥐팥쥐(법의 명확성)
[19] AI는 판사와 검사를 대체할 수 있을까(사실의 해석)
[20] '어르신 우선주차'(법의 강행성)
[21] 킥보드를 규제해야 하나(법의 규범력)
[22] 미니스커트와 트랜스젠더(법과 시대의 변화)
[23] 시대를 앞서갈 수는 없는 법(국가와 사회의 구분)
[24] 개고기 식용금지, 왜?(과잉입법)
[25] 삼성 반도체는 왜 평택에 자리했나(법과 현실)
[26] 정당한 학생지도는 아동학대가 아니다(입법과 포퓰리즘)
[27] 유방(劉邦)의 '약법삼장'(일반법과 특별법)
[28] 빵 하나 훔친 장발장(정의와 법적 안정성)
[29] 말 전하기 게임과 인사청문회(합목적성)
[30] 악법은 법이 아닌가(타당성과 실효성)
[31] '갑질'와 '을질'의 차이(법적 제재)
[32] 윤리 선생님의 비윤리(법과 도덕)
[33] 남자와 여자는 언제부터 부부일까(관습법)
[34] 자살폭탄 테러범의 심리(종교)
[35] 법은 시대의 거울이다(법격언)

Ⅱ. 법이란 무엇인가

[14] '법'은 어디서 온 말일까

앞의 "Ⅰ. 법을 아는 것이 힘이다"에서는 우리가 살아가는 데 왜 법이 필요한지 알아보았다. 이번 장에서는 법이 무엇인지 알아보자. 물론 깊이 있는 내용은 법학을 전공으로 공부하면서 자연히 알게 될 것이다.

법이라는 말의 한자는 '法'이다. 원래 이 글자는 법(灋)인데, 물 수(水)와 해태 치(廌), 그리고 갈 거(去) 등의 3자가 결합된 것이다. 이 법이라는 글자에서 해태 치(廌) 자가 생략된 것이 지금 우리가 쓰는 법이라는 글자이다. 이 중 수(水)는 수면과 같은 평평함을 뜻하는 것으로 법의 공평 또는 형평을 의미한다. 치(廌)는 시비선악을 가리는 전설적 동물을 뜻하는 것으로 법에 있어서의 정의를 상징한다. 이 동양의 영물인 해태[1]는 신의재판(神意裁判)을 할 때 재판석 앞에서 죄지은 자에게 가서 뿔로 떠받는다는 중국 묘족(苗族)의 고사에 나온다. 경복궁 광화문 앞과 근정전 앞에 있는 석상이 해태이다. 또 법이라는 글자에 들어있는 거(去)는 악을 제거하는 응징적 요소를 뜻하는데 법에 있어서의 강제성을 의미한다.

노자의 『도덕경』 제25장에 보면 '人法地 地法天 天法道 道法自然'라는 말이 있는데, 여기서 '法'은 '본받다.' "모범으로 삼다."의 의미다. 따라서 법이란 "어떤 기준을 제시해서 그것을 본받아 행위한다."는 의미라고 이해할 수 있다.

다음으로 서양어의 법에 해당하는 말을 보자. 우선 그리스어로는 법을 노

---

[1] '해치'라고도 한다.

모스(νομος)라고 하는데, 이는 "나누어 준다."는 뜻의 네모(νεμω)에서 유래한 것이다. 나누어 갖는 것은 한정하는 것이고, 한정함으로써 자연의 상태가 인간사회의 소유물이 되고 그에 따른 관습이나 규율이 발생하게 된 것이라 할 수 있다. 라틴어로는 이우스(jus)라고 하는데 법·권리 그리고 올바른 것이라는 뜻이 모두 포함되어 있어서 정의를 의미하기도 한다. 독일어 레히트(Recht)나 프랑스어 드로와(droit)도 같은 의미이다. 라틴어의 렉스(lex)와 영어의 로(law)는 명령이나 계율을 의미하며, 우리는 '법률'로 번역하고 있다.

  법(jus, Recht)과 법률(lex, Gesetz)은 구분되는 용어이다. 의회에서 법률의 형식으로 제정한 것만을 법률이라고 하고, 헌법·명령·규칙 또는 관습법까지를 포함하는 넓은 의미로는 법이라는 말을 쓴다. 다만 우리나라는 실무에서 이 둘을 엄격히 구분하지 않는다. 예컨대 「교육기본법」과 「지방교육자치에 관한 법률」은 모두 형식적 의미의 법률이다. 그냥 관행적으로 법률의 이름이 한 단어이면 법, 여러 단어이면 법률이라고 한다. 다만 특별법(특례법)이 붙으면 「교원의 지위 향상 및 교육활동 보호를 위한 특별법」 [2])처럼 그냥 법이라고 한다. 그러나 이러한 용어 구분은 아무 법적 효력의 차이를 가져오지 않으므로 법학적으로는 무의미하다. 실무상의 관행을 고쳐야 할 것이다. 그러지 않아도 복잡한 법체계에 효력의 차이가 없는 무의미한 용어 구분을 하는 것은 법을 지켜야 하는 국민에게 송구한 일이 될 것이다.

  예전의 문헌들을 보면 법률 명칭은 띄어쓰기를 안 한 것을 확인할 수 있다. '교원의지위향상및교육활동보호를위한특별법' 또는 '교 원 의 지 위 향 상 및 교 육 활 동 보 호 를 위 한 특 별 법'처럼 표기하였다. 이는 아마도 예전에 타자기를 사용하여 글을 쓸 때, 「 」 같은 부호를 사용하기 어려워서일 것이다. 그러나 요즘은 컴퓨터 단말기를 쓰기 때문에 당연히 띄어쓰기를 하되, 「 」 부호를 써서 법률명임을 쉽게 알아보게 한다. 다만 이 부호는 통일되어 있지는 못하다.

---

2) 법의 이름이 너무 길어서 공식적인 약칭으로 「교원지위법」이라고 한다.

[15] "내일은 내일의 태양이 뜬다"(법과 자연법칙)

미국 남북전쟁을 배경으로 여주인공 스칼렛 오하라의 인생 역전을 그린 영화 '바람과 함께 사라지다(Gone with the Wind, 1939)'는 미국의 소설가 마거릿 미첼(Margaret Mitchell, 1900~1949)이 쓴 유일한 장편소설을 영화화한 것이다. 그 마지막을 장식하는 유명한 대사가 바로 "내일은 내일의 태양이 뜬다."이다. 주인공이 절망에 빠질 때마다 생각했던 말이다. 그런데 의미를 잘 살린 멋들어진 번역이지만, 원문은 "After all, tomorrow is another day"다. 직역하면 "결국 내일은 또 다른 날이다." 다시 말하면 "내일 일에 대해 오늘 염려할 것이 없다."는 의미일 것이다.

여기서 인생철학을 이야기하려는 것은 아니다. 번역된 문장을 "내일은 내일의 태양이 떠오르는 법이다."라고 말해 보자. "가는 세월은 붙잡을 수 없는 법이다." "사람은 만나면 언젠가 헤어지는 법이다." "재채기와 사랑은 숨길 수 없는 법이다." 등의 표현을 생각해 볼 수 있다. 여기서 쓰인 '법'이라는 말은 이 책에서 설명하려는 법이 아니다. 여기서 쓰인 법이라는 말은 법칙 또는 자연법칙이라고 해야 정확한 성격이 드러난다. 다시 말해서 "예외가 없다."는 의미다. 예외가 없는 것은 우리가 이 책에서 알아보려는 '법'이 아니다. 법은 어떤 행위를 할 때의 기준을 제시하는데, 그 법을 안 지키는 사람은 늘 있게 마련이다. 예외가 없는 경우라면 법으로 정할 필요가 없다. 정할 필요가 없는 것이 아니라 정할 수가 없다. "모든 사람은 죽는다."는 것을 "모든 사람은 죽어야 한다."라고 법에 정해놓을 필요가 있을까? 법에서 명령하지 않아도 모든 사람은 죽으므로 법으로 명령하거나 기준을 정해놓을 필요가 없다. 반면에 타인을 죽이는 사람이 있으므로 "타인을 죽이면 안 된다."라고 법에 정해놓을 필요가 있다. 물론 모든 사람이 다른 사람을 죽이는 것이 아니라 가끔 그런 사람이 있다는 것을 전제로 하는 것이다. 이에 형법 §250①은[3]

"사람을 살해한 자는 사형, 무기 또는 5년 이상의 징역에 처한다."고 규정하였다. 그 의미를 생각해 보면 "사람을 죽이면 안 돼. 다른 사람을 죽이면 국가가 너를 사형이나 징역에 처할거야."라는 것이다. 법의 이런 성격을 규범이라고 한다. 규범이란 "어떤 일을 해야 한다."거나 "하지 말아야 한다."는 명령을 의미한다. 법은 사회규범의 하나다. 그래서 법규범이라는 말도 쓰인다. 종교규범이나 도덕규범이라는 말도 있는데, 이들도 사회규범의 일종이다. 뒤에서 설명하기로 한다.[4] 물론 법에 의하여 타인의 생명을 뺏는 일이 정당하다고 인정되기도 한다. 사형집행인이나 전쟁에서 적을 죽이는 군인을 생각하면 이해할 수 있다. 또 사람을 의도적으로 죽인 경우와 실수로 죽인 경우는 법적으로 다르게 취급된다. 부모를 죽인 경우와 타인을 죽인 경우가 다르고, 참기 어려운 고통 속에 죽어가는 사람이 죽여달라고 해서 도와준 경우가 법적으로는 달리 취급된다. 강도를 위한 살인과 성범죄 과정의 살인이 다르다. 살인은 매우 심각한 범죄이므로 계획적인 살인과 우발적 살인도 취급이 다르다. 다음 항목에서 좀 더 설명한다. 더 자세한 것은 형법을 공부할 때 알게 된다.

아무튼 법은 이를 지키지 않은 경우에 제재를 가함으로써 사람들로 하여금 법을 지키게 만든다. 그럼으로써 다른 사람의 권리를 보호하고 사회를 유지해 주는 것이 법이다.

"인간에게는 숨길 수 없는 세 가지가 있다. 재채기, 가난 그리고 사랑이다." - 탈무드

---

3) '제250조 제1항'이라고 읽는다.
4) [32] 윤리 선생님의 비윤리(법과 도덕) 참조.

[16] 잠꼬대와 취중진담(행위의 준칙)

히브리성경에 보면 유명한 '솔로몬의 재판' 이야기가 나온다. 솔로몬이 왕이었을 때 어떤 두 여자가 갓난아이를 데리고 와서 서로 자기 아이라고 주장하였다. 진짜 아이의 엄마가 누군지 알 수 없으므로 칼로 반을 갈라 반씩 주라고 하자, 진짜 아이의 엄마가 아이를 살려달라고 했다는 이야기다.[5] 솔로몬의 지혜를 확인할 수 있는 유명한 이야기지만 재판으로서는 문제가 있다.[6]

여기서는 사람들이 잘 기억하지 못하는 이야기의 앞부분을 살펴보자. 진짜 아이의 엄마가 말하기를 "그런데 밤에 저 여자가 그의 아들 위에 누우므로 그의 아들이 죽으니"[7]라고 하였다. 밤에 갓난아이 위에 누워서 아이가 깔려 죽었다는 말이다. 그런데 아이의 엄마가 의식적으로, 즉 알면서 위에 누웠다면 당연히 살인죄(형법 §250)에 해당한다. 살인죄 중에서 갓난아이였고 친엄마였으므로 영아살해죄(형법 §251)에 해당한다. 문맥상 그랬을 가능성은 거의 없다. 당연히 엄마가 옆에서 자다가 잠결에 무의식적으로 아이 위에 누워서 아이가 죽게 되었다고 생각할 수 있다. 그렇다면 살인죄로 처벌할 수는 없겠다. 의식적으로 사람을 죽인 것과 자면서 자신도 모르게 다른 사람을 죽게 한 것을 같게 취급할 수는 없기 때문이다. 자신의 의사에 기인하지 않은 행동에 대하여 법적인, 특히 형사법상의 책임을 물을 수는 없다. 그러나 그러한 행위를 예상할 수 있었다거나 스스로 그러한 상태를 야기한 경우라면 법적인 취급이 달라진다. 복잡한 이야기는 형법을 제대로 공부할 때 확인하자.

아무튼 법적으로 의미 있는 행위는 의식적으로 밖으로 나타난 행위라는 점을 기억해야 한다. 따라서 잠꼬대를 하면서 타인의 명예를 훼손

---

[5] 히브리성경 열왕기상 3:16~28.
[6] 재판으로서의 문제점은 [97] 솔로몬의 엉터리 재판(재판의 강제집행)에서 설명한다.
[7] 열왕기상 3:19.

하거나 모욕했다고 해서 처벌하지는 않는다. 형법에 보면 사람을 죽이면 살인죄로 처벌되는데, 죽이려고 했지만 실제로 죽이지 못했다면 살인미수죄로 처벌된다(형법 §254). 또한 사람을 죽이려고 준비한 경우도 살인예비·음모죄로 처벌된다(형법 §255). 모두 밖으로 나타난 행위를 처벌하는 것이지 속으로 누구를 "죽이고 싶다."고 생각한 것으로는 처벌되지 않는다. 그것이 법이다. 외부로 나타난 행위만 문제가 되는 것이다. 물론 속으로 어떻게 생각했는지가 기준이 될 때도 있지만 그것도 정말 그 사람의 생각을 알아내어 처벌하는 것은 아니고 외부로 나타난 행위를 기준으로 추정해서 판단할 뿐이다. 다른 사람을 살해한 경우라도 '내란 목적으로 살인'을 한 경우에는 '내란목적 살인죄'로 처벌되는데(형법 §88), 형이 사형이나 무기징역, 무기금고다. 일반 살인죄는 '사형, 무기징역 또는 5년 이상의 징역'이다. 내란을 목적으로 한 것은 그 사람의 생각인데, SF영화에서처럼 어떤 사람의 생각을 강제로 읽어내지 못하는 한 여러 가지 외부로 나타난 행위나 정황을 보고 추정할 수밖에 없다. 다만 현재의 과학기술의 발전은 예측하기 어려워서 가까운 미래에 이것도 달라질 수 있겠다. 일론 머스크(Elon Musk, 1971~)가 만든 뇌 신경과학 스타트업 '뉴럴링크'는 최근에 인간의 뇌에 임플란트를 이식하여 생각만으로 컴퓨터나 폰을 조작할 수 있게 되었다고 발표했다.[8] 미국 식품의약국(FDA)의 승인을 받아 사지마비 환자 등에게 일종의 '텔레파시 칩'을 이식한 것이다. 그런데 환자들을 위하여 개발 중인 이 장치가 나중에 멀쩡한 사람의 생각을 읽어내는 데 사용될 가능성이 크다고 우려된다. 또 최종 개발 단계에 도달하기 전에 인간을 상대로 실험하다가 희생되는 인간도 있을 수 있다. 그래서 법이 필요한 것이다. 이런 미래의 기술이 악용되지 않도록 적절한 시기에 적절한 규제 입법이 필요하다. AI가 대표적이고, 각국에서 고민하고 있다.

---

[8] https://www.donga.com/news/People/article/all/20240131/123308071/1(검색 2024.1.31.)

완전히 의식이 없는 경우는 아니지만 비슷한 것으로 '취중진담'이 있다. 정신이 멀쩡한 상태에서 한 행위나 말이 아니라 술이나 약물에 취해서 판단력이 흐려진 상태에서의 행위나 말은 법을 그대로 적용하기가 곤란한 경우가 많다. 이러한 상태를 참작하여 판단할 수밖에 없다. 구체적으로는 재판할 때 판사가 판단한다. 그래서 술 취한 상태에서 어떤 범죄를 하면 정상적인 판단력이 없었던 상태라고 하여 형량을 낮춰주는 경우가 있다. 인터넷에 보면 "우리나라는 술 먹고 범죄 하면 당연히 형량을 낮춰 준다."고 비판하는 글이 많다. 이는 정확히 모르고 비판하는 것이다. 당연히 낮춰주는 것이 아니며 여러 가지 상황을 고려하여 판단한다. 감경해 주지 않는 경우도 많다. 판사들도 사회적 비판을 잘 알고 있기 때문에 술 취한 경우 감경해 주는 사례는 실제 재판에서 점점 줄어들고 있다. 한편 일부러 술을 마시거나 마약을 복용하고 범죄를 하는 경우도 있다. 이런 경우를 '원인에 있어서 자유로운 행위'라고 부르는데, 형법은 명시적으로 '위험의 발생을 예견하고 자의로 심신장애를 야기한 자의 행위'는 심신상실과 심신미약의 감경 사유에서 제외시키고 있다(형법 §10③). 여기서 '심신'은 心身이 아니라 心神이다. 즉 정신적 불완전을 말하는 것으로 신체적 장애를 말하는 것이 아니다.

酒醉不言眞君子(취중불언진군자) 술자리에서 실언하지 않는 사람이 참된 군자다. -명심보감

[17] 법은 OX 문제가 아니다(법률관계의 복합성)

우리 사회에서의 논의 과정을 보면 '흑백논리'가 주를 이룬다. 맞거나 틀리거나 단 두 가지 중에서 골라야 하는 것이 사회적 분위기다. 이는 적이냐 아군이냐를 구분하던 전쟁 때의 의식구조라고 할 수 있다. 논리적으로 아군이나 전우의 말이 못마땅하다고 해도 적의 편을 들 수는 없다. 자칫 생사가 달라지기 때문이다. 그러나 법적 분쟁은 그렇게 단순한 것이 아니다. 수십 가지의 복잡한 문제가 얽혀 있는 것이 대부분이다. 재판에서 유능한 변호사가 변론을 잘하면 이기고 그렇지 않으면 지는 경우가 있다. 이는 사안 자체가 옳고 그름이 복잡하게 얽혀 있기 때문이다. 처음부터 단순하고 결론이 명백한 사안이라면 재판까지 가지 않고 당사자들끼리 자체적으로 해결될 가능성이 높다. 물론 재판의 결과를 놓고 보면 어느 한쪽이 승리한 것으로 볼 수 있지만, 그러한 결론이 나오기까지 수많은 쟁점이 논의되고 판단되어 종합적으로 내린 결과이다.

다음 사례를 천천히 읽어보자. 실제 사례를[9] 바탕으로 한 이야기다.

① 대학교 남학생 A는 한밤중에 골목길에서 만난 생면부지의 B라는 중년의 남성을 목 졸라 살해하고 지갑을 훔쳐 달아났다.

② 경찰이 A를 붙잡아 조사해 보니, 그는 B의 의붓딸 C의 남자친구였으며, B를 살해할 때 C도 현장에 있었다.

③ 먼저 C가 B를 살해하려고 했으나 힘이 부족하자, A가 나서서 C를 도와주다가 오히려 B의 살해를 주도하였다.

④ 그런데 C는 초등학교 때부터 대학생이 되기까지 B로부터 성적 학대를 받아왔기에 수년간 B를 살해할 계획을 세우고 기회를 노리고 있었

---

9) 1992년의 김보은 사건을 바탕으로 각색한 내용이다. 실제 재판에서는 김보은에게 징역 3년에 집행유예 5년이 확정되었다(대판 1992.12.22., 92도2540).

다.

⑤ C의 친모이자 B의 부인인 D는 C가 B로부터 성적 학대를 당한다는 사실을 알고 있었으나 재산가인 B와 헤어지는 것이 두려워 문제 삼지 않았다.

⑥ C는 이런 상황에 분풀이하듯 D와 함께 사치와 낭비를 통하여 B의 재산을 탕진하려고 노력하였다.

⑦ 대학에서 C를 만난 A는 C를 좋아하기는 하였지만 나중에 이러한 사실을 알게 되자 C에게서 마음이 멀어졌다.

⑧ 하지만 취업을 걱정하던 A는 C의 B 살해를 도와주고 C와 D가 회사 사장이었던 B로부터 회사와 거액의 재산을 물려받으면 B의 회사에 취업을 보장받을 생각이었다.

⑨ 한편 오래전에 작성해 놓았던 B의 유서가 발견되었는데, 자신이 살던 집 이외의 전 재산을 사회에 기부한다는 내용이었다.

위에서 누가 나쁜 사람일까? 반전은 영화나 소설의 재미를 배가한다. 다만 반전을 예상하고 있는데 예상대로 반전이 일어나면 재미가 반감된다. 영화 '디 아더스(2001)'가 '식스센스(1999)'보다 먼저 나왔다면 훨씬 더 재미있었을 것이다. 두 영화 모두 마지막 반전이 영화의 핵심이다. 더 얘기하면 스포일러가 된다. 아무튼 위 ①에서 ⑨단계의 설명 중 어느 부분까지 보아야 사건의 성격을 규정지을 수 있을까? 결론적으로 다 읽어보아야 한다. 부분적으로만 알고 등장인물을 평가하기 어렵다. 그런데도 우리 사회는 지나치게 단순화해서 나쁜 사람과 좋은 사람을 구분하는 것이 일반적이다. 일단 선악을 평가한 이후에는 반대의 증거나 요소가 제기되어도 믿지 않고 처음의 판단을 고집하는 사람이 많다. 이를 확증편향이라고 하는데 우리 사회에서 그런 경향이 짙다. 물론 SNS나 유튜브의 보편화로 세계의 다른 나라들도 비슷한 현상이 있다고 하는데 우리나라는 특히 심해 보인다. 언론에 보도되는 사건들도 핵심 쟁점만 나오고 자세한 내용은 안 나오는 경우가 많다. 사건의 실체보다 선입견이 여론을 좌우할 때가 많다. 그러므로 법적 사건을 접할 때는 좀 더 열린 마음으로 반대 의견도 진지하게 듣고 최종적으로 종합해서 판단해야 한다. 하나의 결론에 도달했다고 하더라도 그에 따른 조치나 행동도 단순해서는 안 된다. 원인이 되는 요소가 여러 가지이므로 해결을 위해서는 여러 가지 보완적인 또는 반대되는 조치도 필요하다는 점을 잊어서는 안 된다.

[18] 신데렐라와 콩쥐팥쥐(법의 명확성)

신데렐라 이야기와 콩쥐팥쥐는 어떻게 그렇게 줄거리가 비슷할까? 세계 여러 곳에는 이와 비슷한 이야기가 많이 있다. 가장 오래된 것을 들자면 기원전 1세기(또는 기원 후 1세기) 스트라본(Strabon 64 B.C~24 A.D.)의 『지리학(Geographica)』에 기록된 '로도피스(Rhodopis) 설화'이며, 그 이전에 이미 헤로도토스(Herodotus 484~425 B.C.)의 『역사』에도 비슷한 이야기가 나온다. 그 후 여러 차례 민담 설화로 소개되었고, 우리에게 잘 알려진 것으로는 그림형제의 동화에서 비롯된다. 현대에는 디즈니 영화로 잘 알려지게 되었다. 이름과 세부적인 내용은 조금씩 차이가 있지만, 계모 밑에서 갖은 학대를 받던 여주인공이 요정이나 마법사 등의 도움을 받아 원님(또는 왕자)과 결혼하게 되고 계모와 이복동생(언니)은 벌을 받는다는 줄거리다.

그런데 왕자 또는 원님과 결혼하게 되는 계기는 유리구두 또는 꽃신의 주인공으로 인정받는 사건이다. 이것이 만약 실제 사건이라면 법적으로는 전혀 있을 수 없는 일이다. 서로 누구 발에 잘 맞는지가 법적 분쟁이라면 아무도 결론을 내릴 수 없을 것이다. 필자는 260cm의 구두를 신는데, 운동화라면 5cm 정도 더 큰 것을 신는다. 끈을 조여서 조절할 수 있다. 사람에 따라서 신발을 발에 꼭 맞도록 신는 사람이 있는가 하면, 좀 헐렁하게 신는 사람도 있다. 따라서 특정한 신발이 누구 발에 맞는지를 법적으로 확정 짓기는 어렵다. 이런 기준으로 원님(또는 왕자)의 신부감을 고른다는 것은 법 영역에서는 말이 안 된다.

법을 적용하기 위해서는 엄격한 규정 내용이 전제된다. 즉 법은 명확해야 한다. 특히 형벌을 과하는 형법의 경우 명확하지 않으면 위헌으로 판단된다. 형법이 아니더라도 법을 적용할 때 이익을 보는 사람이 있는 반대편에는 불리한 입장에 놓이는 사람이 늘 있다. 따라서 법의 적용으로 불리하게 되는 사람은 불분명한 법을 적용하여 불리한 처우를 받는 것을 받아들이기 어렵다. 더구나 법을 집행하는 공무원이나 판검사들이 불분명한 법을 임의로 적용한다면 법의 객관적 내용이 무시되고 그때그때 결과가 달라지게 된다. 이는 법적 안정성을 해치고 법치국가원리에 반한다. 예를 들어 A가 B에게 "돈을 꿔 줄테니 네가 갚을 수 있을 때 꼭 갚도록 해."라고 하면서 100만 원을 꿔주었다고 해 보자. 그런데 B가 취업에 성공하여 월급 300만 원을 받아서 월세와 신용카드 비용을 제하고 120만 원이 남았다고 하자. 그러면 꾼 돈 100만 원을 갚을 수 있게 된 것인가? 100만 원을 갚을 수는 있지만 '남은 20만 원으로 한 달 생활을 하기 어려운 상황'이므로 갚기 어려운 때라고 말할 수도 있다. 그런데 A가 B에게 "너 돈 갚을 수 있는데 왜 안 갚니?"라면서 법에 호소해서 어떤 제재를 요청하면 법(국가)은 어떻게 해야 하는가? 이렇게 법적으로 불분명한 '갚을 수 있을 때'라는 것을 조건으로 달면 법적 분쟁이 생기고 판단하기 어려운 경우가 된다. 대신 '다음 달 월급 타면'이라거나 '다음 달 15일에' 갚으라고 하면 법적 쟁점은 분명해진다. 물론 법에 구체적 내용을 정해놓는다고 해도 아주 세밀한 부분에서는 달리 판단할 여지가 있을 수 있다. 법의 특성이 '일반적이고 추상적'이기 때문이다. 법이 모든 문제를 명확히 할 수는 없지만, 어느 정도 구체적인 범위를 주고 그 안에서 법을 집행하는 사람들이 판단할 수 있도록 하는 것이다. 이를 판단해 주는 것이 판사이고 그 절차가 재판이다. 물론 판사도 사람인지라 그 기준이 기계적일 수는 없다. 결국 그 기준은 그 사회 일반인의 건전한 상식이 될 수밖에 없다. 따라서 일반인이 건전한 상식을 가지고 있을 때 그 사회는 건강한 사회인 것이다.

[19] AI는 판사와 검사를 대체할 수 있을까(사실의 해석)

요즘 어느 분야에서나 AI를 내세운다. 산업현장뿐 아니라 언론과 선거 분야에서도 AI와 챗GPT를 사용해서 새로운 현상을 만들고 있다고 선전한다. 물론 그중 상당수는 과장된 것으로 보인다. 이전부터 있던 컴퓨터를 통한 자동화나 빅데이터의 활용 등을 좀 더 그럴듯하게 AI를 사용한다고 하는 것일 수 있다. 아무튼 AI의 폭넓은 진화는 부인할 수 없는 이 시대의 흐름이라고 하겠다. 그런데 이에 따라 없어지는 직업이 거론되고는 한다. 구체적으로 드는 것은 연구기관 별로 차이가 있으나 공통된 기준은 있다. 즉 인간과 직접 접촉하는 직업은 더 오래 살아남을 수 있다는 것이다. 예를 들어 의사보다는 간호사라는 직업이 AI에 의한 대체가 더 늦게 진행될 것이라고 한다.

그러면 판사와 검사, 그리고 변호사는 AI에 의해 대체될 수 있을까? 이에 대하여 금세 대체될 것이라는 의견을 내는 사람들은 법과 법학, 그리고 법조인에 대한 이해가 조금 부족하다고 생각된다. 금세 대체된다고 하는 사람들의 논거는 AI가 판·검사 변호사보다 더 빨리 정확하게 판례를 찾고, 결과를 더 정확히 예측할 수 있다는 점을 든다. 그런데 이는 AI가 아니라 기존의 컴퓨터의 특성일 뿐이다. 이미 그렇게 된 지 오래되었다. 예전에는 법을 공부하려면 두꺼운 법전을 사야 했으며, 법제처에서 발간한 법전은 백과사전 두께의 책이 40~50권이나 되었다. 지금은 이런 법전이 전혀 필요가 없다. 인터넷을 활용하여 몇 초 만에 찾을 수 있다. 더구나 책으로 된 법전은 발간된 후 시간이 조금이나마 흐른 것이지만, 인터넷으로 찾는 법전은 실시간으로 업데이트된 것이다. 그런데 이렇게 관련 법조문을 찾으려면 사건의 의미를 알아야 한다. 즉 법을 적용하여 사건을 해결하기 위해서는 사건의 의미와 이에 해당하는 법의 의미를 다 알아야 하는 것이다. 앞의 단계를 사실의 해석이라고 한다. A가

B를 살해했다면 A에게 형법의 관련 조항을 찾은 후 이를 적용하여 '징역 몇 년'이라고 결론을 내릴 수 있다. 그런데 "A가 B를 살해했다."는 사실은 누군가 실제 확인하여 AI에게 입력해 주어야 AI는 결론을 말할 수 있다. A의 어떤 행위로 인하여 B의 심장이 뛰지 않는지, 뇌가 멈추었는지를 확인하는 것은 AI가 할 수 있는 것이 아니다. 어떤 도구를 이용하더라도 결국 인간이 판단할 수 있고, 인간이 이를 AI에게 입력해야 AI가 일을 할 수 있다. 물론 '터미네이터'나 '매트릭스' 같은 SF영화에서처럼 인간의 감각을 대신하는 어떤 실체(로봇)가 등장하면 얘기는 달라진다. 그 '실체'가 인간의 명령과 별개로 스스로 생각할 수 있으면 완벽하게 다른 상황이 된다. 그러나 그건 가까운 미래가 아니라 우리의 생각이 미치기 어려운 머나먼 미래의 일이다. 따라서 당분간은 AI가 판·검사, 변호사를 대체하기는 어렵다. 사건의 시작부터 재판의 결론까지 일부 과정에 끼어들어 올 가능성은 크지만 완전히 인간을 배제하고 재판을 대신할 수는 없다고 생각된다. 대신에 가까운 미래에는 결국 AI를 만들고 이를 이용할 수 있는 사람들이 그렇지 못한 사람들을 지배하는 사회가 될 것이다.[10] 인간사회에서 AI 격차가 커지지 않게 하려면, 또는 AI에 의해 대체되지 않으려면 우리는 어떻게 해야 할까? 우선 AI에게 적절한 질문을 해서 AI를 이용하여 좋은 결과물을 도출해 낼 수 있어야 한다. 단순한 기억이나 추론뿐 아니라 AI가 못하는 정도의 상상력과 추론을 할 수 있어야 한다. 물론 AI의 발전 속도가 우리의 상상력을 뛰어넘는 것이 증명되고 있으므로, 미래의 암울한 상황을 쓸 데 없는 걱정이라고 단정 짓기에는 필자도 좀 자신이 없다는 점을 고백하지 않을 수 없다.

---

10) [43] AI가 만든 것은 AI 것일까(인격과 법인격) 참조.

[20] '어르신 우선주차'(법의 강제성)

몇 년 전 경기도에서는 경찰청장이 바뀌면서 아파트 주차장 등에 '어르신 우선주차' 구역을 지정한 적이 있었다. 여기서 '어르신'은 몇 살 이상인가? 노인복지법 §1-2[11])에 따르면 노인은 '65세 이상'을 말한다. 그렇다면 운전자가 65세 이상이면 우선 주차할 수 있다는 의미라고 새길 수 있다. 그런데 요즘 65세이면 전혀 노인 같아 보이지 않아서 운전자나 그 운전자에게 주차면을 양보해야 하는 사람 모두 멋쩍을 것 같다. 지금도 그때 써 놓은 '어르신 우선주차' 표식이 남아 있지만, 노인이라고 양보하는 장면도 양보해 달라는 장면도 실제로 본 적은 없다. 더 근본적인 이유가 있다. 법적 강제성이 전혀 없기 때문이다. 해당 연령의 운전자가 아닌데 그 자리에 주차했다고 해서 국가나 지방자치단체가 과태료와 같은 제재를 전혀 과하지 않는다. 물론 법에 과태료를 부과할 수 있는 근거가 없기 때문이다. 같은 문제가 '여성 우선주차'구역이다. 마찬가지로 법적 강제성이 없기 때문에 남성이 주차한다고 해서 과태료가 부과되지는 않는다. 남성 운전자가 여성들이 주차하는 부분에 주차하려니 좀 민망할 뿐이다. 그런데 다른 곳에 빈 주차구역이 없고 여성 우선주차 구역에만 빈 자리가 있다면 남성 운전자라고 해도 어쩔 수 없이 그곳에 주차할 수밖에 없을 것이다. 여성 우선주차 구역은 서울시 「주차장 설치 및 관리 조례」에 근거한 것이었는데, 2009년에 도입되었다가 2023년에 폐지되고 '가족 우선주차 구역'으로 바뀌었다. 폐지되기 전에도 주차장에 여성 우선주차 구역을 확보하도록 하는 근거만 있었을 뿐 위반하는 차량에 대한 강제 사항은 없었다. 엄격히 말해서 이런 것들은 법이라고 말할 수 없다. 법은 공동체의 질서유지를 위해서 최소한을 규정하되 국가권력에 의하여 강제되어야 하는 것이다. 노인과 여성을 배려하는 것은

---

[11]) '제1조의 2'라고 읽는다. 그런데 보통 숫자 뒤에 '조'를 붙여 읽으니까 '제1조의 2조'라고 읽게 되어 좀 어색하게 들린다.

바람직하지만 법으로 강행할 때는 여러 가지 부작용이 있을 수 있다. 그러므로 도덕적으로 권장하거나 존중하지 않는 사람에 대한 사회적 비난을 통하여 존중하는 분위기를 만드는 것이 더 효율적인 대응이라고 말할 수 있다.

반대의 상황으로는 아파트 '단지 내 외부 차량 주차금지' 문제가 있다. 대부분의 아파트 단지에 가 보면 '외부 차량 주차금지' 안내문이 붙어 있는 것을 볼 수 있으며, 외부 차량의 경우 경비실에 방문기록을 남기고 임시 주차증을 받아서 차량 외부에 게시해 놓도록 하는 조치를 하고 있다. 그런데 이런 절차를 거치지 않고 임의로 외부 차량을 주차해 놓으면 커다란 '주차위반 스티커'를 조수석에 붙이는 것을 쉽게 볼 수 있다. 과연 이렇게 할 수 있는 것인가? 우리나라 대부분의 아파트에서 관행적으로 외부 차량의 주차를 제한하는 조치인데, 법적 근거가 없는 것이다. 법에 의한 강제조치는 국가나 지방자치단체가 행하는 것이며 사인(私人)은 법령에 근거한 명시적 위임을 받지 못하면 이런 강제조치를 할 수 없다.[12] 그 스티커에는 강력 접착제가 붙어 있어서 쉽게 떨어지지 않고, 떼어 내더라도 자국이 남아 스티커 제거제를 별도로 사다 뿌리고 잘 닦아야 흔적을 없앨 수 있다. 스티커 제거제를 5천 원이라고 치면, 그걸 사 오는 시간과 흔적을 없애는 시간 등 30분 이상의 노동력을 최저임금으로 계산하여 약 만 원 이상의 재산적 제재가 가해진 것이다. 당연히 법적 근거와 그에 따른 집행이 요구되는 것이다. 그렇다면 외부 차량으로 인하여 아파트 주민이 받은 손해는 어떨까? 당연히 거주민의 주차가 우선적으로 보호되어야 한다. 따라서 규약 등을 마련하여 외부 차량에 대해서는 주차비를 징수할 수 있고, 임의로 장시간 주차해 놓은 경우 불법주차 단속을 요청하여 견인해 가도록 하는 방안을 생각해 볼 수는 있다. 다만 이 경우에도 현행법상 허용된다고 단정할 수는 없다. 주

---

12) [77] 양육비 거부자의 신상공개?(자력구제·정당방위·긴급피난) 참조.

차장 영업에 해당할 수 있으며, 아파트 단지는 사유지라 시청(구청)의 주차단속 구역이 아니기 때문이다. 법적 보완이 필요한 부분이다. 굳이 필요하다면 재판을 통하여 법원에 강제집행을 요청하여 견인하는 수밖에 없다. 현재의 법률 규정이라면 외부 차량은 아파트 주민에 피해를 주지 않는 범위 내에서 주차하는 도덕적 자제가 필요하다. 공공기관이나 학교·교회 등이 주차장을 개방하면 여기에 장기 주차를 해서 업무에 지장을 주는 얌체족들이 있기 때문에 쉽게 개방하지 못한다는 이야기를 듣는다. 아무튼 사정상 외부 차량의 주차를 허용하기 어려운 아파트 단지라면 차단기나 주차단속원을 동원하여 아예 진입을 막는 수밖에 없다고 하겠다.

"강제력이 없는 법은 타지 않는 불꽃이요, 비치지 않는 등불이다." -예링-

[21] 킥보드를 규제해야 하나(법의 규범력)

몇 년 전부터 젊은 사람들 사이에서는 전동 킥보드가 유행이다. 관련 산업의 활성화를 위하여 규제를 풀어야 한다는 의견이 대두되었다. 그런데 문제는 찻길로 다니든 인도로 주행하든 사고가 자주 발생한다는 점이다. 그래서 규제를 풀어야 한다는 의견과 오히려 규제를 강화해야 한다는 의견이 분분한 상황이 되었다. 그래서 정부와 국회는 부랴부랴 관련 법률의 정비에 나섰다.

2020년 5월 도로교통법을 개정하여 '만 13세 이상 전동 킥보드를 허용'하도록 하였다. 그랬더니 사고 위험성이 더 높아졌다는 비판을 받았다. 이에 국회는 2020년 12월 도로교통법을 다시 개정하여 '만 16세 이상 면허취득자'로 연령 제한을 높이는 등 법적 규제를 다시 강화했다. 이 개정 법률은 2021년 5월부터 적용되고 있다. 면허를 보유해야 탈 수 있고, 헬멧 등 인명 보호장구를 착용하지 않거나 2인 이상 탑승할 때, 또는 음주운전의 경우 범칙금을 부과한다. 예컨대 헬멧을 착용하지 않으면 개인에게는 2만 원의 범칙금이 부과된다. 이 강화된 도로교통법 개정안 가운데서도 가장 논란이 된 것은 '헬멧 의무착용' 문제다. 실제로 공유 전동 킥보드의 경우 헬멧이 구비되어 있지도 않고, 보관도 어렵기 때문이다. 그렇다고 개인적으로 헬멧을 가지고 다니면서 공유 전동 킥보드를 타라고 하는 것도 비현실적이다. 이와 같은 상황에서 치명타가 된 것은 서울시 등 지자체의 '전동 킥보드 불법 주차 견인조치'였다. 주차 장소가 없는 독리스(dockless) 방식을 취하고 있는 전동 킥보드는 도로 위 곳곳에 널부러져 있어 통행을 막고 보기에도 좋지 않다는 지적이 많았기 때문이다. 서울시는 2020년 5월부터 불법 주차된 전동 킥보드를 견인하고 대당 견인 비용 4만 원과 보관료를 업체들이 부담하도록 했다.

전동 킥보드 관련 산업의 활성화와 이로 인한 사고위험의 증가 등

이해충돌의 문제를 충분한 사회적 논의와 합의 없이 졸속 입법으로 해결하려다 보니 아직도 문제는 해결되지 않고 혼란스럽기만 하다. 더구나 여기서 가장 주목할 점은 법을 너무 쉽게 자주 바꿨다는 점이다. 제대로 시행해 보지도 않고 지그재그로 법이 개정되다 보니 국민들이 법률의 내용을 잘 알지도 못하고, 잘 모르니까 법을 지키지 않는 현상이 나타나는 것이다. 법이 자주 바뀌면 그 법의 내용을 알게 되기 전에 또 법이 바뀌므로 내용을 몰라서 법을 잘 지킬 수 없다. 법의 규범력의 제고라는 점에서 더 심각한 점은 법의 내용을 아는 사람들도 또 바뀔 것 같으므로 지키지 않고 기다리는 현상이 나타난다는 점이다. 국민이 법을 잘 지키려면 국민이 법을 잘 알고, 그 법이 타당하다는 생각이 들어야 한다. 조령모개(朝令暮改)[13]라는 말이 있는데, 이러면 법이 제대로 지켜질 리가 없고 법의 규범력이 떨어진다. 특정 법률 분야만이 아니라 그런 현상이 여러 분야에서 자주 있게 되면 한 나라의 법규범 전체의 규범력이 떨어진다. 따라서 법은 신중히, 사회적 합의를 토대로, 최소한의 법을 만들되, 일단 만든 법은 강력히 시행하여야 한다.

그렇다고 한번 만든 법을 영원히 쓸 수는 없다. 법은 사회의 변화에 따라 적절히 개정되어야 한다. 바뀐 사회와 동떨어진 옛날 내용을 그대로 가지고 있다면 그 법은 '꼰대' 취급을 받고 무시당하게 된다. 예컨대 도로교통법의 차(車)에는 '가축의 힘으로 도로에서 운전되는 것'도 포함된다(같은 법 §2 제17호). 아직 시골에 가면 완전히 없어지지는 않았지만 소나 말이 끄는 차를 타고 다니는 사람이 얼마나 될까? 또 같은 법에 따르면 1종 소형 운전면허가 있는데(같은 법 §80② i 다), 이는 '삼륜차'를 운전하는 면허다. 지금도 우리나라에 실제 운행하고 있는 삼륜차가 남아 있나? 조만간 시대변화에 따라 규정이 바뀔 것으로 예상해 본다. 시대에 맞춰 적정한 때에 개정되지 않으면 실제 법으로서의 규범력

---

13) 아침에 영을 내리고 저녁에 고친다.

이 없는 '사문화된 법'이 된다. 너무 자주 개정해도, 시대를 앞서서 개정해도, 시대에 뒤처져도 안 되는 것이 법이다.

구르는 돌에는 이끼가 끼지 않는다(A rolling stone gathers no moss). - 라틴어 속담

[22] 미니스커트와 트랜스젠더(법과 시대의 변화)

요즘 한 여름 거리에서 미니스커트를 입은 여성을 보는 것은 특별한 일이 아니다. 그러나 1970년대에는 미니스커트가 여성의 각선미를 너무 노출한다고 해서 경찰이 길거리에 나서 단속을 했다. 단속의 근거는 경범죄처벌법이었다.[14] 경찰이 거리에 지나가는 미니스커트 차림의 여성을 붙들어 세운 채 30cm 자를 들고 무릎 위에 올라간 미니스커트의 높이를 재서 단속한 것이다. 지금 이런 상황이라면 단속 경찰들이 오히려 성희롱으로 고발될 것 같은 풍경이다. 시대가 흐름에 따라 사회적 분위기가 바뀌고 법적 관심사도 변한 것이다.

미니스커트는 고대 로마 시대 때 튜닉(tunic)의 일부였다. 군인과 검투사, 그리고 노예들이 입던 옷이라고 한다. 미니스커트의 본격적인 유행은 영국의 1960년대의 '스윙잉 런던(Swinging London)'[15] 때였다. 미니스커트는 1964년 영국의 디자이너 메리 콴트(Mary Quant)에 의해 처음 만들어졌다. 다리를 외설적인 것으로 여겨 심지어 그랜드 피아노 다리도 감싸야 했던 당시 사회 분위기에서 미니스커트의 출현은 혁명과도 같은 일이었다. 그러나 여성들의 폭발적인 지지에 의해 단숨에 세계로 퍼져나갔다. 비슷한 시기 프랑스의 디자이너 앙드레 쿠레주(Andre Courreges)에 의해서도 무릎 위로 올라가는 짧은 스커트가 선보였다.[16] 우리나라에서는 1967년 가수 윤복희가 처음으로 미니스커트를 입고 나타나 전국을 충격에 휩싸이게 하였다.

아무튼 미니스커트 단속은 "그때는 맞았고, 지금은 틀린다." 왜냐하면

---
14) 현행 경범죄처벌법 §3① 33호 "(과다노출) 공개된 장소에서 공공연하게 성기·엉덩이 등 신체의 주요한 부위를 노출하여 다른 사람에게 부끄러운 느낌이나 불쾌감을 준 사람"
15) 스윙잉 런던이란 1960년대 사회적·문화적으로 급변하던 시기의 활기찬 런던의 모습을 나타내는 표현이다. 역동적인 사회 분위기를 담은 당시 광고·영화사진 등 대중문화 요소를 예술의 영역으로 끌어들여 전통적인 가치와 태도에 도전하려 했던 젊은 아티스트들을 상징한다.
16) 둘 중 누가 미니스커트의 창시자인지는 논란이 있다. 누가 창시자이든 이 책의 주제와는 거리가 멀다.

시대가 바뀌었고 사람들의 의식과 기준이 바뀌었기 때문이다. 요즘 문제가 제기되는 복장으로는 레깅스가 있다. 맨살은 노출하지 않지만 몸매를 여실히 드러내기 때문이다. 이에 대하여도 찬반 의견이 갈린다. 우리 사회에는 전에는 안 된다는 것이 일반인의 상식이었으나 지금은 허용되는 분위기의 현상들이 너무나 많다. 공공장소에서의 애정 표현, 동성애, 혼전 동거, 트랜스젠더……등 헤아리기도 어렵다. 또 각각 자세히 살펴보면 갑자기 전면적으로 허용된다기보다는 일부 사람들이 포용적 태도를 보이거나, 조금 넓은 정도까지 허용하는 분위기가 먼저 만들어진다. 다시 말해서 사회적 허용범위나 인식의 범위가 점점 넓어지는 것이다. 그러다가 대다수 국민이 당연하다고 여기면 전면적으로 허용하게 되고 법도 이에 맞추어 바뀐다. 다만 그렇게 되기 까지는 사회적으로 논쟁과 갈등이 있을 수밖에 없다. 따라서 사회적 논쟁들이 있다고 해서 사회불안이라고 생각해서는 안 된다. 그런 건전한 사회적 논의가 사회의 미래를 여는 것이라고 긍정적으로 보는 태도가 필요하다. 나의 생각과 반대라고 해서 무시하거나 적대시하면 안 된다. 시대에 따라 법은 늘 변한다. 그래서 법은 '시대를 비추는 거울'이라고 하는 것이다. 사회적으로는 논란이 되는 이런 다양한 문제들이 허심탄회하게 논의되는 열린 사회가 좋은 사회, 좋은 나라인 것이다.

[23] 시대를 앞서갈 수는 없는 법(국가와 사회의 구분)

최초의 스마트폰은 1992년 발표된 IBM의 '사이먼(Simon)'이며, 1993년 애플은 '뉴턴 메시지 패드'를 출시한 바 있다. 그 이후 세계적인 기업들이 스마트폰 시장에 뛰어들었다. 불과 20~30년 사이에 우리 생활에서 스마트폰은 떼려야 뗄 수 없는 존재가 되었다. 이에 따라 그 이전에 없던 현상들이 많이 생겨났다. 카톡, 스마트워치, 화상통화 등이 생겨났고 카메라도 전문가들 아니면 거의 스마트폰으로 대체되었다. 또 스마트폰의 보급에 따라 보이스피싱, 스미싱,[17] 스몸비[18] 등 이전에 몰랐던 현상들도 경험하게 되었다. 인터넷이 발달하면서 만들어진 사이버범죄 영역이 스마트폰의 보급에 따라 날개를 단 격이다. 이에 따라 이들을 규제하는 법이 새로 만들어졌다. 예컨대 '사이버명예훼손죄'는 SMS가 발달하기 전에는 없었던 범죄이다. 「정보통신망 이용촉진 및 정보보호 등에 관한 법률(정보통신망법)」 제70조 제1항은 "사람을 비방할 목적으로 정보통신망을 통하여 공공연하게 사실을 드러내어 다른 사람의 명예를 훼손한 자는 3년 이하의 징역 또는 3천만 원 이하의 벌금에 처한다."고 규정하였다. 최근 전기차가 보급되므로 이와 관련된 법규정이 만들어지는 것도 마찬가지다.

그런데 이렇게 사회가 급격히 변해가고 그게 어느 정도 예상된다고 해도 법이 이를 앞서갈 수는 없다. 메타버스, 블록체인과 사이버머니, AI, 자율주행 자동차 등 급격히 기술개발이 이루어져 가는 분야들은 여러 가지 상황들이 걱정되지만 미리 법을 만들 수는 없다. 법은 최대한 빨리 이런 변화를 따라가는 것이 최선이겠지만 앞서갈 수는 없다. 왜 그럴까? 이들 분야에서 발생하는 문제를 어떻게 법으로 규율할 것인가 사

---

17) 스미싱(smishing)은 문자메시지(SMS)와 피싱(Phising)의 합성어다. 또 피싱은 private data와 fishing의 합성어다.
18) 'Smartphone Zombie'의 합성어로 스마트폰만 보면서 걷는 사람을 가리킨다.

회적 논의가 선행되어야 하며, 사회적 합의에 이르기 위해서는 일정한 시간이 필요하기 때문이다.

이러한 현상을 이해하기 위해서는 국가와 사회의 구분에 주목해야 한다. 18세기 근대 국가 초기에는 국가 영역과 사회 영역이 엄격히 분리되는 것으로 생각하였다. 그래서 국가는 국방과 치안만 감당하면 된다고 생각하였다. 경제문제는 사회적 영역이고 이는 일종의 사생활이므로 개인의 문제였지 국가가 간섭하거나 지원해 줄 필요가 없다고 여겼다. 그래서 이러한 국가를 야경국가(夜警國家)라고 부르고, "작은 정부가 아름답다."는 말이 생겨난 것이다. 20세기에 들어와서는 자본주의의 발달에 따른 '부익부 빈익빈' 현상을 해결하려고 국가가 경제문제에 개입하게 되었다. 이를 수정자본주의, 혼합경제라고 하고, 헌법적으로는 사회적 시장경제질서라고 부른다. 이때부터 국가와 사회는 완전히 분리되는 것이 아니고 서로 관련되거나 영향을 미친다고 생각하게 되었다. 그래도 그 둘의 특성은 구분된다. 국가 영역은 조직적이고, 고정적이고, 정적인 데 비하여, 사회 영역은 비조직적이고, 유동적이고, 동적이라고 할 수 있다. 우리는 국가의 구성원이며, 동시에 사회의 구성원이다. 국가의 구성원은 국민이라고 하고, 사회의 구성원은 인민이라고 한다.[19] 우리가 만나는 새로운 현상은 모두 사회적 영역에서 나온다. 법은 국가적 영역에 속하므로 기존의 법에 따르면 위법하거나 적어도 아무 규정이 없던 현상이 새로 나타나게 되는 것이다. 그러다가 사회적으로 받아들이게 되면 결국 국가적 영역에서도 이러한 새로운 현상에 대하여 규율하기 시작한다. 방송뉴스나 유튜브에 보면 여러 가지 사건들을 다루면서 결론적으로 "법이 없어서 규율을 하지 못한다."고 하는 말들이 자주 나온다. 이는 사실이기도 하고 사실이 아니기도 하다. 정말 새로운 현상이기 때문에 법에 전혀 아무 내용이 없고 따라서 이를 규율할 준비가 전혀 안 되어 있는

---

[19] 인민이라는 말은 영어의 people을 번역한 말인데, 주로 공산국가에서 사용한다는 점 때문에 우리는 의식적으로 피해 온 용어이기도 하다. [61] "빨갱이가 되라"(사상의 자유) 참조.

경우도 있다. 그러나 잘 찾아보면 어느 구석에 있는 법이라도 적용이 가능한 경우가 많다. 이는 법의 추상성으로 설명할 수 있다. 그런데도 담당 공무원이 게을러서 기존의 법을 적용해서 문제를 해결할 생각을 미처 못 한 것일 수 있다. 물론 법의 유추적용(類推適用)[20]은 한계가 있기 때문에 무한히 적용 범위를 넓혀서 해결할 수는 없다. 법의 유추적용도 결국 사회적 합의가 필요하다.

---

[20] 법률의 유추적용은 법률의 흠결을 보충하는 것으로 법률이 없는 사안에 대하여 그와 유사한 사안에 관한 법규범을 적용하는 것이다.

[24] 개고기 식용금지, 왜?(과잉입법)

문재인 정부 말기에 '개고기 식용금지'가 사회적 논쟁이 된 적이 있는데, 윤석열 정부로 바뀌고 나서 실제로 국회에서 입법이 진행되었다. 사사건건 대립하는 여야도 이것에는 별 이견을 보이지 않았다. 정부가 바뀌었는데도 기조가 바뀌지 않은 모범사례(?)라고 할 수 있다.

그런데 개고기 식용을 왜 금지하자는 것일까? 개고기는 현재 축산법 제2조 가축의 범위에 들어가지 않으며, 「축산물 위생관리법」에도 식용 육류에 포함되어 있지 않아 법적인 규제가 전혀 없는 상태였다. 개고기를 파는 음식점은 그냥 식품위생법의 적용을 받는 일반음식점으로 위생검사를 받는 것에 불과하였다. 88올림픽 당시 서울시 차원에서 개고기 판매를 금지한 적은 있다. 그러나 그 이후 개고기 식용을 법률 차원에서 금지하지는 않았다. 그동안 개고기의 식용 허용이나 금지에 관한 내용이 법적으로는 전혀 없었다. 따라서 개고기를 먹는 것은 법적으로는 마당에 날아온 참새를 잡아먹는 것과 똑같이 아무 규제도 없고 법의 규율 영역 밖이었다. 그러다 보니 비위생적으로 도축과 조리가 이루어지는 것이 아니냐는 의견도 많았다. 오히려 적극적으로 법의 영역에 끌어들여 위생적으로 관리하는 것이 필요하다는 의견이다. 그러나 식용 금지론자들은 대표적 반려동물인 개를 식용으로 하는 것은 미개한 문화라고 주장한다. 따라서 적극적으로 '개고기 식용금지'를 법제화하자고 주장하였고 이에 찬동하는 사람들이 많았다.

여기서 생각해 볼 문제는 개고기를 식용하면 다른 사람의 권리나 사회적 이익을 침해하는지 여부이다. 개고기 식용이 개를 인간의 반려자로 생각하는 사람들의 감정을 상하게 한다고 할 수는 있다. 그러나 법적으로 금지된 다른 사회적 행위들에 비하여 직접적으로 다른 사람의 권리나 이익을 침해하지는 않는다고 생각된다. 다수는 아니지만 소·돼지나

닭, 또는 파충류를 반려동물로 키우는 사람들도 있으므로 이 동물들도 적극적으로 식용 금지를 입법해야 할까? 더구나 사회적 추세를 보면 최근에는 개고기 식용문화가 점점 사라지고 있는 것이 현실이다. 이런 추세를 감안하면 적극적으로 전 과정을 법의 영역으로 끌어들여 관리하지는 않더라도, 그냥 내버려 둬서 저절로 문제가 해결되게 하는 것이 오히려 합리적일 수가 있다. 굳이 국가가 나서서 국민이 먹는 것을 간섭할 이유가 있느냐는 의견이다. 실제로 「개의 식용 목적의 사육·도살 및 유통 등 종식에 관한 특별법」이 2024.1.9. 국회에서 통과되었다. 이에 따르면 개를 식용 목적으로 사육·도살하면 3년 이하 징역 또는 3천만 원 이하 벌금, 사육·증식·유통하면 2년 이하 징역 또는 2천만 원 이하 벌금에 해당한다. 개고기 식용금지법이 만들어졌지만 이 법이 시행되는 것으로 곧 개고기 식용 사례가 전혀 없어지는 것은 아니다. 실제로 식용 사례는 점차 줄어들겠지만, 관련 행위를 생업으로 삼던 사람들에 대한 지원도 필요하고, 몰래 도축하여 식용하는 사람들과 이를 단속하는 행정당국과의 수년에 걸친 갈등이 있을 것이다. 실제 상황은 행정 당국의 의지에 따라 달라진다. 당국의 의지가 있어도 상당한 시간이 흘러야 실질적으로 종식이 될 것이다. 내버려 두어 저절로 개고기 식용문화가 종식되는 시점을 조금 앞당길 수 있을 뿐이라고 생각된다.

　다른 사례를 들어보자. 몇십 년 전만 해도 사람이 사망하면 매장하는 것이 일반적인 분위기였다. 그런데 묘지를 만들기만 하고 없애는 일은 적어서 매년 수많은 묘지가 만들어지고 국토를 잠식해 나가는 것이 사회문제가 되었다. 이러다가 대한민국은 '묘지공화국'이 된다고 걱정하는 형편이었다. 그런데 현재는 어떤가? 현재 매장은 열에 한 둘이고, 대부분 화장(火葬)을 하는 것으로 사회적 분위기가 바뀌었다. 그래서 저절로 해결되었거나 해결되고 있는 것이 현실이다. 이러한 추세를 기다리지 못하여 「매장 및 묘지 등에 관한 법률」(1961)을 만들어 매장을 규제하였고, 「장사 등에 관한 법률(장사법, 2001)」로 대체되어 현재에 이르고 있다. 이에 의하면 새로 매장지를 구하는 것이 매우 어려워 불법과 편법이 횡행한 바 있다. 앞서 언급한 것과 마찬가지로 문제가 해결된 것은 법의 규제에 의해서가 아니라 화장문화로의 사회적 변화이다. 화장문화로 변한 것은 많은 사람이 고향을 떠나 도시에 살게 되었고, 가족 형태도 핵가족 내지 1인가족으로 변함에 따라 묘지의 관리가 어려워져서라고 생각된다.

    법은 사회규범 중 유일하게 국가의 강제력이 뒷받침되는 규범이다. 그러므로 법은 국가와 사회를 유지하기 위한 최소한만 규정하는 것이 바람직하다. 모든 것을 법으로 규정한다고 해결되지도 않을뿐더러 부작용도 무시할 수 없다. 우리나라 입법상태를 보면 법의 공백이나 지연입법도 많다. 예컨대 공직선거법에 의한 사전투표에서 "투표용지에 인쇄하는 일련번호는 바코드(컴퓨터가 인식할 수 있도록 표시한 막대 모양의 기호를 말한다)의 형태로 표시하여야 하며(공직선거법 §151⑥)"라는 문구를 빨리 개정하지 않아서 2024년부터 QR코드 대신 바코드로 돌아갔다. QR코드가 바코드보다 더 많은 정보를 넣을 수 있고, 일부분이 훼손되어도 복원이 가능하다고 한다. 그러나 법문에서 '막대모양의 기호'라고 했으므로 위법 시비가 일어 다시 바코드로 돌아갔다. 대표적 시대역행 사례다.

    반면에 위에서 본 개고기 식용금지법 같은 과잉입법도 많다. 사회적으로 늘 끊임없는 논의를 통하여 적절한 입법상태를 유지하는 것이 필요하다. 특히 국회의원들이 표를 의식한 인기 위주의 입법활동이 아니라 이렇게 사소하지만 필요한 법률들을 만들어 나가야 한다는 사명감을 가져야 할 것이다.

[25] 삼성 반도체는 왜 평택에 자리했나(법과 현실)

앞에서 사회적 합의나 현실이 입법에 미치는 영향을 살펴보았다. 그런데 반대로 법이 현실에 커다란 영향을 미치는 경우도 많다. 물론 엄밀히 보면 현실과 상관없는 법이 현실에 영향을 미치는 것이 아니라 일부 정치적 세력이 법을 매개로 하여 현실에 영향을 미치는 것이다. 물론 이때 현실에 끼치는 영향은 부정적인 영향이 대부분이다.

삼성이 반도체를 통하여 세계적 기업이 된 것은 잘 알려져 있다. 반도체 산업이 미국에서 시작되었고, 일본이 주도하던 때에 시장에 뛰어들었고 장기적인 투자를 통하여 세계 시장을 석권하기에 이르렀다. 물론 반도체 모든 분야를 석권하지는 못하였고 메모리 반도체 분야에서 하이닉스와 더불어 세계 반도체 시장을 석권하고 있다.

삼성의 반도체 사업은 1974년 12월 삼성전자가 공장 설립 과정에서 파산 직전인 '한국반도체'를 인수하면서 첫발을 내딛게 되었다. 그 후 1983년 이병철 당시 회장이 내외의 반대 의견을 물리치고 반도체 사업 진출 선언을 하면서 본격화되었다. 기흥에 공장을 설립하여 이른바 국내 반도체산업의 메카인 '기흥밸리'가 탄생하였다. 1988년에 삼성전자는 '삼성반도체통신'을 합병하여 가전제품·통신·반도체를 3대 핵심 비즈니스 분야로 선정함으로써 현재 삼성그룹의 모습을 갖추게 되었다.

그런데 2004년에는 충청남도 아산시 탕정에 공장을 설립하였다. 물론 현재는 반도체보다 LCD 공장 위주로 단지가 조성되어 있다. 또 2015년부터는 평택에 세계 최대규모의 메모리반도체 공장을 건설하기 시작했다. 삼성이 반도체 공장을 기흥에서 아산 탕정으로, 또다시 평택으로 확장하는 것은 삼성그룹의 사업전략과 세계 경제의 흐름, 특히 반도체 경기와 밀접한 관련이 있을 것이다. 다만 여기서는 관련법을 중심으로 법과 현실의 상호작용을 살펴보려고 한다.

먼저 기흥에서 주력 공장을 아산 탕정으로 옮긴 것은 수도권정비계획법의 영향이 절대적이다. 이 법은 1983년 당시 전두환 정부 때 만든 법인데, "수도권에 과도하게 집중된 인구 및 산업의 적정 배치를 유도하여 수도권의 질서 있는 정비와 국토의 균형 있는 발전을 기함을 목적으로 한다(같은 법 §1)."고 규정하고 있다. 이 법에서는 '인구집중유발시설'로 학교·공장·업무용 건축물 등을 들고 있다. 쉽게 말하자면 수도권을 억제함으로써 지방의 발전을 도모하기 위함이라고 해석된다. 이 법에 근거해서 수도권에 위치할 수 있는 공장의 총량을 규정하여 그 이상은 신설이나 증설이 억제되었다. 따라서 반도체 산업에서 성공적으로 사업을 확장하던 삼성으로서는 더 이상 기흥공장에 생산시설을 확장하기 어려워서 '경부선 축에서 수도권을 벗어나 가장 가까운 곳'으로 대체지를 찾은 것이 아산 탕정이었던 것이다.[21]

그 다음으로 수도권인 평택에 대규모 반도체 공장을 짓게 된 것은 용산 미군기지의 평택으로의 이전이 계기가 되었다. 미군 기지의 이전을 반대하는 평택지역 주민을 의식하여 각종 혜택을 규정한 「주한미군기지 이전에 따른 평택시등의 지원등에 관한 특별법」이 제정되었다(2004). 이 법은 "…수도권정비계획법 제8조의 규정에 불구하고 공장건축면적 500제곱미터 이상의 공장을 신설 또는 증설할 수 있다."고 규정하여(같은 법 §25), 예외적으로 수도권에 공장을 지을 수 있도록 하였다. 이에 따라 삼성은 경부선 축이면서 아산 탕정에서 가까운 평택에 반도체 공장을 신설하게 된 것이다. 이렇게 볼 때 현실은 법에 반영되지만 반대로 법에 따라 현실이 변화하는 측면도 무시할 수 없다. 따라서 법과 현실은 상호작용을 한다고 이해하여야 한다.

---

[21] 「수도권정비계획법」은 「지방자치분권 및 지역균형발전에 관한 특별법」(지방분권균형발전법, 2023)에 의하여 보완되고 있다. 이 법 또한 「국가균형발전 특별법」(2004)과 「지방자치분권 및 지방행정체제개편에 관한 특별법」(2013)을 통합한 법률이다. 그 이전 역사와 또 다른 관련법들에 대해서는 너무 복잡한 내용이므로 생략한다.

위 항목22)에서 얘기한 것에 덧붙여 한 가지 지적할 것은 수도권정비계획법의 입법 의도와는 달리 실제로 수도권에 위치한 공장들이 지방으로 이전한 사례는 거의 없다는 점이다. 대신 대부분 중국으로 이전하였다. 또 골목상권과 전통시장을 보호하기 위해서 2013년 유통산업발전법을 개정하여 대형마트의 의무휴무제를 도입하였지만(같은 법 §12-2①ii), 실제 효과는 없었다. 대신 시민들의 불편만 증대하였다는 평가가 많아 2024년 이 제도의 폐지가 추진되고 있다.

법은 아무리 좋은 목적으로 만들어진다고 해도 부작용이 클 수 있으므로 신중하게 만들어야지 무조건 만들고 나서 보면 악법이 되고 마는 사례가 많다. 뒤에 다시 설명한다.23)

---

22) [24] 개고기 식용금지, 왜?(과잉입법)
23) [68] 패키지 입법과 특별법 전성시대(입법) 참조.

[26] 정당한 학생지도는 아동학대가 아니다(입법과 포퓰리즘)

　서울 서이초등학교에서 근무하던 한 교사가 2023.7.18. 교내 교보재 준비실에서 스스로 목숨을 끊은 사건이 벌어졌다. 그동안 우리 사회가 민주화되는 과정에서 학생의 인권보장에 대한 많은 노력이 있었는데, 그 이면에 교사의 인권과 교육권에 대해서는 소홀히 다뤄지거나 오히려 후퇴했다는 비판이 일어난 계기가 되었다.

　이 사건에 대하여 그 교사가 학교폭력 업무를 담당해 힘들어했다거나 학부모로부터 악성 민원에 시달렸다는 소문이 많았다. 특히 이른바 '연필사건' 6일 만에 사망한 것인데, '연필사건'은 해당 학급의 한 학생이 자신의 가방을 연필로 찌르려는 동급생을 막다가 이마에 상처를 입은 사건이다. 이 사건의 피해자 부모가 고소 및 민원을 넣었던 것으로 알려졌다. 그러나 이 사건을 수사한 경찰은 학부모들의 형사사건 혐의점을 찾지 못했다고 한다. 고인의 개인 전화로 악성 민원을 계속했다는 소문도 개인 휴대전화의 번호가 노출된 것이 아니라 학교 내선 전화로 온 것이 착신전환된 것으로 밝혀졌다. 아무튼 이 사건을 계기로 추모집회를 주도한 교사들은 교권을 보호하기 위한 법 개정을 추진하기로 하였고, 8월 25일을 '공교육 멈춤의 날'로 하고 단체행동에 나섰다. 실제로 매주 집회를 열었고, 9월 2일 총궐기 대회에는 35만 명이 참여한 것으로 추산되었다.

　이러한 교사들의 주장에 대하여 국회에서는 9월에 "정당한 생활지도 활동은 아동학대로 보지 않는다."는 초중등교육법 등 교육 관련 4법 개정안을 통과시켰다. 또 12월에는 무분별한 아동학대 신고로 피해를 보는 교원과 교원의 정당한 교육활동을 보장하기 위한 「아동학대범죄의 처벌 등에 관한 특례법(아동학대처벌법)」 개정안을 통과시켰다.

　그런데 "정당한 생활지도 활동은 아동학대로 보지 않는다."는 말이 무슨 말인가? 그렇다면 이제까지는 '정당한' 생활지도 활동도 아동학대로 보고 교사들을 처벌했다는 말인가? 교권회복을 바라는 교사들의 의도는 충분히 공감할 수 있으나 부정확한 법 개념을 그대로 받아서 입법을 하는 것은 문제가 있다. 실무에서 열심히 학생지도를 하다가 아동학대로 입건되어 억울한 교사들이 많았다는 것은, 법이 잘못 해석되고 정당하지 않게 집행되었다는 반증일 뿐이다. 사회적 분위기가 학생들의 기본권 보호를 강조하다 보니 교사들의 기본권이 소홀히 다뤄졌다는 말인데, 이 점이 입법과 집행과정에서 문제가 되는 것이다. 이러한 점을 말해주는 또 다른 증거는 서이초등학교 교사 사건 이후 벌어진 학생인권조례의 폐지 논란이다.

「학생인권조례」의 역사를 살펴보자. 2006년 국회에서 민주노동당 최순영 의원을 대표로 하여 학생의 기본권을 강화하는 내용의 초·중등교육법 개정안이 발의되었으나 회기 만료로 인해 폐기되었다. 그 후 2008년 민주노동당 권영길 의원 등이 2006년의 내용을 일부 수정하여 「청소년인권법」을 재발의하였으나 진전이 없었다. 그러자 2009년 경기도교육감 선거에 출마한 더불어민주당 김상곤은 「학생인권조례」를 제시하였다. 그리고 선거에 당선되어 교육감이 되자 '학생인권조례 제정위원회'를 구성하여 조례안을 만들고, 학생참여기획단의 의견을 검토한 뒤 학생인권조례를 발의했다. 이 조례안이 2010.9.16 경기도의회에서 통과되었다. 그 이후 서울을 비롯한 대부분의 지방자치단체에서 비슷한 학생인권조례가 제정되었다. 그런데 앞서 말한 서이초등학교 교사 사건을 계기로 교권 강화 주장이 힘을 얻고, 이에 힘입어 학생인권조례를 폐지해야 한다는 주장이 한편에서 커져 갔다. 이에 따라 전국 최초로 충남 학생인권조례에 대하여 2023.12.15. 조례 폐지안이 통과되었다. 그러자 뒤를 따르려는 움직임과 폐지에 반대하는 주장들의 팽팽한 대립이 계속되고 있다.

학생의 기본권도 중요하고 교사의 기본권도 중요하다. 둘이 잘 조화를 이루어야 한다. 이 둘이 모두 중요하고 존중받아야 하는 것이지 둘 중 하나를 선택해야 하는 문제가 아니다. 그러나 우리나라는 입법과정에서 목소리 큰 세력의 주장에 휩쓸려 그때그때 입법을 하다 보니 전체적으로 균형을 상실한 입법이 이루어지는 경우가 많다. 특정 법률만 보면 그럴듯한 내용이지만 다른 관련법이나 법체계 전체의 관점에서 보면 문제가 있는 것들이 많이 눈에 띈다. 입법자인 국회와 정부는 '조용한 다수와 시끄러운 소수'의 목소리 크기만 들으면 안 된다. 진정 국가와 국민 전체를 위한 법이 무엇인지 고민해야 할 것이다.

[27] 유방(劉邦)의 '약법삼장'(일반법과 특별법)

잘 알려진 대로 진시황(B.C. 259~B.C. 210)은 춘추전국시대를 마감하고 최초로 중국을 통일하였다. 진나라가 전국을 통일하는 과정에서 도량형을 통일하고 군현제를 실시하는 등 행정제도를 정비하였고, 관개수로를 건설하는 등 경제를 부흥시키고 수많은 사회개혁을 실시하였다. 무엇보다도 질서를 잡기 위하여 상앙(商鞅), 한비자(韓非子) 등의 법가사상을 채택하여 엄격한 사회질서를 유지하였다. 그러나 이 진나라는 불과 15년 만에 멸망하고 말았다. 그리고 장기(將棋) 판에서 볼 수 있는 '초나라와 한나라'의 경쟁을 거쳐 최종적으로 유방(劉邦)의 한나라가 통일제국을 이어받았다. 이 한나라는 삼국으로 갈라져 삼국시대가 되기 전까지 B.C. 202~A.D. 220의 400여 년을 존속하였다. 무슨 차이가 있어서 진나라는 15년 만에 망하고 한나라는 400여 년 존속할 수 있었을까? 물론 여러 가지 요인이 있을 수 있으나 여기서는 법적 관점에서 비교해 보기로 한다.

초나라 항우의 주도로 연합군이 진나라의 수도 함양(咸陽, 셴양)에 진입할 때에 먼저 진입한 사람을 관중의 왕으로 임명한다는 초의 회왕(懷王)의 약속이 있었다. 이에 유방은 가장 먼저 진나라 본토에 들어가 수도 함양을 점령하고 3세 황제 영자영(嬴子嬰)의 항복을 받았다. 그런데 유방은 약탈을 금지하고 진나라의 재물과 창고를 봉쇄한 다음 패상으로 물러났다. 그러면서 약법삼장(約法三章)을 발표해 민심을 수습한다. 즉 "사람을 죽인 자, 사람을 다치게 한 자, 도둑질 한 자만 처벌하고 진나라가 만든 온갖 잔인하고 복잡한 법은 모두 폐지한다."는 내용이다. 그리고 진나라의 학정으로부터 백성을 구해내기 위해 군사를 일으켰을 뿐 그 외에 다른 뜻이 없다는 점도 분명히 밝혔다. 이렇게 하여 민심을 얻었다. 유방이 백성의 마음을 얻는 데 주력한 반면, 뒤늦게 도달한 항우는 궁전에 불을 지르고 약탈을 서슴지 않았다. 심지어 진시황릉까지 파헤쳤고, 왕을 살해한 것도 항우의 군사들이었다. 또 유방을 관중의 왕이 아니라 외곽인 한왕에 봉해버렸다. 자세한 것은 초한지에서 확인하자.

물론 유방의 사후에 한나라가 존속하면서 불가피하게 법이 더 많이 만들어졌지만, 진나라 멸망 당시의 약법삼장은 백성의 마음을 얻기에 충분하였다. 지금도 마찬가지다. 사회가 복잡해짐에 따라 법이 많아지는 것은 어느 정도 불가피한 현상이라고 해도, 법을 지켜야 하는 국민의 입장에서는 법의 내용을 알기 어려워 점점 더 지키기 힘들게 된다. 또 법의 제재가 엄하면 엄할수록 국민의 마음은 법으로부터 멀어진다.

그러므로 입법기관인 국회와 정부는 법을 정비하여 단순화해야 한다. 새로 법을 만드는 경우 대개 특별법의 형식인 경우가 많다. 특별법은 일반법에 우선한다. 그런데 특별법을 많이 만들면 결국 일반법은 그 기능이 점점 축소되는 것이다. 예를 들어보자. 횡령이나 배임,[24] 알선수재 등은 형법에 규정되어 있다. 그러나 「특정범죄 가중처벌 등에 관한 법률(특정범죄가중법)」, 「특정경제범죄 가중처벌 등에 관한 법률(특정경제범죄법)」, 「특정강력범죄의 처벌에 관한 특례법(특정강력범죄법)」, 「특정 금융거래정보의 보고 및 이용 등에 관한 법률(특정금융정보법)」 등 특별법이 수없이 제정되어 있다. 원래 적용 대상이 다른 소년법이나 군형법을 제외하고도 수많은 특별법이 제정되어 있어서, 오히려 일반법인 형법이 적용되는 경우가 별로 없다고 해도 과언이 아니다.

또 사회적으로 충격이 큰 사건들의 처리를 위해서 세월호 특별법,[25] 이태원 참사 특별법[26] 등이 만들어졌는데 입법과정에서 정치권의 대립

---

[24] 횡령은 보관 중인 타인의 재물을 임의로 자기 것으로 하거나 반환을 거부하는 것을 의미하며, 배임은 타인의 사무를 처리하는 자가 직접 재산상의 이익을 취득하거나 제3자가 재산상의 이익을 취득하게 하여 사무를 맡긴 사람에게 손해를 끼치는 것을 의미한다.
[25] 「4·16세월호참사 피해구제 및 지원 등을 위한 특별법」
[26] 「10·29 이태원참사 진상규명과 재발방지 및 피해자 권리보장을 위한 특별법」. 다만 이 법안에 대해 윤석열 대통령은 국회에 재의요구를 하였다.

이 심하였다. 이런 사건들에 대하여 책임자에 대한 법적 책임을 지우거나 피해자들을 구제하는 일반법이 없을 수 없다. 그러나 특별한 상황이라고 해서 특별법을 계속 만들면 우리나라는 '특별법 공화국'이 될 것이다. 일반 국민들이 점점 법의 내용을 알 수 없게 되는 것뿐만이 아니라, 피해자들은 자신의 권리를 찾기 위하여 매번 입법투쟁을 해야 하는 것이다. 이 과정에서 세력을 모으기 어려워서 정치권과 언론의 관심을 받지 못하는 사람들은 권리가 잘 보장되지 않게 되는 문제가 생긴다. 따라서 특별법 제정은 최소화하고 현행 일반법의 해석을 통하여 문제를 해결하되, 그 과정에서 나타난 입법 미비는 그 일반법의 개정을 통하여 향후 비슷한 사건이 났을 때 잘 대응할 수 있는 것이 가장 바람직한 해결책이라고 할 수 있다. 그래야 '말 없는 다수'와 '힘 없는 서민'을 보호하는 법의 원래의 기능이 살아날 것이다.

항우는 귀족 출신이어서 통치하는 입장에서 보았고, 유방은 서민출신이라 통치를 당하는 백성의 시각을 가졌던 것이 아닐까 생각해 본다. 왕족이나 귀족이 없어진 현대의 대통령이나 국회의원의 시각은 어떨지 궁금하다.

[28] 빵 하나 훔친 장발장(정의와 법적 안정성)

빅토르 위고(Victor-Marie Hugo, 1802~1885)의 소설 '레미제라블'의 주인공 장발장은 가난하여 굶고 있는 조카들을 위해 빵을 훔치다 걸려 5년 형을 선고받았다. 교도소에서 4번이나 탈옥을 시도하다 잡혀서, 결국 14년을 더하여 총 19년을 교도소에서 지내고 형기를 다 채우고 세상에 나온다. 전과자로 낙인찍혀 사회에 적응하지 못하던 중 그를 도와준 주교의 집에서 또다시 은식기들을 훔치게 된다. 자신의 정체를 숨기고 사업에 성공하고 여러 선행을 하여 결국 시장직을 맡게 되지만 자베르라는 형사가 장발장의 정체를 의심하여 뒤쫓게 된다. 그 후 여러 사람을 만나고 복잡한 이야기가 전개되지만 생략하자.

여기서 생각해 볼 문제는 사소한 범죄를 하고 경찰에 잡힐까봐 전전긍긍하며 살아가는 사람들 문제다. 실제 잡혀서 기소되고 재판을 받으면 징역 몇 개월에 끝날 사건이지만, '징역 몇 개월'이 무서워서 계속 도망다니다 보면 평생 그렇게 불안한 상태로 살아가는 경우도 발생한다. 이러한 문제를 해결하기 위하여 공소시효 제도가 만들어졌다. 공소시효 제도란 범죄별로 일정 기간이 지나면 법적으로 문제 삼지 않도록 하는 제도다. 사소한 범죄라도 국가는 끝까지 추적하여 형벌을 과하는 것이 정의에 맞는 것이지만, 범죄의 크기에 비하여 불안정한 법적 상태가 너무 오래 지속되는 것도 법적인 관점에서 바람직하지 않아서 생긴 제도다. 가끔 수십 년 동안 숨어 살아온 살인자나 은행강도 등이 공소시효가 끝났다고 해서 자신을 공개하고, 언론기관과의 인터뷰를 기사로 내보내는 경우가 있다. 생각하기에 따라서는 나쁜 짓을 했는데도 처벌되지 않으므로 정의에 맞지 않는다고 할 수도 있다. 그런데 정의 못지않게 법적 안정성도 필요한 것이다. 법률관계가 안정되게 유지되어야 사람들이 평안하게 살 수 있기 때문이다.

형사절차에서 공소시효 제도가 있다면, 민사절차에는 소멸시효 제도가 있다. 제도의 취지는 비슷하다. 예컨대 돈을 꾸어준 사람(채권자)이 돈을 달라고 하지 않고 그냥 10년이 지나면 법적으로는 달라고 할 수 없다.27) 물론 이는 법적으로 권리를 행사할 수 없다는 이야기다. 다시 말해서 돈을 꾼 사람(채무자)이 돈을 안 준다고 할 때 재판을 청구해서 법에 따라 강제로 받아낼 수 없다는 의미다. 시효가 완성되었지만 채무자가 양심상 꾼 돈을 돌려주면 채권자는 받으면 된다. 법이 그것까지 막지는 않는다. 이를 자연채무라고 한다.

이렇게 정의와 법적 안정성은 충돌하는 면이 있다. 그러나 이 둘은 법체계에서 모두 중요한 것이고 어느 한쪽만 있어서는 안 된다. 정의에 대해서는 많은 논의가 필요한데, 한 가지 더 이야기해 보자. 5·18민주화운동을 탄압한 혐의로 전두환·노태우 전직 대통령에 대하여 처벌해야 한다는 국민적 공감대가 형성된 것은 정권이 바뀌어 김영삼 대통령 때이다. 그런데 검찰이 수사를 해 보니 공소시효가 이미 지난 것으로 판단되었다. 왜냐하면 우리 헌법 제84조는 "대통령은 내란 또는 외환의 죄를 범한 경우를 제외하고는 재직 중 형사상의 소추를 받지 아니한다."고 규정되어 있어서 전두환·노태우 두 대통령의 임기가 끝난 시점이라서 당시에는 공소시효가 이미 지난 때였다. 그래서 형사처벌을 원하는 국민적 여망에 따라 「5·18민주화운동 등에 관한 특별법」(1995)을 제정하여 "1979년 12월 12일과 1980년 5월 18일을 전후하여 발생한 헌정질서파괴범죄의공소시효등에관한특례법28) 제2조의 헌정질서파괴범죄행위에 대하여 국가의 소추권행사에 장애사유가 존재한 기간은 공소시효의 진행이 정지된 것으로 본다."고 하고 그 기간은 1993년 2월 24일까지 보는 것으로 하였다(같은 법 §2). 이에 따라 두 전직 대통령을 유죄판결을 받고 수감되었다. 우리 헌법 제84조에 따르면 사소한 범죄에 대하여는 현직

---

27) 민법 §162① "채권은 10년간 행사하지 아니하면 소멸시효가 완성한다."
28) 법률명을 이런 형식으로 쓴 것은 [14] '법'은 어디서 온 말일까 참조.

대통령을 임기 중 기소하지 못하지만 '내란이나 외환의 죄'에 대하여는 기소할 수 있는 것이라고 하였으므로 기존의 법으로는 공소시효가 진행된 것으로 해석할 수밖에 없었다. 그래서 특별법을 만들어서 소급해서 적용함으로써 5·18 책임자 두 전직 대통령을 형사처벌 할 수 있었다. 당시에는 폭넓은 국민적 합의가 있었다고 볼 수 있다. 그런데 이런 구체적 타당성은 일반적 정의와는 충돌하는 측면이 있다. 법적 안정성을 위하여 소급입법[29]은 금지되는 것인데(헌법 §13 참조), 일종의 소급입법의 사례를 보여준 것이기 때문이다.[30] 우리나라 헌정사에는 소급입법이라고 할 만한 사례가 다수 있다. 4·19와 5·16 후의 「부정축재처리법」 등에 의하여 소급입법에 의해 재산권이 제한된 적이 있으며, 근래에는 「친일재산귀속법」(2005)에 따라 친일 반민족 행위자의 재산을 환수한 바 있다.[31] 사형에 해당하는 살인죄의 공소시효를 폐지하기도(2015) 하였다(형사소송법 §253-2). 이렇게 예외를 인정하여 소급입법으로 법질서의 변경을 가하는 것은 법적 안정성을 해칠 가능성이 크다. 소급입법이 언제든 가능하면 지금 내가 하는 모든 일이 장래에 불법이 되어 내가 처벌될 수도 있다는 의미다. 그렇게 생각하면 불안해하지 않을 수 없다.

앞에서 설명한 특별법의 과잉이라는 점에서도 바람직하지 않다. 장기적으로는 소급입법이나 특별법으로 문제를 해결하는 것보다 일반법에 의하여 문제를 해결해 나가는 것이 바람직하다. 그래야 예측가능성이 있고 국민들이 안심하고 안정적으로 살아갈 수 있을 것이다. 전두환·노태우 전 대통령의 경우처럼 대가를 치러야 한다고 대다수 국민이 생각한다고 해도 그것은 역사에 맡기는 수밖에 없다. 정의와 법적 안정성이 충돌할 때는 어느 한쪽이 양보할 수밖에 없는 것이다.

---

29) 사후에 법을 만들어 법 제정 이전의 사건을 처벌하거나 제재를 가하는 것을 말한다.
30) 헌법재판소는 공소시효는 실체법이 아니므로 이 법에 대하여 소급입법은 아니라고 하였다(헌재 1996.2.16., 96헌가2). 하지만 이것도 결국 당시의 사회적 분위기에 맞춘 결정이라는 생각이 든다.
31) 헌법 §13② "모든 국민은 소급입법에 의하여 참정권의 제한을 받거나 재산권을 박탈당하지 아니한다."

[29] 말 전하기 게임과 인사청문회(합목적성)

 인사청문회법과 국회법에 따른 인사청문회는 공직후보자의 자격, 해당 기관(부서)의 운영 방침과 정책 등을 검증함으로써 국민의 알 권리를 충족하기 위한 것이다. 그런데 우리나라 인사청문회 과정을 보면 후보자와 후보자 가족의 비리를 캐고 이전의 행적에 따른 흠을 찾는 것으로 시작해서 끝난다. 가끔 예외적인 경우도 있지만 대부분 그렇게 진행되므로 국민은 그 기관과 부서의 정책이 어떻게 변화할지 알기 어렵다. 더구나 극단적인 여야의 대립이 일상화된 현 정치 상황에서는 결론을 내서 청문보고서를 채택하는 사례가 아주 드물다. 그러다 보니 국민이 청문회 과정을 볼 때 여야의 말싸움과 신경전만 보다가 그냥 끝나버린다. 어차피 청문보고서가 채택되지도 않을 것이고, 형식적 절차만 거쳐 인사권자인 대통령이 임명을 강행하는 것이 일상이 되어버렸다. 능력 있는 인사는 인사청문회를 두려워하여 공직을 기피한다는 말이 사실일 것 같다. 따라서 능력 있는 인사가 발탁되기 힘들고 무난히 인사청문회를 통과할 만한 사람만 공직을 맡게 된다는 이야기도 들린다. 이것은 국민적 비극이다.
 인사청문회 과정을 보면 아쉬운 생각이 든다. 어떤 제보에 의해서 시작된 비리 의혹은 '말 전하기 게임'처럼 점점 왜곡되어 전달된다. 대부분의 인사청문회는 "후보를 사퇴하시죠."로 끝난다. 정말 비리나 흠이 있는 후보라면 인사청문회에 오기 전에 걸러졌어야 하는데 거의 작동되지 않는 것 같다. 국민이 알고 싶은 것은 후보자 가족의 입시비리나 학교폭력 등이 아니다. 또 지금과 다른 기준이 사회적으로 통용되던 수십 년 전의 문제도 아니다. 이 사람이 공직을 맡았을 때 업무수행 능력이 있는지, 정책방향이 국민의 생활에 어떤 영향을 줄지에 관심이 있을 뿐이다. 인사청문회법에는 이런 인사청문회의 목적에 대해서 언급이 없다.

상당수 다른 법률들에는 그 법률의 목적이나 존재 의미가 규정되어 있다. 이를 법의 합목적성이라고 하는데, 직접 표현되어 있지 않다면 해석상 도출해 낼 수 있다. 인사청문회법이 인사청문회의 목적에 어느 정도나 기여하고 있는지 궁금하다. 법률도 고치고 관행도 고치고 의식도 바꿔야 그런 법의 목적이 달성될 것이라고 생각한다. 예컨대 사생활이나 가족 문제는 비공개로 회의를 진행한다거나, 정책에 관한 것은 주제를 정해서 그 한도 내에서만 질문과 답변이 가능하거나 하는 등의 개선이 요구된다. 그래야 청문회 무서워서 공직을 피하는 유능한 공직 후보자를 불러올 수 있지 않을까 한다.

입법을 할 때는 어떤 목적을 달성하기 위해서 한다. 그런데 법을 만들 때는 그 목적을 달성할 수 있을지 엄밀하게 검토하고 만들어야 한다. 그런데 우리나라의 법률들은 목적은 타당하지만 실제로 그 목적을 달성하지 못하거나 부작용이 큰 사례들을 쉽게 발견할 수 있다.

예를 들어보자.[32] 최저임금법의 목적은 "이 법은 근로자에 대하여 임금의 최저수준을 보장하여 근로자의 생활안정과 노동력의 질적 향상을 꾀함으로써 국민경제의 건전한 발전에 이바지하는 것을 목적으로 한다(같은 법 §1)."이다. 그런데 이 법률과 실제 시행 과정에서 무리하게 최저임금을 올리면 그 기준을 맞추지 못한 중소기업은 문을 닫고 거기 일하던 근로자는 최저임금을 받게 되는 것이 아니라 직장을 잃게 되어 임금을 한 푼도 못 받게 된다. 실제 그런 부작용도 다수 보고되고 있다. 대학 강사의 지위를 보장하고 배려해 주는 고등교육법의 규정으로 말미암아 대학 강사 자리 자체가 대폭 축소된 것도 같은 사례다. 최근 논란이 되고 있는 중대재해처벌법도 같은 전철을 밟지 않기를 바랄 뿐이다.

그러므로 적정한 규제와 적정한 보호가 필요한 것이지 어느 한 편을 절대적으로 보호한다는 생각으로 법을 만들면 사회적 갈등을 증폭시킬

---

[32] 또 다른 사례는 [25] 삼성 반도체는 왜 평택에 자리했나(법과 현실) 참조.

뿐 아니라 보호하려는 대상에게 치명적인 해를 끼치는 것이다. 예컨대 2023년 4월 대통령에 의해 거부권이 행사된 양곡관리법 개정안[33]을 들어볼 수 있다.

법을 만들고 해석할 때 전체적으로 다양한 이해관계를 고려하면서 바라보아야 하는 이유다. 다음 항목에서 이야기를 이어가자.

---

[33] 일정 기준 초과 생산된 쌀을 정부가 의무매입하도록 하는 내용이다. 쌀값 폭락을 막아 농민들을 보호하기 위한 것이지만, 정부가 의무 매입하므로 오히려 초과생산이 점점 늘고, 한정된 재원으로 '쌀농사'만 보호하게 되므로 다른 작물 농업인에 대한 지원은 줄어들 수밖에 없다는 문제가 제기되었다.

[30] 악법은 법이 아닌가(타당성과 실효성)

식자우환(識字憂患), '아는 것이 병'이라고 법에 대하여 공부할수록 법규정의 문제점이나 심지어 그 법이 악법임을 잘 알게 된다. 살펴보면 한심한 부분이 너무나 많다. 역대 정부가 바뀔 때마다 '규제 완화를 통한 경제활성화'를 내걸었지만 그건 바뀐 정부 초기에 이전 정부의 흔적을 지우는 데에만 활용되었을 뿐 점점 규제가 많아지는 것이 보통이다. 행정규제기본법 제23조에 근거하여, 정부의 규제정책을 심의·조정하고 규제의 심사·정비 등에 관한 사항을 종합적으로 추진하기 위하여 대통령 소속 위원회로 '규제개혁위원회'가 설치되어 운영되고 있다. 1998년에 만들어졌으니까 이미 20년을 훌쩍 넘겨 활동 중이다. 그러나 현장에서는 늘 법적 규제 때문에 경제활동이 위축된다거나, 벤처창업 시장에 법적 규제가 많아 우리나라는 유니콘(Unicorn)기업[34]이 잘 안 나온다는 이야기가 많다. 무엇이 문제인가? 규제개혁위원회는 2023년 한 해 동안 중앙행정기관이[35] 법령 등을 통하여 규제를 강화하려는 규제 612건을 심사하여 이 중 65건에 대하여 개선 또는 철회를 권고하였다고 밝혔다.[36] 나름대로 개선 또는 철회 권고가 해마다 증가한다는 통계도 밝혔다. 그런데 이 통계를 반대로 읽어보면, 어쨌든 2023년에 중앙행정기관이 새로 만든 규제가 547건에 달한다는 말이다. 이 법들이 꼭 필요한 법인지, 불필요한 규제여서 국민의 생활을 불편하게 하는지 한마디로 말하기는 어렵다. 꼭 필요한 규제도 얼마든지 있다. 예컨대 도로교통법에 따른 신호체계, 우측통행이라는 규제가 없다고 해 보자. 그러면 위험해서

---

34) 기업 가치가 10억 달러(=약 1조 원) 이상이고 창업한 지 10년 이하인 비상장 스타트업 기업을 말한다.
35) 정부조직법상 중앙행정기관이란 원·부·처·청 및 외국(外局)을 말한다(정부조직법 §2②). 지방행정기관과 대비되는 개념이다.
36) https://www.korea.kr/briefing/pressReleaseView.do?newsId=156609025#press
Release(검색 2024.1.10.) 규제개혁위원회는 '규제개혁신문고'라는 창구를 통하여 국민 누구에게서나 불합리한 규제에 대한 개선 의견을 받고 있다.

거리에 나가지 못할 것이다. 영국에서 먼저 시작된 자동차 산업이 독일에 뒤진 이유로 지나친 법적 규제를 드는 것이 보통이다. 1834년 영국 귀족 존 스콧 러셀(John Scott Russell, 1808~1882)이 만든 증기자동차가 전복되면서 화부와 승객 2명이 사망하는 사고가 일어난 것을 계기로 증기자동차를 규제해야 한다는 여론이 일어났다. 이에 마차·철도업계와 시민 반발을 의식한 영국 의회는 증기자동차에 마차보다 10~12배나 비싼 도로 통행료를 물렸다. 또 1861년 증기자동차의 최고 속도를 시내에서는 8km/h, 교외는 16km/h로 제한하는 '기관차량조례'를 제정했다. 1865년에는 '적기조례'라 하여 증기자동차의 최고 속도를 시내에서는 3.2km/h, 교외에서는 6.4km/h로 제한했고, 운전수와 기관원, 붉은 깃발을 든 신호수 등 3명으로 운행하도록 했다. 그러니 차라리 걷는 것이 나은 상황이 된 것이다. 물론 자동차 사고를 막아야 하는 것은 맞지만 이 정도 되면 영국에서 자동차 산업을 멈추게 한 악법이 아닐 수 없다. 과잉 규제라는 논란에도 적기조례는 1896년 폐지되기까지 31년간 존속했다.

   법은 국가권력에 의하여 강제력을 가지는 규범이다. 이를 달리 표현하면 법의 실효성이라고 한다. 그런데 법을 지켜야 하는 국민이 법의 내용이 타당하다고 생각할 때 법은 강력한 실효성을 갖게 된다. 타당성이 없이 강제력만 있는 법을 우리는 악법이라고 한다. 그러나 악법이라고 해서 법을 안 지키게 되면 법의 규범력이 떨어지고 결국 국가는 해체되고 말 것이다. 법의 강제력에 따라 당연히 스스로 원하지는 않지만 법을 지켜야 하는 사람이 있게 마련이다. 이런 사람들은 그 법을 악법이라고 느낄 가능성이 크다. 그러므로 "악법은 지키지 않아도 된다."면 법질서가 무너질 가능성이 있다는 말이다. 그러면 어떻게 해야 하는가? 일단 모든 법은 지키되 문제가 있는 법이라면 사회적 논의를 이어가고 개정 노력을 이어가야 한다. 그것이 입법자뿐만 아니라 국민의 책임이기도 하다. 그래서 법철학자들이 국민에게 저항권 대신에 '비판적 복종의 자세'를 요구하는 것이다.

[31] '갑질'와 '을질'의 차이(법적 제재)

'갑질'은 2013년 경부터 인터넷에 등장한 말이다.[37] 그런데 무엇이 갑질인지 구체적으로는 여전히 논란이 되고 있다. 특히 기성세대가 기업이나 공무원 조직에서 하던 행태는 젊은 세대가 보면 대부분 갑질에 해당한다고 느낀다. 구체적 갑질 사례는 공무원 징계와 관련된 사례나 판례에서 확인하기 바란다. 그런데 갑질이 부당하다고 여기고 갑질을 하는 사람을 징계하거나 법적으로 제재를 가하는 것이 당연한 사회적 분위기로 자리 잡은 요즘, 반대로 '을질'도 문제가 되고 있다. '을질'이란 상대방이 갑질을 했다고 주장함으로써 법적 제재를 받게 만드는 것을 말한다. 물론 실제로는 갑질이라고 하기 어려운 경우에 말이다. 자신의 비용으로 팀원들을 회식시켜 주었고 참석을 강요하지도 않았지만, 하급자 입장에서는 심적인 부담을 느꼈다고 갑질 신고를 한 경우가 있었다. 둘 다 자신의 입장이 있겠지만 상급자 입장에서는 이를 '을질'이라고 할 것이다. 이렇게 법은 양날의 검이 될 수 있다. 정당한 법 집행은 정의를 가져 오지만 법을 이용하여 상대방을 공격하거나 상대방을 약자의 위치로 몰아갈 수도 있다. 따라서 법을 집행하는 사람들은 전문성을 갖추고, 중립적 입장에서 법을 집행해야 한다.

여기서 법적제재의 종류를 알고 넘어가자. 법적제재는 당사자들끼리 분쟁이 해결되지 않을 때 결국 소송(재판)을 통하여 이루어지게 된다. 소송은 여러 가지 종류가 있으나 일반인들이 쉽게 접할 수 있는 소송은 민사소송, 형사소송, 행정소송 등이다. 법적제재는 이에 대응하여 민사강제집행, 형벌, 행정제재 등으로 구분해 볼 수 있다. 예를 들어 돈은 꾸어주었는데 못 받고 있다고 하면 민사재판을 걸게 되고, 재판에서 이기면 법원이 돈을 꾸어가고 갚지 않는 사람(채무자)의 재산에 강제집행을

---

[37] '갑질'의 정의는 [3] 법 없이도 살 사람(법의 기능) 참조.

통하여 돈을 받아준다. 또 형사소송의 결과 유죄판결이 확정되면 징역이나 벌금 같은 형벌을 받게 된다. 또 행정상의 의무를 이행하지 않으면 영업정지나 과태료를 부과할 수 있고, 세금을 내지 않았다면 국세징수법에 따라 강제집행이 이루어지는 것 등을 들어볼 수 있다. 요즘에는 거액의 세금을 체납하면 그 명단을 공개하여 사회적으로 망신을 주기도 한다. 물론 형사고발을 하여 탈세로 징역형을 받게 할 수도 있다. 한편 불법건축물에 대하여 철거명령을 하고 이행하지 않으면 이행강제금이 부과되기도 한다. 국가공무원법에 따른 징계도 일종의 법적 제재이다. 「스토킹범죄의 처벌 등에 관한 법률(스토킹처벌법)」에 따라 접근이 금지되거나, 이혼 후 자녀에 대해 접견이 제한되는 것도 법적 제재의 일종이다.

이 분야도 무척 많은 법과 다양한 절차가 있으므로 해당되는 곳에서 자세한 것을 확인하여야 한다. 법학 과목으로는 민사소송법과 민사집행법, 형사소송법, 행정쟁송법 등에서 다룬다. 이 책에서도 여러 번 언급된다.

[32] 윤리 선생님의 비윤리(법과 도덕)

　예전에는 지금과 같은 입시교육이 좀 약해서 그랬는지 모르겠지만, 지금은 생각할 수 없는 과제들을 학생들에게 나누어 주었다. 또 각종 행사에 학생들을 동원하기도 했다. 물론 지금 생각해 보면 가능하지도 않지만 교육적으로 바람직한 것도 아니다. 예를 들어 모내기에 동원되거나 국경일 행사나 전국체전 등에 관중으로 중고등학생을 동원하기도 했다. 그래도 별문제 없이 지나갔던 기억이 난다. 초등학교 때 방학숙제로 퇴비용 풀을 베어 오라는 것도 있었다. 그때 들었던 이야기를 한번 해 보자. 다만 아주 개인적인 사건이라 일반화하면 안 된다. 학생들이 각자 과제로 해 온 풀더미를 저울로 재어 과업을 체크하는 한 선생님의 비윤리적인 행태 이야기다. 어땠는가 하면, 저울이 간단한 주방용인지 3Kg이 최대치였다. 그러니 아무리 많은 풀 바구니를 올려도 3Kg인 것이다. 한 학생이 이를 발견하고 "선생님 이건 최대가 여기까지잖아요?" 하고 이의를 제기하였다. 그러자 선생님이 말하기를 "쉿, 넌 6Kg으로 해줄게" 과제 점검을 비정상적으로 했다고 법적으로 처벌하거나 책임을 지울 수 있을지는 고민해 봐야 할 문제이기는 하다. 학생들을 학습활동이 아닌 국경일 행사 등에 동원하는 것도 법적으로 위법한지도 불분명하다. 아무튼 법적으로 문제 삼기 어려운 문제들이 우리 주변에는 널려 있다. 법으로 모든 것을 규율할 수는 없기 때문이다. 그런 부분은 도덕이나 종교의 영역이다.

　히브리성경 창세기에 모세가 이스라엘 민족을 데리고 이집트를 탈출하는 이야기가 나온다. '엑소더스'라는 제목으로 여러 번 영화화되었다. 그 시발점은 요셉이 이집트왕의 경호대장에게 종으로 팔려 간 사건이었다. 외모가 준수한 요셉을 경호대장의 부인이 유혹했으나 이에 넘어가지 않자 오히려 요셉이 자신을 욕보이려 했다고 누명을 씌우는 이야기가 나온다. 이 부인은 부도덕한 행위를 하려고 했으나 실제로 이루어지지 않았다. 우리 형법에 따르면 특별히 처벌할 근거가 없다. 그러나 윤리적으로 비난받아 마땅하다. 이런 경우가 아니더라도 배우자가 없는 사람의 문란한 남녀관계, 또는 동성애 문제[38]나 트랜스젠더 문제, 부모를 무시하는 자식들, 반대로 자식을 잘 보살피지 않고 버리는 부모 등 법적으로 규율하기 어려운 사항들이 있다. 물론 정도가 지나치거나 특정한 상황에서는 법이 개입한다. 그렇지 않다면 이런 문제들은 도덕에 의하여 규율된다. 법이 외부적 행위를 규율하고 국가권력에 의하여 강제되는 것에 비하여, 윤리나 도덕은[39] 내부적 심리상태를 규율하고 내부적·심리적 강제력에 의한다는 점이 다르다.

'법은 도덕의 최소한'이라고 한다. 훨씬 넓은 부분을 윤리와 도덕이 지배하는 데, 그중 국가와 사회를 유지하기 위한 최소한의 내용을 법이 규율하되 국가권력에 의해서 강행된다는 것은 앞에서 설명한 바와 같다. 강행되는 대신에 아주 중요하고 필수적인 것만 최소한도의 범위에서 법으로 규정해야 한다. 윤리적으로 비난한다고 해도 원래 심정적으로 비뚤어진 사람은 전혀 영향을 받지 않을 수 있다. 사이코패스와 소시오패스가 여기에 해당한다. 그 정도는 아니더라도 동네 사람들이 뭐라고 하든 아무 신경 안 쓰는, 얼굴이 두꺼운 사람이라면 윤리나 도덕은 별 역할을 하지 못한다.

그러므로 사회를 지키기 위해서는 최소한의 범위에서 법으로 강제하는 질서가 필요한 것이다. 부모를 싫어하거나 미워하는 정도는 윤리적 영역에 맡기되, 이러한 감정이 행동으로 나타나 부모를 폭행 또는 학대하거나 도움이 필요한 상태의 부모를 유기하거나 하는 경우 법적으로 제재를 가하게 되는 것이다. 따라서 법과 도덕은 밀접한 관련이 있다.

---

38) 동성애와 동성결혼은 법적으로 다른 문제다. 동성애는 사생활이라 법이 간여하기 어렵지만 동성결혼은 혼인에 따른 수많은 법적인 문제가 따르는 문제다.
39) 도덕과 윤리를 구분하는 경우에, 도덕은 개인이 선택한 행동의 원칙과 규범인 데 비하여, 윤리는 인간집단이 선택한 행동의 원칙과 규범이다.

[33] 남자와 여자는 언제부터 부부일까(관습법)

우리 사회에서 남녀가 한 방에서, 한 침대에서 자는 것이 용인되는 것은 결혼했을 때이다. 그런데 우리는 남녀가 언제부터 결혼한 것으로 생각할까? 결혼을 약속했을 때, 양가의 부모로부터 결혼 승낙을 받은 때, 약혼식은 요즘에 잘 안 하니까 결혼식을 했을 때, 신혼여행을 갔을 때, 혼인신고를 했을 때, 한 집에서 살기 시작한 후 1년 쯤 지나서……이 중 언제일까? 우리 사회의 관행으로는 결혼식 날이다. 그러니까 가난해서 결혼 안 하고 몇십 년 산 부부들을 모아서 결혼식을 올려주는 것이다. 결혼식을 하고 신혼여행을 가면 한 방에서 자는 것을 당연하게 생각하지 이상하게 생각하는 사람은 없다. 이때 대부분은 혼인신고가 되어 있지 않다. 결혼식날 전에 하거나 당일 하는 사람은 별로 없다. 보통 신혼여행 다녀와서, 아직 남아있는 휴가기간을 이용해서 혼인신고를 한다. 아니 요즘 유행은 몇 달 또는 몇 년 살아보고 혼인신고 하는 것이 당연하다는 추세다. 만약 결혼해서 살아보고 평생을 같이하기에 부적합하다는 생각이 든다면 혼인신고 전에 갈라선다고 한다. 그러면 서류상 아무 흔적이 안 남으므로 이혼남·이혼녀라는 타이틀은 피할 수 있다고 한다.

여기서 관행은 개인적 습관이 아니라 사회적으로 어떤 행위가 반복되는 현상을 말한다. 이러한 관습은 국가가 만든 법인 실정법(또는 제정법)이 금지하지 않는다면 법으로서 기능한다. 민법 제정 이전의 상속 관행이나 농촌에서의 이웃관계(상린관계) 등 국가법이 강행할 필요가 적은 분야에서 판례를 통하여 인정되어 왔다. 국가는 구성원들의 관행이 특별히 문제가 없으면 인정해 줄 수 있고 법적인 효력을 주기도 하는 것이다. 이를 관습법이라고 한다. 예를 들어보자. 우리나라 농업에서는 아직도 벼농사가 비중이 큰데, 수로가 직접 연결되어 있지 않고 옆의 논을 통해서 물을 댈 수밖에 없다면 그 옆 논 주인은 자기 논을 통해 물을 대는 것을 막으면 안 된다는 것이 판례를 통하여 인정되는 관행이다. 반면에 혼인의 경우 결혼식을 기준으로 하는 관행이 우리 사회의 관행과 의식에 맞지만,40) 정확한 가족관계를 위하여 법적으로는 혼인신고를 요건으로 한다.41) 대신에 혼인신고가 이루어져 있지는 않지만 혼인관계가 실질적으로 이루어져 있다면 사실혼이라고 해서 일정한 법적 권리가 인정된다.42)

또 우리 사회에서 오랫동안 인정되어 온 관습법으로는 분묘기지권을 들 수 있다. 타인의 토지에 묘지를 쓰고 관리해 온 경우 그 묘지에 대하여 가지는 일종의 지상권이다. 이에 대하여 대법원이 분묘기지권을 인정하였다.43) 다만 지료(地料)는 지급하여야 한다. 또 남의 이름으로 부동산을 소유하는 명의신탁이 관행적으로 인정되어 왔으나 「부동산 실권리자 명의등기에 대한 법률(부동산실명법)」이 제정된 1995년 이후에는 예외적인 경우에만 인정이 되는 것도 관습법과 실정법의 관계를 말해준다. 한편 국가법에 의하여 법으로 인정되지 못하는 관행은 그냥 '사실인 관습'이라고 한다.

---

40) 이를 의식혼(儀式婚)이라고 한다.
41) 이를 법률혼 또는 신고혼이라고 한다.
42) 한편 '내연관계'라는 말은 일본식 용어인데, 사실혼을 가리킬 때도 있으나 불륜관계를 말하기도 한다.
43) 대판 2017.1.19., 2013다17292.

[34] 자살폭탄 테러범의 심리(종교)

유럽이나 중동 지역에서는 자살폭탄 테러가 가끔 발생한다. 그런데 자살폭탄 테러를 실행하는 사람은 결국 자살하는 결과가 된다. 자신이 죽으리라는 것을 알고서도 이를 감행하는 것이다. 무엇이 자신의 목숨을 버리면서까지 이런 일을 하게 만들까? 유대교·기독교와 이슬람교의 종교적 갈등이 그 배경으로 설명되고는 한다. 일단 어느 정도는 수긍이 된다. 종교적 확신, 즉 신앙에 따라 자신이 하는 테러 행위가 결국 신의 뜻이고, 이 행위를 통하여 많은 동족이나 같은 신앙을 가진 사람들에게 어떤 정치적 도움이 된다고 생각하기 때문에 자신의 목숨을 버리면서도 테러를 감행하는 것이다. 종교적으로는 순교자(殉敎者)라고 하는데, 법적으로는 확신범에 해당한다. 확신범은 자신이 법을 어기는 것을 알지만 그것이 옳은 행동이라고 생각하고 감행하는 사람을 말한다. 그런데 신앙이라는 것은 개인차가 크다. 종교별로 교리도 다르지만, 같은 종교를 가지고 있다고 해도 신에 대한 생각이나 신뢰도·충성도는 사람마다 차이가 있게 마련이다. 그러므로 특정 종교단체에 속하면서 신앙심이 깊은 사람의 경우 법에 따른 강제력, 즉 국가의 강제력보다 훨씬 강한 행동 통제력을 발휘할 수 있다. 그런 정도까지는 아니라고 하더라도 종교는 그 종교단체에 속하는 사람에게 일정한 행위 기준을 제공한다. 국가의 강제력이 아니라 신앙심이라고 하는 내면의 강제력이 발동되는 것이다. 따라서 신앙심의 정도에 따라 실질적인 강제력은 차이가 있게 마련이다. 종교의 성격을 보면 앞에서 살펴본 도덕과 비슷한 성격을 가진다. 내면의 확신에 따른다는 점과 외부적 강제력이 없으므로 사회적 비난에[44] 의하여 강제한다는 점이 다를 뿐이다. 전혀 도덕적이거나 윤리적이지 않은 사람에 대하여 도덕이 강제할 수 있는 방법이 없는 것처럼, 종교도

---

44) 종교에서는 그 종교단체 구성원의 비난

해당 종교의 신앙이 없는 사람에게는 무용지물이다. 그러나 우리나라 세계적으로도 신앙이 있는 사람이 없는 사람보다 다수다. 따라서 종교도 사회규범으로써 중요한 역할을 한다. 특히 생명과 관련된 문제들, 예컨대 사형제도·낙태·안락사·인간복제 등의 문제에 있어서는 국가법의 형성에 중요한 기준을 제공하기도 한다.

문제는 종교가 다를 경우 다른 종교를 비난하거나 심지어 전쟁을 일으키기도 한다는 점이다. 그러나 잘 생각해 보면 우리 모두 심각한 오해를 하고 있는 것이 발견된다. 자살폭탄 테러범의 경우 신앙심에 의한다고 해도 목숨을 버리면서까지 테러에 가담하도록 하는 구체적인 요인은 무엇일까? 결국은 적이라고 규정된 민족이나 종교에 대한 증오에서 비롯되는 것이다. 구체적으로는 정치적 탄압, 더 직접적인 표현으로는 빈부격차라고 할 수 있다. "우리는 이렇게 못 살고 고생하는데 그 원인은 저들 때문이다."라는 확신을 심어주기 때문에 자살폭탄 테러를 감행하는 것이다. 표면적으로는 종교적 갈등이지만 그 이면에는 사회적 불평등과 빈부격차라고 할 수 있다. 이러한 상황을 정치적으로 이용하는 정치 지도자와 종교 지도자가 있기 때문에 자살폭탄 테러가 가능하다. 이러한 문제를 해결하기 위해서는 모든 종교가 허심탄회하게 모든 것을 공개하고 공존하는 노력이 필요하다. 상대 종교를 탄압할 것이 아니라 종교의 자유를 인정하고 서로 사회 구성원들에게 좋은 인상을 주어 자신의 종교가 우월하다는 경쟁을 해야 한다. 즉 '선한 영향력'을 상호 경쟁해야 하는 것이지 폭력을 써서 상대 종교를 공격한다고 해서 해결할 수 없는 문제다. 사실 모든 종교는 타인을 사랑하고 포용하도록 가르치고 있으니 각 종교에서의 가르침을 왜곡하지 않고 실천하면 될 일이다.[45]

---

45) 법과 종교의 관계에 대해서는 오호택, 『법과 종교』, 동방문화사, 2022 참조.

[35] 법은 시대의 거울이다(법격언)

우리나라나 서양이나 속담 또는 격언이 많다. 이러한 속담들은 구성원들의 생각을 나타내고 있으며, 같은 사회 구성원 사이에서는 쉽게 이해하고 공감할 수 있는 내용들이다. 그런데 이런 속담이나 격언이 결국 법에 반영되기도 한다. 그렇게 구성원들의 생각이 법에 반영되는 것이 진정한 법이다. 그런데 우리나라의 경우 서양법을 받아들여 쓰다 보니 법이 우리의 의식이나 관습과는 잘 안 맞는 내용도 많다. 그렇게 되면 법을 지키는 것이 어려워지고 법의 규범력이 떨어진다. 예를 들어보자. 우리 민법은 부부별산제를 채택하고 있다.46) 즉 남편과 부인은 각자 따로 재산을 가지고 이를 관리할 수 있다. 물론 공용재산도 있다. 그러나 우리는 부부가 따로 재산을 분리하여 소유하고 관리하면 이혼하기 위한 것으로 받아들이는 경향이 있어서 그런 사례가 많지 않았다. 그러나 민법에 그렇게 규정해서 그런지, 우리 사회가 서양을 닮아가서 그런지, 요즘 젊은이들은 부부별산제를 당연시하는 풍조도 일부 생겨나고 있다.

아무튼 속담은 사회를 표현하고, 그런 내용이 법의 내용으로 흡수되면 결국 법은 시대의 거울이 된다. 예컨대 "법은 멀고 주먹은 가깝다."는 말은 공권력이 아니라 자력으로 법적 문제를 해결하는 상황을 표현할 수 있다. 서양 속담에 "아침에 일찍 일어나는 새가 벌레를 더 많이 잡는다."는 말이 있다. 이는 민법상 무주물 선점을 의미한다. 또 "로마에 가면 로마법을 따르라."는 속담은 법의 속지주의를 나타낸다. 우리 말 속담에 "알아야 면장을 하지."라는 말이 있다. 견해는 갈리지만 이 면장이 면(행정구역 面)의 장, 즉 면장(面長)이라면 당연한 말이 된다. 아무나 면장을 할 수는 없다. 엄밀한 법적 기준은 아니지만 인구 2천 명 이상 2만 명 미만이 면의 인구이다. 그런데 수천, 수만 인구를 가진 면의 행정 총책임자가 행정에 대해 잘 모르면 면장을 할 수 없는 것이 맞다.

---

46) 민법 §831 "부부는 그 특유재산을 각자 관리, 사용, 수익한다."

정확히는 '법을 알아야' 면장을 할 수 있는 것이다. 이런 속담은 수없이 들어볼 수 있다.47)

반면에 법의 개폐 상황을 보면 시대의 변화를 알게 된다. 예를 들어 보자. 우리 형법에는 '혼인빙자 간음죄'라는 것이 있었다.48) 이는 여성이 사회적·경제적 약자일 때 만들어진 규정이라고 할 수 있는데, 현재는 여성이 입법 당시처럼 약자라고 할 수 없다. 또 '혼인을 빙자하여'라는 말은 '결혼한다는 말에 넘어가서'라는 말이다. 혼인을 전제로 남성과 동침하였으나 나중에 보니 남성이 혼인의 의사가 없었다고 여성이 문제를 제기하는 것이다. 결과적으로 여성의 상황 판단력을 무시하거나 성적 자기결정권을 부인하는 것이다. 헌법재판소는 이 규정을 위헌으로 결정하였고49) 혼인빙자 간음죄는 폐지되었다.

간통죄의 경우도 마찬가지 이유로 헌법재판소의 결정50)으로 폐지되었다. 형법이 1953년 제정되었으므로 60여 년 만에 사회의 변화를 반영하여 법이 바뀐 것이다. 우리나라의 입법부는 국회지만 선거를 의식하여 쉽게 법을 바꾸지 못하는 것들이 있는데, 이러한 점은 헌법재판소가 통제함으로써 사회의 변화를 법에 반영하는 역할을 한다.

몰라도 되는 법은 없다. "법의 무지는 용서되지 않는다."는 서양 속담이 있는데, 우리 법에서도 원칙이다. 법을 몰라서 위법한 행위를 하였다고 하여 법적 책임이 면제되지 않는다. 물론 법을 적용하는 과정에서 약간의 참작 사유는 될 수 있다. 어쨌든 법을 모른다고 해서 해결되는 것은 아무것도 없다. 그래서 우리는 법을 알아야 하고 법을 공부하는 것이다.

---

47) 법의 내용을 추출해 볼 수 있는 속담에 대해서는 오호택, 『법학첫걸음』, 제4판, 동방문화사, 2023, 61~70면을 보기 바란다.
48) 형법 §304 "혼인을 빙자하거나 기타 위계로써 음행의 상습 없는 부녀를 기망하여 간음한 자는 2년 이하의 징역 또는 500만원 이하의 벌금에 처한다."
49) 헌재 2009.11.26., 2008헌바58.
50) 헌재 2015.2.26., 2009헌바17등. 사건번호에 '등'자가 붙은 것은 여러 사건을 병합하여 심리한 것을 표시한다.

Ⅲ. 법의 속성과 법을 알기 위한 약속들

[36] 다윗과 골리앗, 그리고 토끼와 거북(관점과 학설)
[37] 헌법은 최고 법인가(상위법·하위법)
[38] 그 많은 법 중 "뭣이 중헌디?"(신법·특별법·예외법)
[39] 악수는 누가 먼저?(법 원칙의 우선순위)
[40] 강행되지 않는 법도 법일까(강행법과 임의법)
[41] 법률에 자세히 안 나오면?(위임입법과 판례법, 근로시간)
[42] '이달 셋째 주 수요일'은 언제인가(조리)
[43] AI가 만든 것은 AI 것일까(인격과 법인격)
[44] 자율주행자동차와 법(법과 정의)
[45] 싸움 말리다 싸움 된다(선의·악의, 제3자)
[46] "바람이 불면 나무통 장사가 돈을 번다"(인과관계)
[47] 상금을 나누는 방법(법률관계, 권리의 충돌, 다수결)
[48] 춘향이 말하기를 "나는 몰라요"(비진의 의사표시)
[49] 이팔청춘 이몽룡과 성춘향(만나이, 연나이, 세는 나이)
[50] 주차금지와 정차(법의 해석)
[51] '검수완박법'(예시와 열거)

III. 법의 속성과 법을 알기 위한 약속들

[36] 다윗과 골리앗, 그리고 토끼와 거북(관점과 학설)

특별히 기독교인이 아니더라도 히브리성경에 나오는 '다윗과 골리앗'의 이야기는 많이 알려져 있고, 이를 고사성어처럼 사용하기도 한다. 이 이야기에서 누가 승산이 있다는 말인가? 2m가 훨씬 넘는 거인이면서 장수인 골리앗과 미소년 다윗의 싸움이므로 골리앗이 당연히 이길 것으로 예상되었지만 결과는 다윗의 승리였다. 즉 '다윗과 골리앗' 이야기는 불가능해 보이는 것에 도전하여 결국 이겼다는 비유이다. 그런데 여기서 골리앗이 당연히 이길 것이라는 예상의 근거는 골리앗의 '덩치와 연륜'에 있다. 다윗은 10대 앳된 청년이며 목동이었으므로 싸움을 잘할 리 없다는 선입견으로 골리앗을 이길 수 없다고 예상하는 것이다. 하지만 관점을 달리하여 무기의 관점에서 보면 전혀 다른 결론이 나온다. 골리앗은 '칼과 창과 단창'[1]을 가지고 싸우러 나왔다. 이에 비하여 다윗은 물매와 시냇가에서 주운 매끄러운 돌 5개가 무기였다. 물매는 폭이 좁고 긴 가죽이나 헝겊을 둘로 접어 양 끝을 모아 잡고 접힌 부분에 돌을 넣어 돌리다가 한쪽 끝을 놓으면 돌이 앞으로 튀어 나가 목표물을 맞추는 무기다. 체육에서 해머던지기와 비슷한 원리다. 실제로 물매를 주 무기로 하는 부대가 로마시대에 있었다는 기록이 있다. 그렇다면 골리앗의 무기는 근접 무기인 데 비하여 다윗의 무기는 멀리 있는 적을 공격할

---

[1] 번역에 따라서는 '칼과 창과 방패'로 되어 있기도 하다.

수 있었다. 덩치가 크다는 것은 가까이 맞붙어 싸울 때의 장점일 뿐이다. 골리앗이 가까이 오기 전에 다윗의 물매에서 튀어나온 돌이 골리앗의 이마에 박혔다. 그것으로 게임은 끝났다. 따라서 무기의 관점에서 볼 때 다윗이 당연히 유리한 상황이었다. 우리가 그동안 잘못 생각해 온 것이다. 우리의 선입견이 틀렸다기보다는 너무 한 가지 상황만 고려하여 성급히 결론을 내린 것이라고 할 수 있다. 상황에 따라서는 다윗과 골리앗이 근접해 맞붙어 싸움이 일어날 수도 있다. 그렇다면 다윗이 골리앗을 이기기는 어렵다.

한 가지 더 예를 들어보자. 이솝 이야기에 유명한 '토끼와 거북이' 이야기가 있다. 우리는 그 줄거리와 결말을 잘 알고 있다. 그런데 이 이야기를 아이들에게 들려주는 이유는 거북이의 성실성을 배우라는 의미일 것이다. 그러나 거북이에게 단점이나 나쁜 점은 없을까? 토끼가 자만해서 중간에 잠이 들었다는 특수한 상황이 아니라면, 일반적으로 거북이는 경주에서 토끼를 이길 수 없다. 그렇다면 거북이는 상황판단을 잘 못한 것이다. 질 줄을 알면서도 도전했다면 무모한 성격이거나, 혹시라도 이길 수 있을 것이라는 요행을 바라는 것이었을 수도 있다. 더구나 잠이 든 토끼 옆을 지나가면서 깨우지 않고 몰래 지나간 것은 페어플레이가 아니다. 우리가 테니스 경기에서 한 선수의 다리에 쥐가 났다면 회복할 시간을 주는 것이 페어플레이라고 하지 않던가. 아이들에게 '토끼와 거북이' 이야기를 들려줄 때 아이들이 이러한 거북이의 나쁜 점을 본받게 되면 큰일이 아닐 수 없다.

또 이솝이야기에는 나와 있지 않지만 실제 상황이라면 점검해 봐야 하는 것들이 있다. 토끼와 거북이의 경주는 누가 빨리 달려서 목표점에 도달하느냐를 겨루는 것인가 아니면 시간이 얼마나 걸려도 좋으니 도착만 하면 되는가? 예컨대 5m나 10m 정도의 거리라면 보통 토끼가 이길 것으로 예상된다. 그러나 그 거리가 5km나 10km라면 토끼가 과연 이길 수 있을까? 그런 장거리 경주라면 거북이가 오히려 유리할 수도 있다는 생각이 든다. 또 중간에 쉬는 시간은 없는 것인가? 하루에 갈 수 없다면 어디서 얼마 동안 자고 가야 하는가? 또는 언덕 너머 지름길로 달려가도 되는가? 심판이 있는가? 기타 중요한 규칙이 이솝이야기에는 나와 있지 않다. 사전에 자세한 룰이 정해져 있지 않으면 정당한 게임이 아니다. 우리나라 국회위원 선거를 생각해 보라. 총선이 코 앞인데 선거방식이 안 정해져 있다든가 또는 선거구가 최종 확정이 되지 않았던 경우가 많다.

실제 법률관계에서는 다양하고 복잡한 상황들이 전개되므로 관점에 따라서 얼마든지 결론이 달라질 수 있다. 이를 법의 관점이라고 한다. 따라서 법적 문제들을 접할 때는 다양한 관점에서 판단해 보는 것이 필요하다. 이러한 법의 관점은 법학에서의 학설로 연결된다. 즉 어떤 법적 문제를 어떤 관점에서 보느냐에 따라 결론이 달라질 수 있는데, 이것을 학설이라고 한다. 예를 들어보자. 사람은 엄마 뱃속에서 나와야 사람으로 취급된다. 당연하다. 그런데 정확히 언제부터 태아가 아니라 사람으로 볼 것인가? 여러 가지 학설이 있을 수 있는데 민법에서는 그냥 우리 예상대로 모체에서 분리된 때부터 사람이다. 그러나 형법에서는 달리 생각한다. 왜냐하면 형법에는 단순 살인죄 말고 낙태죄가 있기 때문이다. 살인죄가 낙태죄보다 훨씬 엄하게 처벌된다. 그런데 산모가 아이를 낳으려고 하는 순간, 아직 낳기 전에 어떤 방법을 통해 죽이면 살인죄가 아니라 낙태죄가 되는 것이다. 이런 결과는 불합리하다. 따라서 형법에서는 진통설이라고 해서 아이를 낳기 전에 주기적으로 산모에게 진통이 시작되면 이때부터는 독립한 사람으로 취급되고, 이때 죽이면 그냥 살인죄가 적용된다. 아직 엄마 배 속에 있지만 형법적으로 이미 완벽한 사람으로 취급하는 것이다. 낙태죄는 법적으로 꽤 까다로운 문제를 가지고 있다. 자세한 설명은 헌법이나 형법에 미룬다. 아무튼 관점에 따라서 사람으로 취급하는 시기가 달라지는 것이다. 민법에 따르면 태아는 아직 완전한 권리의무는 아니지만 상속과 손해배상에 대해서는 권리를 가지는 것으로 규정하였다. 예컨대 태아인 상태에서 아버지가 사망한 경우 상속을 못 받는다면 좀 불합리하다. 그것도 아버지 사후 바로 다음 날 태어났는데 하루 차이로 상속을 못 받는다면 얼마나 억울할 것인가? 그래서 생긴 조항이다. 그런데 이때 이미 낳은 것으로 보느냐, 아니면 태어난 후 소급해서 법률관계를 다시 정리하느냐 하는 문제가 있다. 다수설에 의하면 이미 태어난 것으로 본다고 한다. 이를 해제조건설이라고 한다. 자세한 것은 민법을 전공으로 배울 때 공부하자.

　다수의 학자가 지지하는 입장을 다수설이라고 하고, 반대를 소수설이라고 한다. 대부분의 학자가 지지하면 통설이라고 한다. 어느 학설이 100% 맞고 틀리고의 문제가 아니다. 학설마다 장단점이 있어서 법학을 제대로 공부하려면 여러 학설의 입장을 비교해서 이해하면 더 정확한 이해를 할 수 있다. 따라서 정오(正誤)의 문제가 아니라, 앞서 살펴본 관점의 차이, 가치관의 차이라고 생각해 두자.

　중고등학교에서는 정답을 찾는 공부를 하였다. 대학에서는 그렇지 않다. 답이 두 개일 수도 그 이상일 수도 있다. 그 정(正)을 찾아가는 과정은 결국 각자의 몫이다. 정답이 있는 것이 아니므로 대학에서 강의를 들을 때 '맞는 이야기'를 듣고 외우는 것이 아니다. 어떤 이야기가 어떤 특성과 장단점을 가지고 있는지, 또는 어떤 오류가 있어서 폐기해야 할 내용인지 판단하는 것이 대학에서의 공부다. 그래서 법학을 공부하는 데 필요한 것은 암기력이 아니라 논리력과 비판력이다.

[37] 헌법은 최고 법인가(상위법·하위법)

법은 기준에 따라 여러 가지로 분류해 볼 수 있다. 일단 국내에서 효력이 있는 것은 국내법이고, 국제관계에서 적용되는 것은 국제법이다. 국내법 중에서 가장 상위의 법은 헌법이다. 이는 효력이 가장 높다는 것이다. 효력이 높다는 것은 어떤 사안에 대하여 각각 규정이 있을 때,[2] 실제로 적용되는 법을 말한다. 국내법에서는 헌법⇒ 법률⇒ 명령[3]⇒ 조례⇒ 규칙의 단계로 이루어져 있다. 효력이 높은 법을 상위법, 낮은 법을 하위법이라고 한다. 예컨대 법률은 헌법과의 관계에서는 하위법이고, 명령에 대해서는 상위법이다.

일반인들도 헌법이 국내법 중 최고법, 즉 가장 상위의 효력을 갖는 법이라는 것은 잘 안다. 그런데 어떤 구체적인 문제에서 "헌법이 우선하니까 헌법을 적용해야 한다."고 생각하는 경향이 있다. 예컨대 밤중에 특정 종교단체의 종교행사 때문에 이웃집이 편안히 쉴 수가 없는 경우라고 해 보자. 그 종교단체는 헌법에 모든 국민은 종교의 자유가 있으므로 종교행사를 당연히 할 수 있다고 주장한다. 이웃 주민은 "밤에 조용히 잠을 잘 수 있는 권리"가 헌법에 없으므로 할 말이 없어진다. 하지만 이는 법의 적용을 잘 몰라서 하는 말이다. 『소음·진동 관리법』에 따르면 생활소음의 규제기준은 환경부령으로 정하도록 하였고(같은 법 §21②), 환경부령 '별표8'에 의하면 주거지역 야간에는 '옥내에서 옥외로 소음이 나오는' 확성기 소리는 45dB 이하여야 한다. 이 밖에도 다양한 경우에 적용되는 소음기준이 마련되어 있어서 그에 따라야 한다. 이렇게 볼 때, 헌법이 법률보다 상위법인 것은 맞지만 실제 사건에 적용할 때는

---

[2] 상하위법 사이에 서로 충돌하는 내용이 있다면 규범통제(위헌법률심판) 제도에 의하여 정리되어야 한다. [98] 남성만 군대 가야 하는가(위헌법률심판과 헌법소원) 참조.
[3] 공무원 또는 군대에서 상사가 하급자에게 하는 명령은 직무명령이라고 한다. 여기서의 명령은 대통령령과 총리령·부령을 말한다. 왜 이렇게 부르는지는 묻지 말자. 법과 법학에서는 그렇게 부른다.

하위법이 먼저 적용되는 것이 원칙이다. 왜냐하면 하위법일수록 더 구체적인 내용으로 되어 있어서 구체적 사건에 딱 맞는 조항을 찾을 수 있기 때문이다.

그렇다면 상위법의 의의는 무엇일까? 상위법은 하위법의 근거 조항을 가지고 있다. 하위법의 근거는 상위법에서 찾을 수 있고, 상위법에서 정한 위임의 한계 내에서만 효력을 발휘하는 것이다. 하위법에 아무 내용이 마련되어 있지 못할 때 상위법을 적용하게 되는데, 하위법에 비하여 넓게 추상적으로 규정되어 있어서 이를 적절히 해석해서 구체적 사건에 적용하게 된다. 이런 관계 때문에 하위법이 상위법에 근거가 없거나(위임의 근거를 찾을 수 없거나) 위임의 범위를 벗어날 경우 효력을 상실하게 된다. 그 절차가 위헌법률심판이나 위헌법령심사인데 이에 따라 효력이 상실되거나 구체적 재판에서 적용이 배제된다.

여소야대 상태인 박근혜 정부 때와 윤석열 정부에서 법률에 맞지 않는 대통령령으로 실제 행정을 밀어붙인다는 비판이 있다. 이는 법률에 명시적인 위임의 범위가 불분명하거나 아예 언급이 없는 경우에 가능한 일이다. 이런 상황이 실제로 문제가 된다면 국회 차원에서 법률의 내용과 위임의 근거 및 범위를 명확히 입법하면 해결된다. 그런데도 법률의 내용과 다르다면 위에서 언급한 위헌법령심사로 해결하는 것이 법에 정해진 절차이다.

[38] 그 많은 법 중 "뭣이 중헌디?"(신법·특별법·예외법)

"뭣이 중헌디?" 영화 '곡성'(2016)에 나와서 당시 유행했던 대사이다. 그런데 우리나라에 법이 얼마나 많은지 일반인들은 특정한 경우에 어떤 법을 적용해야 하는지 알기 어렵다. 그야말로 "뭣이 중헌디?"일 것이다. 법제처 법령통계에 따르면 현행 법령은 5천 개가 넘고, 자치법규는 14만 개가 넘는다.4) 법령은 법률과 대통령령·부령 등의 명령을 함께 부르는 말이고, 자치법규는 지방의회가 만드는 조례와 자치단체장이 발하는 규칙을 함께 부르는 말이다.

예를 들어보자. 청소년의 경우 어떤 행위를 해서 법적으로 처벌을 받을지 아니면 법에 위반되는 것은 아니라서 법적으로는 별문제 없는지 문제가 생겼다고 해 보자. 청소년인 A가 가출하여 가출청소년들과 어울려 살면서 서로 폭력을 행사했다고 가정해 보자. 일단 형법은 국민을 대상으로 하는 것이므로 당연히 고려해야 한다. 그런데 이뿐만 아니라 소년법을 비롯하여, 청소년기본법, 청소년보호법, 「학교폭력예방 및 대책에 관한 법률」, 아동복지법, 아동학대법, 청소년활동진흥법, 청소년복지지원법, 「아동·청소년 성보호에 관한 법률」 등 수없이 많은 법률에 관련 규정이 있을 수 있다. 이러니 일반인 입장에서는 어느 법이 적용되어 어떤 법적 결론이 나는 것인지 알기 어렵다는 것이다. 이 밖에도 법의 적용 과정에서 소송 관련 법이 절차상 청소년에 적용할 정보를 가지고 있다. 이 책에서 그런 것들을 모두 살펴볼 수는 없는 것이므로 일단 이런 법률들이 있을 때 어떤 원칙에 의하여 실제 적용되는 법을 고르는 것인지 그 원칙들을 살펴보기로 한다.

우선 법은 처음 만들었다고 해서 그대로 있는 것이 아니라 상황에 따라 내용이 바뀐다. 원래 있던 법은 구법, 새로 개정된 법은 신법이다.

---

4) 법제처 홈페이지 https://www.moleg.go.kr/esusr/mpbStaSts/stastsList.es?mid=a10109040100&srch_csf_cd=120001 참조.

법 전체가 바뀌는 경우도 있지만 부분적으로 바뀌는 경우가 많다. 이 경우 당연히 신법이 우선하여 적용된다(신법우선의 원칙). 신법이 현행법이고 구법은 이제 사용하지 않는 법이다. 법은 제정되고 폐지될 때까지 효력을 가진다. 특정한 법을 폐지한다는 내용의 신법을 제정함으로써 구법은 폐지가 되어 효력을 상실한다. 또 같은 내용을 다루는 신법을 제정함으로써 신법우선의 원칙에 따라 기존의 법, 즉 구법이 효력을 상실하기도 한다.

그런데 이 과정에서 구법과 신법에 걸쳐 어떤 사건이 일어나는 경우도 많다. 이때는 신법을 적용해야 할까? 이에 대해서는 신법에 이러한 경우 어떤 법을 적용할지를 규정해 놓는 것이 일반적이다. 이를 경과규정(經過規定)이라고 한다. 대개 신법의 부칙에 규정되어 있다.

한편 어떤 법은 제정할 때부터 언제까지만 효력이 있고 그때가 되면 자동으로 폐지된다고 정해 놓는 경우가 있다. 이런 법을 한시법(限時法)이라고 한다. 예를 들어 1988년 서울올림픽 기간에 시위를 금지하려는 목적으로 만든 「올림픽의 평화를 지키기 위한 법률」을 보자. 이 법은 1988.8.5. 제정되었는데, 부칙에 "이 법은 1988년 10월 31일까지 그 효력을 가진다."고 규정하여 3달도 안 되는 기간만 생존한 법률이었다. 한시법도 생각보다 꽤 많다.

한편 중요한 구분이 일반법과 특별법의 구분이다. 예컨대 형법은 일반법이고 소년법은 특별법이다. 일반 국민은 형법의 적용을 받되, 19세 미만의 자는 소년법의 적용을 받는다(소년법 §1, §2). 즉 특별법이 있는 경우 특별법이 우선 적용되고(특별법 우선의 원칙), 특별법에 그 내용이 없으면 일반법에 따른다. 소년법이나 군형법이 형법의 특별법이다. 따라서 보험사기범죄를 특별히 처벌하기 위한 「보험사기방지 특별법」처럼 '특별법'이라는 명칭이 붙어야만 특별법은 아니다.

원칙법과 예외법의 구분도 있다. 원칙적으로 사람은 태어나야 권리와 의무를 갖게 되는데, 예외적으로 태아인 경우에도 상속과 손해배상의 주체가 될 수 있다(민법 §762, §858, §1000③ 등). 당연히 예외법이 적용된다. 이러한 관계는 법률과 법률 사이에서뿐만 아니라 같은 법률 안에서 조문과 조문 사이에도 존재한다. 실제로 법을 적용할 때 이렇게 구체적인 적용 법조문을 고르는 작업은 무척 까다롭고 다양한 요소를 고려하여 정하게 된다는 점을 잊어서는 안 된다. 특별법이 많고 관련법들 사이의 관계가 잘 나타나 있지 않아서 그런 점도 있다.

[39] 악수는 누가 먼저?(법 원칙의 우선순위)

악수는 세계적으로 통용되는 인사법이다. 악수는 기원전부터 행해진 것으로 추측되고 있다.5) 이집트 벽화나 그리스 조각들, 중세 기사들의 악수하는 그림 등에서 확인할 수 있다. 손에 무기가 없음을 보임으로써 싸울 의사가 없음을 서로 확인하는 행위라고 한다. 두 손으로 악수하는 것도 그런 의미이고, 악수한 채 잠시 손을 흔드는 것은 소매에 감춘 무기가 없음을 확인하는 것으로 볼 수 있다. 물론 악수는 나라마다 약간의 차이는 있다. 예컨대 이슬람 국가에서는 여성은 악수하지 않는 것이 관행이다. 나라에 따라서 고개를 숙이면 안 된다거나 두 손으로 잡으면 안 되는 등 여러 가지 관습이 있다.

여기서 악수할 때의 원칙들을 법이라고 생각해 보면 원칙들이 충돌할 때 어떻게 하라는 것인지 궁금해진다. 예를 들어보자. 윗사람이 아랫사람에게 악수를 먼저 청하는 것이 예절이라고 한다. 그런데 남성과 여성이 악수를 할 때는 여성이 먼저 악수를 청하는 것이라고 한다. 그렇다면 나이 든 남성과 나이 어린 여성의 경우에는 누가 먼저 악수를 청해야 하는가? 필자는 지금도 헷갈린다. 그런데 이러한 것들은 사회에서 오랫동안 구성원들 사이에 관행적으로 이루어지는 것이기 때문에, 사회에 따라서 다를 수도 있으며 사람에 따라 달리 생각하는 사람도 있을 수 있다. 그래서 명확하지 않은 경우가 많다.

그러나 법은 이래서는 안 된다. 구체적으로 현실에서 발생한 분쟁을 해결해야 하므로 사람에 따라서 적용되는 기준이 다르면 안 된다. 법에는 법의 내용도 구체적으로 정해져서 법조문에 나타나 있으며, 이를 적용하는 순서도 정해져 있다. 관습법6)의 경우 관습이 판례에서 인정되어야 진정 법으로 기능할 수 있게 된다. 물론 법에 아주 구체적인 문제를

---

5) 매일경제, 호감 주는 악수의 비법, https://www.mk.co.kr/news/business/5172659(검색 2024.1.3.)
6) [33] 남자와 여자는 언제부터 부부일까(관습법) 참조.

다 규정하기 어렵고 실제로는 약간의 범위가 주어져 있어서 해석에 따라 그 범위 내에서 구체화 된다. 이를 법적 관점이나 학설의 문제라는 점은 앞에서 설명한 바 있다.

또 상위법과 하위법의 관계, 그리고 구법과 신법, 일반법과 특별법, 원칙법과 예외법의 우선 적용 순서에 대하여 알아보았다. 다시 한번 예를 들어보자. 신-일반법과 구-특별법은 어느 법이 우선 적용될까? 이때는 구-특별법이 우선 적용된다. 즉 신법우선의 원칙과 특별법우선의 원칙 중에서는 특별법우선의 원칙이 우선 적용되는 것이다. 이러한 원칙들은 법학에서 오랫동안 인정되어 온 원칙들이다. 왜 그러냐고 따지는 것은 무의미하다. 법학 분야에서 그렇게 관행으로 내려온 것이고, 그런 약속에 따라 분쟁을 해결해 왔으므로 이제 와서 그 우선순위를 무시하거나 바꾸는 것은 커다란 혼란을 자초하는 일이 된다. 물론 이런 원칙이나 원칙을 적용하는 순위도 세월이 흐르면 바뀔 수도 있다. 그러나 원칙이 바뀔 때까지 관련이 있는 수많은 학자들이나 법조계의 의견제시, 사회적 논의를 통하여 바뀌는 것이지 개인적인 차원에서 이를 부인하거나 바꿀 수는 없는 것이다. 법의 내용뿐 아니라 법의 적용 원칙도 개인 간의 약속이 아니라 결국 사회적 약속이다. 사회적 약속이 바뀌기 위해서는 대다수 사회 구성원의 동의를 얻기까지 긴 세월이 필요한 것이다.

[40] 강행되지 않는 법도 법일까(강행법과 임의법)

법의 최대의 특징으로 국가에 의하여 강행된다는 점을 설명하였다.[7] 심지어 강행되지 않는 것은 법도 아니라고 하였다. 맞는 말이다. 그러나 잘 살펴보면 법 중에서 무조건 법의 내용대로 실현되는 것이 아니라 당사자가 적용을 거절할 수 있는 법도 있다. 이런 법을 임의법이라고 한다. 당사자가 법의 규정과 다른 의사를 가지고 있을 때 법의 규정이 적용되지 않고 당사자의 의사에 따르게 되는 경우를 말한다. 일반적으로 법은 크게 공법과 사법으로 나누어 볼 수 있는데, 헌법과 행정법, 형법과 형사소송법, 민사소송법 등의 공법은 대체로 강행법이다. 이에 비하여 민법이나 상법과 같은 사법(私法)은 임의법을 많이 가지고 있다.

예를 들어보자. 민법 제42조 제1항은 "사단법인의 정관은 총 사원 3분의 2 이상의 동의가 있는 때에 한하여 이를 변경할 수 있다."고 하고 있다. 하지만 뒷부분에 "그러나 정수에 관하여 정관에 다른 규정이 있는 때에는 그 규정에 의한다."고 하고 있다. 그 정관에 다른 규정이 있다면 그에 따라 다른 정족수에 따를 수 있도록 한 것이다.

또 민법 제408조에 따르면 채권자나 채무자가 한 명이 아니라 여러 명이면 균등한 비율로 권리와 의무를 나누어 가지는데, 특별한 의사표시가 있다면 그 비율을 달리할 수 있도록 하였다. 또 민법 제473조는 변제비용은 채무자가 부담하되 당사자가 달리 정할 수 있도록 하고 있다. 돈을 꿔준 채권자가 은행 이체 비용이나 돈 갚으러 갈 택시비 등의 비용을 내도 국가가 막지 않는다는 의미다.

다른 사례. 부부간에 생활비는 누가 내야 할까? 요즘은 맞벌이 부부가 대부분이라 각자 분담하는 경우도 많다. 민법은 이에 대하여 "부부의 공동생활에 필요한 비용은 당사자 간에 특별한 약정이 없으면 부부가

---

7) [20] '어르신 우선주차'(법의 강행성) 참조.

공동으로 부담한다(민법 §833)."고 하였다. 그러니까 외벌이 부부여서 일하는 남편 또는 부인이 혼자 생활비를 전부 부담해도 된다. 이 '특별한 약정'은 굳이 계약서를 쓰거나 공증을 할 필요는 없다. 그냥 부부간에 합의하면 충분하다.8) 이렇게 보면 민법이 시대를 훨씬 앞서 요즘 젊은 세대에 맞춘 느낌이다. 아무튼 '생활비의 부부 공동부담'은 강행규정이 아니라 당사자의 의사가 더 우선한다. 이러한 것들이 임의법 또는 임의규정이다. 여기에 나오는 법률용어들은 민법을 공부할 때 자세히 알게 될 것이므로 지금 신경 쓰지 말자.

민법에 임의규정이 많다고 해도 민법 전체가 임의법이라는 것이 아니라 각 조문 별로 판단해 보아야 한다. 민법 안에서도 법인의 조직이나 사람의 권리능력 등 임의로 적용을 배제할 수 없는 강행규정들이 많다. 반면에 강행법으로 볼 수 있는 공법인 민사소송법도 그 제29조 제1항에서 "당사자는 합의로 제1심 관할법원9)을 정할 수 있다."고 하고 있어서 당사자의 의사에 따라 정할 수 있도록 하고 있다. 합의가 되지 않은 경우 제1심 관할법원은 피고의 주소지를 관할하는 법원이다. 강행법인 소송법에도 임의규정이 존재하는 것이다.

법의 규정 속에 "다른 규정이 있으면 그 규정에 따른다."거나 "다른 의사표시가 없다면…" 등의 문구가 있으면 일단 임의법이라고 할 수 있다. 법조문에 이런 문구가 없더라도 그 규정의 목적이나 제정 이유 등을 살펴보아 당사자의 의사에 상관없이 강행시켜야 할 성질을 가지고 있는지 아닌지 판단해 보아야 한다. 물론 이러한 법적 성격을 개인적으로 마음대로 판단하고 적용하는 것이 아니라는 점은 앞서 설명한 바 있다. 학자들과 판례에서 다수가 오랫동안 그렇게 해석해 왔던 것에 따라야 한다.

---

8) 계약은 원칙적으로 낙성불요식(諾成不要式) 계약이다. 즉 합의만 있으면 계약이 성립하고 특별한 형식을 요구하지 않는다는 의미다.
9) 재판을 할 법원.

[41] 법률에 자세히 안 나오면 어떻게?(위임입법과 판례법, 근로시간)

법률에 아무리 자세히 규정하려고 해도 모든 구체적이고 세부적인 내용을 다 담을 수는 없다. 그래서 법의 특성10)으로 일반성과 추상성을 든다. 일반성의 반대 개념은 개별성, 추상성의 반대 개념은 구체성이라고 한다. 일반적이고 추상적인 것은 법이고, 개별적이거나 구체적인 것은 행정행위 또는 행정처분이라고 한다.11)

법률에 모든 것을 자세히 규정할 수 없으므로 하위 법규에 더 자세한 내용으로 규정하도록 권한을 넘긴다. 물론 그 내용과 범위는 정해서 그 한도에서 규정하도록 한다. 이를 위임입법이라고 한다. 법률에서는 대개 "자세한 것은 대통령령으로 정한다."고 함으로써 대통령령에 위임한다. 대통령령은 또 총리령이나 부령에 위임하는 경우가 많다. 따라서 하위법규로 갈수록 구체적인 내용을 확인할 수 있게 되는 것이다. 그래서 법을 적용할 때는 하위법부터 검토하여 적용해 나가는 것이다.12)

그런데 위임하는 경우에 기준과 범위를 밝혀서 위임해야지 그렇지 않으면 위헌이다. 우리 헌법 제75조는 "대통령은 법률에서 구체적으로 범위를 정하여 위임받은 사항과 법률을 집행하기 위하여 필요한 사항에 관하여 대통령령을 발할 수 있다."고 규정하여 '구체적으로 범위를 정하여 위임' 받아야 한다는 점을 밝히고 있다.

헌법 자체가 국회가 제정하는 법률로 정하도록 하는 사항이 있는데, 이런 것들은 다시 대통령령으로 위임하는 것 자체가 금지되거나 아주 제한적일 수밖에 없다. 예를 들면 국적취득의 요건(헌법 §2①), 조세의 종목과 세율(헌법 §59), 행정각부의 설치·조직과 직무범위(헌법 §96), 지방자치단체의 종류(헌법 §117②) 등은 헌법이 법률로 정하도록 하고 있

---

10) 이를 '법규성'이라고도 한다.
11) [67] 왕과 대통령(권력분립, 입법·행정), [70] 발명특허는 확인, 운전면허는 허가(행정행위) 등 참조.
12) [37] 헌법은 최고 법인가(상위법·하위법) 참조.

으므로 명령에 위임하여 행정입법으로 이를 정할 수 없다.

이렇게 하위 법규로 아무리 자세히 규정한다고 해도 실제 온 나라에서 일어날 수 있는 구체적인 경우까지 다 규정할 수는 없다. 그런 경우에는 구체적인 사건에 법을 해석·적용하는 판사가 결정하게 된다. 판례가 쌓이면 다음 재판은 앞선 판례를 따라 결론을 내리는 경우가 대부분이다. 그래서 판례가 쌓이고 원칙이 확립되었다고 생각되면 판례법이 형성된다. 물론 어떤 경우에는 법으로, 즉 법률이나 명령으로 정했어야 하는데도 불구하고 입법의 미비로 구체적 내용이 없는 경우도 있을 수 있다. 이 경우에도 판례가 역할을 할 수밖에 없다.

예를 들어보자. 우리나라의 노동시간이 선진국 중에서는 매우 길다는 사실은 많이 알려져 있다. 실제 근로시간이 길다는 것이고, 법에는 어떻게 규정되어 있을까? 근로기준법 제50조 제1항은 "1주간의 근로시간은 휴게시간을 제외하고 40시간을 초과할 수 없다." 제2항은 "1일의 근로시간은 휴게시간을 제외하고 8시간을 초과할 수 없다."고 규정하고 있다. 또 같은 법 제53조 제1항은 "당사자 간에 합의하면 1주간에 12시간을 한도로 제50조의 근로시간을 연장할 수 있다."고 규정하고 있다. 당사자 간에 합의하면, 즉 사용자와 근로자가 합의하면 주 40시간을 초과하여 근로를 할 수 있는 것이다. 여기서 의문 사항은 기준이 되는 '주'가 "월요일부터 일요일까지인가?" 아니면 8시간씩 5일 근무하면 40시간이 되므로 "월요일부터 금요일까지인가?" 이에 관하여 오랫동안 기준이 없었다. 관행적으로 5일을 기준으로 40시간+12시간, 즉 52시간이 기준이고 휴일은 다시 휴일 근무를 할 수 있다고 해석해 왔다. 그러면 토요일과 일요일 16시간을 하게 되니 68시간을 할 수 있었다. 노동자측과 사용자 간에 이해관계가 달라서 구체적 입법이 미루어져 왔었다. 참고로 초과근무나 휴일근무는 임금을 50% 더 주도록 하고 있다(근로기준법 §56). 결국 이 기준을 일주일로 보아 '일주일 52시간 근무'로 규정한 것은 지난 문재인 정부 때였다.

그런데도 아직 더 세부적인 기준이 필요하다. 초과근무 12시간의 기준 단위를 1일로 할 것인가, 아니면 1주간으로 할 것인가? 무슨 이야기인지 실제 사례를 분석해 보자. A는 일주일에 15시간씩 2일 일하고 나머지 3일은 6시간씩만 일했다고 해 보자. 초과 근무한 2일은 '1일 8시간' 기준을 초과하여 7시간씩 총 14시간을 초과하여 근무했으므로, 일주일에 '12시간 초과한도'를 넘었다고 해석할 수 있다. 그런데 대법원은 초과근무 계산할 때의 기준을 일주일로 함으로써 A는 30시간(2일)+18시간(나머지 3일), 총 48시간이므로 일주일 '12시간 한도'를 넘지 않았다고 판결하였다.[13]

이런 경우라면 법률에 규정이 있었으면 좋았겠지만 입법이 미비하였고, 이를 판례가 정해준 것이다. 하지만 이와 관련하여 아직도 정해지지 않은 기준이 있다. 그러면 하루에 20시간 일 시켜도 되나? 하루 최대한 근로할 수 있는지에 대해서는 법률이나 대법원도 아직 정확한 기준을 제시하지 않고 있다. 물론 법원은 사건이 있어야 판결로 말할 뿐이므로 입법자인 국회가 답해야 하는 상황이다.

엄격히 말해서 판례는 법이 아니다. 일반성과 추상성이 없고 당해 사건에만 적용되는 구체적 결론이기 때문이다. 재판의 결과는 같은 내용(종류)의 다른 사건에 적용되지 않는다.[14] 그러나 재판의 심급제에 의하여 결국 이견이 있으면 최종적으로 대법원에서 결정된다. 대법원은 이전에 자기가 한 판결을 존중할 가능성이 크므로 판례도 일종의 법처럼 기능한다. 이를 판례법이라고 한다. 물론 세월이 흘러 사회가 바뀌면 대법원도 입장을 바꿀 수 있다. 이런 경우를 판례의 변경이라고 하며, 당연히 가능하다. 보통 앞선 판례에 따를 일반적인 재판은 대법원의 부(部)에서[15] 재판하지만, 판례를 바꾸는 경우 대법관 모두 모여서 재판하는 전원재판부에서 재판한다.

---

13) 대판 2023.12.7., 2020도15393.
14) 소송법적으로는 기판력(既判力)이 미치지 않는다고 한다.
15) 대법원은 대법관 4명씩 3개의 부가 구성되어 있고, 별도로 대법원장과 법원행정처장이 있다. 따라서 대법원은 총 14명으로 구성된다(법원조직법 §4②).

[42] '이달 셋째 주 수요일'은 언제인가(조리)

앞의 항목에서 초과근무를 따질 때의 기준을 법률에서 명확히 제시하지 않아서 판례로 보완되어 문제를 해결한다는 것을 알아보았다. 법률분쟁에서 날짜 계산이 중요한 문제가 되는 경우가 많다. 날짜나 기간을 계산하는 기준은 민법이 규정하고 있다.

그런데 여기서 의문이 생긴다. 월요일이 한 주의 시작인가? 아니면 일요일이 시작인가? 이는 사람에 따라 또는 나라별로 다르다. 우리나라 달력을 보면 대부분 일요일부터 시작하는 것으로 표기되어 있다. 아마도 기독교의 영향인 것 같다. 유대교와 기독교에서는 일요일을 한 주의 시작으로 본다. 우리나라 법률에는 이 점에 대하여 언급하고 있는 규정이 없다. 다만 KS표준규격(e나라표준인증)에는[16] 월요일을 한 주의 시작으로 정하고 있다.[17] 이것은 강제력이 있는 법이라고 할 수는 없다. 그래도 별다른 법규범이 없으니 산업계에서는 이걸 기준으로 할 수밖에 없다. 그런데 그렇다고 해도 '이달 셋째 주'라 할 때는 어느 날부터 세는 것인지 헷갈린다. 즉 1일이 월요일이라면 첫째 주, 둘째 주가 자연스럽게 세어지는데, 1일이 토요일이나 일요일(월요일부터 표시된 달력의 경우)이라면 그 주가 첫째 주라고 하기에는 뭔가 부족한 듯한 느낌이 든다. 위 KS표준규격에 따르면, 한 주의 과반수가 포함된 주, 즉 목요일을 포함하고 있는 주가 그 달의 첫 번째 주다. 따라서 1일이 금요일, 토요일, 일요일 중에 하나라면 그 다음 주가 그달의 첫째 주이며, 금토일은 전 달의 마지막 주에 포함된다. KS표준규격은 월요일을 한 주의 시작으로 보므로 목요일을 포함하여야 4일, 즉 일주일의 과반수가 된다는 의미

---

16) 한국산업표준(KS : Korean Industrial Standards)은 산업표준화법에 의거하여 산업표준심의회의 심의를 거쳐 국가기술표준원장이 고시함으로써 확정되는 국가표준이다. 따라서 법률과 같은 강제력은 없고 산업계가 자율적으로 정한 기준으로 보아야 한다.
17) KS X ISO8601 "데이터 요소 및 교환 포맷-정보교환-날짜 및 시각의 표기"

다. 그런데 일요일을 첫 주의 시작으로 보는 달력을 쓰는 일반인들은 이러한 결론이 매우 헷갈린다. 한편 이에 비하여 '그 달의 첫 수요일' 또는 '두번 째 수요일'은 확실하다. 달력을 보고 위에서부터 세면 되기 때문이다.

이런 문제가 사회적으로 논란이 된다면 일단 관행이 쌓여서 일반인들의 공통된 관념이 형성되는 것이 필요하다. 그 일반인의 관념과 상식을 법으로 정하게 되는 것이다. 법체계에 맞는 적정한 형식, 예컨대 법률에 정할지 대통령령으로 정할지 또는 부령으로[18] 정할지를 검토한 후에 정하게 된다.

그런데 이런 문제가 관행이 쌓이고 법의 형식으로 만들어지기 전에 구체적 사건에서 문제가 되었다고 가정해 보자. 그리고 어떻게 정하느냐에 따라 개인 간에 큰 재산이 걸려 있다고 해 보자. 누가 결정하는가? 누가 결정을 해야 하는가?

실정법이 없을 때 구체적 사건이 벌어졌다면 법원의 재판 과정에서 판사가 정할 수밖에 없다. 이를 조리(條理)라고 한다. 즉 조리란 이치에 맞도록 인간과 사물이 행동하거나 존재하는 상태로서, 실정법이나 관습법이 존재하지 않는 경우에 최종적으로 의지하여야 할 법원(法源)[19]이라고 할 수 있다. 즉 조리는 사람의 상식으로 판단이 가능한 사물이나 자연의 본질적 이치를 말한다. 경험칙, 사회통념, 사회적 타당성, 신의성실, 사회질서, 형평, 정의, 이성, 법에 있어서의 체계적 조화, 법의 일반원칙 등의 이름으로 표현되기도 한다. 우리 민법 제1조는 법원으로 "민사에 관하여 법률에 규정이 없으면 관습법에 의하고 관습법이 없으면 조리에 의한다."고 규정하고 있다. 이처럼 조리를 인정한다고 해도 법률과 관습법에 규정이 없을 때만 동원되는 기준이다. 이 또한 민사사건에서의 원

---

[18] 행정 실무에서는 대통령령을 시행령, 부령을 시행규칙이라고 한다.
[19] 법원(法源)이란 법이 어떤 형식으로 존재하는가를 의미한다. 재판을 담당하는 법원(法院)과는 한자가 다르다.

칙이고, 형사사건에서는 원칙적으로 형식적 의미의 법률만 법원으로 인정되고 관습 형법이나 조리는 인정되지 않는다. 이를 '죄형법정주의'라고 한다. 형법에 규정이 없다면 형법상 죄가 안 되고 무죄라는 의미다. 그러므로 죄형법정주의에서 '법'은 법률이라는 의미다.

[43] AI가 만든 것은 AI 것일까(인격과 법인격)

　인격(人格)이란 법적인 의미에서 권리와 의무의 주체가 될 수 있는 자격 또는 지위를 말한다. 권리능력 또는 권리의무능력이라고도 한다. 우리가 "저 사람은 인격이 있다." 또는 "인격이 높다."고 할 때의 인격은 고매한 품성을 의미하는데 법적으로 인격이란 일상용어의 인격과는 다른 개념으로 쓰인다.

　민법 제3조는 "사람은 생존한 동안 권리와 의무의 주체가 된다."고 하여 사람이 권리의무의 주체, 즉 인격이 있음을 규정하였다. 여기서 사람이라고 하는 것은 자연인을 의미한다. 그런데 사람, 즉 인(人)에는 자연인뿐만 아니라 법인도 규정되어 있다. 민법 제31조는 "법인은 법률의 규정에 의함이 아니면 성립하지 못한다."고 하였고, 같은 법 제34조는 "법인은 법률의 규정에 좇아 정관으로 정한 목적의 범위 내에서 권리와 의무의 주체가 된다."고 규정하였다. 이를 종합해서 보면 자연인은 당연히 권리의무의 주체가 되는데, 이와는 별도로 법으로 정하여 또 다른 권리의무의 주체인 '법인'을 만들어낸 것이다.[20]

　법인에는 민법상 비영리법인인 사단법인·재단법인[21]이 있으며, 영리법인으로는 상법상의 회사가 있다. 신체가 없고 정신작용이 없으므로 이와 관련된 권리를 제외하고 권리와 의무의 주체가 된다. 대체로 경제활동을 위한 권리들의 주체가 된다. 영업활동을 하거나 그 전제가 되는 재산을 소유하거나, 이를 위하여 소송을 수행하는 등의 권리와 법인세와 같은 세금을 낼 의무 등이 법인이 갖는 권리와 의무다. 법인의 이름으로 집회를 하거나 종교행사를 할 수도 있다. 그러나 자연인이 아니므로 신앙의 자유를 인정해 줄 필요는 없다. 공법인과 사법인의 구분도 있다.

---

[20] 민법 §31 "법인은 법률의 규정에 의함이 아니면 성립하지 못한다."
[21] 사단법인은 사람을 중심으로 하는 회원(사원)이, 재단법인은 특정한 목적을 위해 출연된 재산이 구성요소이다.

아무튼 산업사회가 발달하기 전에는 법인이라는 개념도 세상에 없었다. 물론 중세 유럽에서 이미 길드의 형태로 태동되었다고 보기도 한다. 그런데 근대에 들어와 프랑스 민법(1804)에서는 법인에 대한 규정이 없었으나, 독일 민법 시행(1900) 직후인 1901년 「비영리사단 계약법」에 의하여 법인격이 인정되었다. 시대가 변함에 따라 자연인 외에 또 다른 권리의무의 주체가 탄생한 것이다.

그런데 최근에는 또 다른 주체가 있어야 하지 않을까 하는 고민이 생긴다. 현재까지 민법상 권리의무의 주체는 자연인과 법인뿐이다. 하지만 요즘 AI가 발전에 발전을 거듭하고 있다. 그 발전 속도를 가늠하기 어려울 지경이다. 그래서 AI가 소설도 쓰고 그림도 그린다. 인간이 하던 대부분의 생산활동을 대체해 나간다. 그렇다면 이렇게 창작되거나 생산된 것의 소유권이나 지적재산권은 누가 갖는가? AI를 시켜서 생산한 사람? AI를 설계하고 만든 사람? 그건 지금이나 가까운 미래의 현상이고, 좀 더 먼 미래에 인간이 개입하지 않고서 AI가 스스로 어떤 예술품을 창작하거나 세상에 없던 기술을 개발해 냈다고 가정해 보자. 누가 그 권리를 가질 것인가? 법인처럼 이전에 없던 주체를 법적으로 만들어야 할지도 모르겠다.

AI가 인간들의 생산활동을 대부분 대체해 버린다면 AI에 세금을 매길 수밖에 없다. 이른바 유럽에서 요즘 논의되는 '로봇세(稅)'이다. 좀 더 포괄적으로 'AI세'라고 부를 수 있겠다. 이에 따라 대부분 실업자 신세가 된 인간들에게는 그렇게 거둔 세금으로 기본소득을 나눠줄 수밖에 없지 않을까? 그러면 AI를 만들고 이용할 수 있는 사람들과 그렇지 못한 인간들 간에 뛰어넘을 수 없는 간극이 생기고 인간이 두 종류의 인간으로 분화될지도 모르겠다는 미래학자의 생각이[22] 소름 끼치게 한다.

그렇게 먼 미래가 아니더라도 당장 AI를 이용해 미술대회에서 대상

---

22) 유발 하라리(Yuval Noah Harari, 1976~)의 「사피엔스」, 「호모 데우스」 등 참조.

을 받거나, AI를 이용해 만든 음악이나 사이버 모델 등이 이미 활동하는 사례가 보도되고 있다. 법은 사회변화를 따라갈 수밖에 없는 것이지만 법과 이러한 현실이 더 벌어지기 전에 어떻게 법으로 규율할 것인지 논의해야 한다. 우리나라는 이러한 AI 등 새로운 기술 발전에서 뒤처진다는 비판이 많은데, 한편 이에 대한 법을 마련하는 일에도 뒤처졌다는 비판을 덧붙이고 싶다. 법과 관련된 일을 하는 모든 사람들의 분발을 촉구한다.

[44] 자율주행자동차와 법(법과 정의)

고령자의 교통사고가 사회문제가 되고 있다. 단순히 고령자의 자가운전을 제한한다고 해결될 문제가 아니다. 시골로 가면 대중교통이 불편하므로 불가피하게 자가운전을 할 수밖에 없는 현실을 고려해야 한다. 그런데 현재 세계적으로 개발 중인 자율주행차의 기술적 완성도가 높아져 일상화가 되면 해결될 수 있을 것 같다. 그러면 모든 사람이 운전 스트레스를 받지 않게 될 것이다. 인간이 스스로 노동으로 마련해야 했던 의식주를 이제 기계가 대부분 대신해 주고 있다. 그런데 그렇게 절약된 시간이 어디로 갔을까? 조선시대보다 지금이 여가 시간이 더 많을까? 그렇지 않다고 한다. 집과 직장 등을 오가는 이동시간이 많아져서 결국 마찬가지라고 한다. 그런데 AI가 운전하는 완벽한 자율주행자동차가 일상화되면 이동시간을 활용해 인간이 더 풍부한 생활을 즐길 수 있게 될 것이다. 개인적으로 차를 소유할 필요가 없으므로 개인이 가지고 있는 주차 공간이 필요 없게 되어 그 공간도 취미생활을 위해 활용할 수 있게 될 것이다. 이런 식의 장밋빛 미래보다 우선 당장 해결해야 할 문제가 있다.

자율주행자동차의 일반화를 위해서는 기존에 교통질서를 해결하던 법적 체계를 어떻게 바꿔야 하는지가 문제 된다. 가장 먼저 고민해야 할 것은 교통사고가 났을 때 누구의 책임으로 할 것인가의 문제다. 아무리 AI가 운전하는 차라고 해도 고장이 나거나 오래되면 오류가 나서 사고가 날 확률은 있는 것이다. 그러면 그 자율주행자동차를 탄 사람의 과실인가 아니면 차를 만든 제조회사, 또는 그 차를 설계한 회사, 그 차를 현재 운용하고 있는 회사 등 누가 책임져야 할지 법률로 정해야 한다. 고민스러운 문제다. 현재의 논의로는 일단 사고확률은 인간이 운전할 때보다 줄어들 가능성이 크므로, 보험회사가 모든 사고를 보험처리 해 주는 것으로 논의가 모아지고 있다. 물론 아직 입법이 된 것은 없다. 이는 앞서 설명한 것처럼 법이 사회변화를 앞서갈 수는 없기 때문이다.

그런데 AI자동차의 설계 과정에서 더 어려운 문제가 예상된다. 운행 중 갑자기 지나가던 사람이 뛰어들어 충돌 위험이 감지된 경우 어떻게 반응하도록 설계해야 할까? 그냥 그 뛰어든 사람을 치고 지나감으로써 AI자동차를 타고 있는 사람을 보호해야 할까, 아니면 차를 옆으로 급회전시켜서 뛰어든 행인을 보호하고 탑승자를 다치게 해야 할까? 더구나 행인이 2명이고 탑승자는 1명일 때도 같은 결론일까? 반대의 경우는? 이때 행인을 보호하고 탑승자를 보호하지 않는 것으로 설계를 한다면 사람들이 자율주행자동차를 타고 싶어 하지 않을 것이다. 반대로 행인을 치더라도 탑승자를 보호하도록 설계한다면 사람들은 자율주행자동차를 거리에 돌아다니는 흉기나 잠재적 살인자로 인식하게 되고, 거리가 매우 위험한 곳이라고 생각하게 될 것이다. 인간이 운전한다면 운전자는 이런 문제를 고민하기 전에 본능적으로 운전자 자신을 보호하는 식으로 운전할 가능성이 크다.

이 문제는 결국 법학에서 이야기하는 '정의란 무엇인가'의 문제다. 이 경우 무엇이 정의인가는 가치관에 따라 결론이 달라질 수 있다. 법철학에서의 영원한 토론 주제이다. 정의를 표현할 때 칼과 저울을 든 정의의 여신 디케(Dike)의 동상으로 표현하는 것을 볼 수 있다. 그런데 디케의 여신상을 잘 보면 눈을 가리고 있다. 즉 감정이나 자기 자신의 이해관계를 떠나서 객관적으로 결정해야 한다는 표현이다. 실제로 위의 문제에 대하여 설문조사를 해 보면 행인, 그것도 어린아이라면 당연히 행인을 보호해야 한다는 의견이 많다. 그런데 그렇게 설계된 자율주행자동차는 타고 싶지 않다는 의견이 많다. 반대로 차 안에 자신과 아이가 같이 타고 있을 때는 어떨까? 자신은 집에 있고 자신의 아이만 태워서 학교를 보내는 상황이라면? 행인을 피하다가 인도를 지나던 다른 사람을 쳐도

될까? 그 인도에 있던 사람이 어린아이라면? 정말 끝없이 수많은 경우가 나올 수 있다.

    이 문제를 국가, 특히 국제적으로 의견을 모아 입법에 이르기까지는 엄청난 시간과 노력이 필요할 것으로 보인다. 생각건대 자율주행자동차를 기술적으로 완성하는 것보다, 이런 관련 법률을 마련하는 것이 더 오래 걸릴 가능성이 높다. 법학에서 정의(正義)라는 말을 정의(定義)하는 것은 어렵지 않지만, 실제 사례에서 무엇이 정의인가 결론 내리는 것은 정말 어렵다. 더구나 사회적 합의를 이끌어 내는 것은 불가능에 가깝다는 생각도 든다. 그럼에도 불구하고 사회적으로 합의를 하고 법을 만들어야 한다. 그것이 법의 숙명이다. 역사적으로 보면 사회적 합의가 전혀 안 될 것 같아도 길게 보면 해결된 사례도 많다. 법인을 인정하게 되고, 법인세를 걷게 된 것도 그렇다.23) 통일된 민법이 탄생한 것도, 헌법이 탄생한 것도 근대에 이루어진 '획기적인' 사건이다.

---

23) [43] AI가 만든 것은 AI 것일까(인격과 법인격) 참조.

[45] 싸움 말리다 싸움 된다(선의·악의, 제3자)

둘이 싸우거나 일방적으로 한 사람이 폭행당하는 현장에서 사람들이 멀뚱멀뚱 구경하는 동영상이 SNS에 자주 등장한다. 점점 더 각박해지는 사회상을 반영하는 것으로 생각된다. 물론 적극적으로 싸움을 말리거나 어려움에 처한 사람을 구한 사람들 이야기도 많다. 예전에는 그렇게 남을 돕는 것이 너무 당연한 일이라 여겨져서 별로 얘깃거리도 안 되었던 것이 요즘에는 SNS에서 화제가 되는 것이다.

그런데 말리지 않고 그냥 구경만 하는 사람의 심리는 "내가 공연히 끼어들었다가 가해자로 몰릴 가능성이 크다."는 생각일 가능성이 크다. 싸움의 당사자가 "제3자는 빠져!"라고 얘기했을 때 뭐라고 답할지 모르겠다고 생각하는 것이다. 그런데 "제3자는 빠져!"라고 했다면 법률용어로는 부적절한 용어에 해당한다. '제3자'라는 말은 일상용어로는 '당사자가 아닌 아무 이해관계가 없는 사람'을 의미하지만, 법적으로 이런 사람은 법률관계의 당사자가 아니라 정말 아무 사람도 아니다. 대신 '제3자'는 '당사자는 아니지만 이해관계가 있는 사람'을 의미한다.

이렇게 법률용어는 일상용어와 다른 것이 가끔 나온다. 일상용어와 다른 이런 법률용어를 모르고 법규정을 대할 때 일반인은 오해할 수밖에 없고, 그 의미를 알게 되면 당황하게 된다. 그래서 법을 알려고 한다면 자주 쓰이는 이런 법률용어들의 의미를 미리 알아두는 것이 필요하다. 왜 그렇게 일상용어와 다른 의미로 쓰는가? 앞에서 설명한[24] 바와 같이 풀어쓰면 문장이 장황하게 길어지기 때문이다. '제3자'를 매번 '법률관계의 당사자는 아니지만 이해관계가 있는 사람'이라고 풀어쓰면 문장이 너무 길어진다는 말이다. 그래서 '제3자'를 그렇게 쓰기로 법적으로는 미리 약속이 되어 있다.

---

[24] [7] 왜 법률용어는 한자투인가(법률용어의 기원) 참조.

법률용어에서 '선의(善意)'는 '착한 또는 좋은 의도로'라는 의미가 아니라, '어떤 사정을 모르고서'라는 의미다. 반대로 '악의(惡意)'는 '어떤 사정을 알고서'라는 의미다. 우리가 일상에서 쓰는 의미랑 전혀 다르게 쓰인다는 점을 주의해야 한다. 예컨대 상대방과 짜고 거짓으로 법적인 의사표시를 하는 것을 '통정한 허위의 의사표시'라고 하는데 이는 법적으로 효력이 없다(민법 §108①). 그런데 바로 뒤이어 "전항의 의사표시의 무효는 선의의 제삼자에게 대항하지 못한다(민법 §108②)."고 규정되어 있다. 예컨대 A가 부채를 갚기 싫어서 B와 짜고 서로 집을 팔고 사는 것으로 매매계약을 한 경우에 그 매매계약은 무효로 한다는 것이다. 이 경우 C는 그 사실을 모르고서 실제 주인이 아닌 B에게 전세보증금을 주고 전세를 들어갔다고 하자. 그 사실을 몰랐으니 '선의'이고, 전세를 살아야 하는 이해관계가 있고 따라서 A와 B의 매매계약의 '제3자'에 해당하므로, C에게는 무효라고 할 수 없다는 말이 된다. '선의'와 '제3자'의 의미를 모르면 민법의 이 조문의 의미를 이해할 수 없다.

또 민법은 '배우자가 악의로 다른 일방을 유기한 때' 재판상 이혼 사유가 된다고 규정하고 있다(민법 §840ⅱ).25) 여기서 악의로 배우자를 유기했다는 말은 배우자를 증오해서 혼자 놓아두었다는 말이 아니다. 다만 자기가 배우자를 혼자 버려두었다는 사실을 잘 알고 있다는 의미다. 구체적으로는 부양을 하지 않거나 무단 가출해서 장기간 연락을 끊은 경우 등이 해당한다.

일상용어와 다른 의미의 법률용어의 또 다른 예를 들어 보자. 민법의 개념 정의에 따르면 일상용어와 달리 물건은 유체물뿐 아니라 '전기 기타 관리할 수 있는 자연력'을 포함한다(민법 §98). 일상에서는 전기를 물건이라고 하지는 않는다. 또 고의(故意)는 일상용어로는 '일부러 하는 생

---

25) §840ⅱ는 '제840조 제2호'라고 읽는다. 참고로 ②는 항이라고 읽는다. 조 안에 여러 내용을 열거할 때 항과 호를 쓴다. 항에 여러 내용이 들어갈 때도 호를 쓰는데, 항은 "…한다."는 문장으로, 호는 단어나 "…할 것"으로 표기한다.

각이나 태도'를 의미하지만, 법적으로는 좀 더 나가서 '자기의 행위에 의하여 일정한 결과가 생길 것을 인식하면서 그 행위를 하는 심리상태'를 의미한다.

또 다른 사례. 요즘 SNS에서 많이 쓰이는 '개 이득' '개 쩔어'하는 말들에서 '개-'는 아마도 반려견을 떠올려서 만든 신조어인 듯하다. 그런데 원래 '개'자는 거짓말 가(假)자에서 온 말이다. 개살구, 개사과 등의 말에 남아 있다. 살구 같은데 살구가 아닌 것이 개살구이다. 그런데 법률용어로 '가처분', '가압류' '가등기' 등 '가'자를 붙이는 말들이 있다. 이런 용어에서 가는 '거짓말 가'자가 맞지만 그 의미는 거짓말이 아니라 '임시'라는 의미다. 가처분이란 민사집행법 제300조 제2항에서 "가처분은 다툼이 있는 권리관계에 대하여 임시의 지위를 정하기 위하여도 할 수 있다."라고 규정하고 있는 식이다. 한편 '가처분 소득'이라고 할 때의 '가'자는 할 수 있다는 가(可)자로 처분이 가능한 소득을 말하므로 전혀 다른 의미다. 그래서 한자를 공부하면 법률용어를 이해하는 데 도움이 된다.26)

---

26) [7] 왜 법률용어는 한자투인가(법률용어의 기원) 참조.

[46] "바람이 불면 나무통 장사가 돈을 번다"(인과관계)

 이른바 '묻지마 살인'이나 여성을 상대로 한 흉악범이 많아지는 현실에서 '여성 안심귀가길'을 지정하여 CCTV도 늘리고 순찰 횟수도 늘리는 등 각 지방자치단체별로 노력을 하고 있는 것은 다행이다. 그런데 2023년 서울 관악구 신림동 공원 둘레길에서 성폭행 살해 사건이 발생한 뒤, 구청의 여성 안심귀가길 예산을 전액 삭감한 최인호 관악구 의원을 향한 비판이 이어진 바 있다. 그런데 이러한 비난은 논리의 비약이다. 법적으로는 인과관계가 별로 없다. 왜냐하면 해당 구의원이 여성 안심귀가길 예산을 삭감했지만 대신 여성에 국한되지 않고 일반인도 안심하게 귀가할 수 있도록 더 보편적인 '안심 골목길 사업'을 추진하는 것이기 때문이다.

 다음 이야기를 들어보자. "바람이 불면 나무통 장사가 돈을 번다."는 말은 일본의 속담이다. 바람이 부는 것과 나무통 장사가 돈을 버는 것은 무슨 관계가 있을까? 바람이 불면 흙먼지가 일어난다. 먼지는 눈에 들어간다. 눈에 먼지가 들어가면 눈이 침침해진다. 눈이 침침해지면 샤미센[27]을 잘 연주할 수 없게 되고, 샤미센을 망가뜨린다. 샤미센이 망가지면 다시 만들어야 하는데 샤미센은 고양이 가죽으로 만들므로 고양이가 줄어든다. 고양이가 줄어들면 쥐가 많아진다. 쥐가 많아지면 곡식을 담아두는 나무통을 갉아 먹는다. 그러면 나무통 장사가 돈을 벌게 된다.

 그럴듯한 이야기다. 그러나 바람이 분 것이 나무통 장사가 돈을 번 원인이라고 할 수 있을까? 법적 분쟁에 있어서는 원인을 제공한 사람이 법적 책임을 져야 하는데 어디까지 책임을 져야 할지 정해야 한다. 단순히 원인과 결과만 따져 거슬러 올라가다 보면 위 이야기처럼 한없이 올

---

[27] 샤미센(三味線, しゃみせん)은 중국에서 전래된 일본의 대표적인 현악기로 일본민요의 반주나 근세 일본 음악의 대부분의 종목에 사용된다. 3현으로 이루어져 있으며 생김새가 기타와 비슷하다.

라가게 된다.

　예를 들어 A가 자동차를 운전하다가 앞에 달리던 B가 운전하는 차와 추돌사고를 냈다고 해 보자. 참고로 충돌사고는 마주 보고 달리다 서로 앞부분이 부딪힌 것을, 추돌사고는 같은 방향으로 달리다 뒤차가 앞차의 뒤를 들이받은 것을 말한다. A는 B가 그 자리에서 갑자기 천천히 가는 탓에 부딪혔다고 주장할 수 있다. 또 약속 시간에 늦어서 서두르다 그랬다고 할 수 있다. 자기에게 차를 살 수 있게 월급을 준 자기 회사 사장 탓이기도 하고, 차를 만들어 판 자동차 회사 탓이기도 하다. 신호등이나 서행운전 표지를 달지 않은, 사고 난 곳의 시청 탓이기도 하다. 또는 자신을 낳아 준 아버지가 없었다면 자신이 세상에 없었을 테고 사고도 없었을 것이다. 아버지의 아버지, 즉 할아버지가 아버지를 낳았기 때문이다. 결국 모든 것은 조상 탓, 세상을 만든 조물주(造物主)의 탓이다. 법적으로 이렇게 판단해서는 법적 책임을 물을 수 없고, 분쟁을 해결할 수 없다.

　이를 인과관계라고 한다. 무한히 인과관계를 거슬러 올라갈 수는 없으며 사회상규상 일반적으로 일어날 수 있는 정도까지 법적 책임을 묻는 것이 필요하다. 판례를 검토해 봐야 어느 정도까지 거슬러 올라가 원인행위를 인정하는 지 알 수 있다. 위 사례에서는 사고의 직접적 원인으로는 A의 운전부주의를 들어야 할 것이다.

　다른 예를 들어보자. 전세 사기를 당한 청년이 은행 빚을 갚을 길이 없자 스스로 생을 마감한 사건이 실제 발생하여 사회문제가 된 적이 있다. 이 경우 사기를 친 집주인에게 그 청년의 죽음에 대하여 법적 책임을 물을 수 있을까? 즉 살인죄로 처벌할 수 있을까? 일반적으로 생각해 볼 때 전세 사기 피해자가 모두 자살하지는 않는다. 그래서 살인죄는 물을 수 없고, 그냥 사기죄로 처벌할 수밖에 없다. 처음부터 사기의 의사가 있었던 것이 아니고 부동산 시세가 하락하여 보증금을 돌려주지 못하게 된 것이라면 사기죄로 처벌할 수도 없다. 물론 민사적으로는 사기를 칠 생각이 있었든 아니든 전세보증금을 돌려주어야 한다. 계약기간이 끝났다면 지연이자도 물어주어야 한다. 이때 전세보증금을 제때 돌려주지 못해서 다른 전셋집에 못 들어가게 되고 결과적으로 더 많은 돈을 들여서 또 다른 집을 구할 수밖에 없었다면 그에 따른 손해배상도 해주어야 한다. 이 정도까지는 사회적으로 인과관계가 인정된다고 생각된다.

[47] 상금을 나누는 방법(법률관계, 권리의 충돌, 다수결)

앞에서 설명한 바 있지만 인간은 법을 떠나서 살 수 없다.[28] 인간이 모여 살면 어떤 형태로든 관계가 형성된다. 가정에서는 부모-자식관계, 학교에서는 사제관계, 남자와 여자가 만나면 남녀관계가 된다. 이런 관계의 성질이 법이 적용되어야 하는 관계라면 이를 법률관계라 한다. 그런데 법은 단순한 OX 문제가 아니다.[29] 또 법률관계는 권리와 의무로 형성되어 있는데, 법률관계 당사자의 권리와 의무가 서로 충돌하는 경우가 많다.

예를 들어보자. 어떤 동네 유소년 축구단이 시장 주최 클럽대항전에서 우승을 했다. 상금으로 받은 1천만 원을 누가 어떻게 써야 할까? 사실 우승할 것을 전혀 예상하지 못했기 때문에 사전에 이 상금을 누가 쓸지 미리 얘기해 본 적은 없다. 예상 밖으로 우승한 다음에서야 상금의 용도를 이야기하기 시작했다. 그러면 서로 자기가 그 돈을 다 갖거나 남보다 더 가질 수 있는 방법을 제시한다. 감독인 A는 자신이 잘 훈련시키고 작전을 잘 짜서 이겼으니 자기가 가져야 한다고 한다. 2골이나 넣은 선수 B는 우승하는 데 자신이 결정적 역할을 했으니 자기가 자격이 있다고 한다. 골키퍼 C는 자신이 서너 번이나 선방을 하여 이긴 것이니 자신이 상금을 가져야 한다고 한다. 별로 내세울 것이 없는 D선수는 똑같이 나누어 가져야 한다고 한다. 이렇게 다양한 의견이 나오는데 누가 가져야 할까? 아무도 양보하지 않으면 서로 주먹다짐이 일어나고 힘이 센 사람이 가져갈 것이 분명하다. 사전에 상금을 나누는 방법을 미리 정해 놓았다면 이런 싸움이 일어나지 않을 것이다.

그래서 법을 미리 정해 놓아야 한다. 법을 만들어서 과거 사건에 적용하는 소급 적용은 원칙적으로 금지된다. 이렇게 이해관계가 서로 충돌

---

[28] [2] 법은 옷이다(법의 필수불가결성) 참조.
[29] [17] 법은 OX 문제가 아니다(법률관계의 복합성) 참조.

하는 것을 권리의 충돌이라고 한다. 법을 적용해서 결론을 내려야 하는 대부분의 경우 권리의 충돌이 일어난다. 이때 어떻게 이해관계를 조정할지 정해 놓은 약속을 법이라고 하는 것이다. 사건에 관련된 사람들, 즉 법률관계의 당사자들 사이의 이익을 서로 비교해 보아서 결정하는 것이 출발점이다. 이러한 원칙을 비교형량(比較衡量)의 원칙이라고 한다.

예컨대 앞의 사례에서 감독은 최근 급여가 밀려서 가족들이 어려움을 겪고 있는 데 비하여 선수들은 부모들이 건재하여 별 문제가 없다면 감독에게 좀 더 상금을 많이 나누어줄 명분이 생긴다. 다만 비교형량을 해서 어느 한 당사자는 하나도 못 받는 경우는 좀 달리 생각해 볼 수 있다. 이런 상황이 헌법상 기본권이 충돌하는 상황이라면, 기본권을 형량하여 한쪽만 보호하는 것은 그렇지 못한 사람의 기본권은 박탈되는 결과가 될 수가 있다. 그래서 최소침해의 원칙이나 실제적 조화의 원리가 다음으로 고려되는 원칙이다. 위 사례에 적용해 보면, A감독의 경제적 형편이 아무리 어렵다고 해도 A감독에게 상금 전액을 몰아주고 다른 사람들은 한 푼도 못 받는 것은 좀 피해야 하는 결론이라는 것이다. 그렇다면 A감독에게 상금 총액의 반인 500만 원을 주고 나머지 500만 원은 나머지 선수들이 똑같은 액수로 나눠 갖는 방식을 고려해 볼 수 있다. 물론 당사자들이 모두 합의하여 불우이웃 돕기 성금으로 전액을 낼 수도 있지만, 모든 사람들의 동의가 전제된다.

사람들이 많아지면 어떻게 전원이 의사의 합치를 이룰 수 있겠는가? 그래서 다수결 원리가 만들어진 것이다. 다수결이라는 것은 다수의 의사를 전체 의사로 간주한다는 것이다. 구성원이 다수결에 동의하기 위해서는 평등하게 참여하고, 앞으로 다수와 소수가 바뀔 가능성이 있고, 다수는 소수를 보호한다는 등의 전제조건이 있어야 한다. 그래야 다수결에서 밀린 소수가 승복하게 된다.

아무튼 법은 사전에 갈등을 해결할 기준을 구성원들 사이에 합의로 미리 정해 놓은 것이라고 이해하자.

[48] 춘향이 말하기를 "나는 몰라요"(비진의 의사표시)

앞에서 구성원 간에 미리 갈등을 해결할 기준을 미리 합의로 만들어 놓은 것이 법이라고 하였다. 법을 만들 때도 그렇고, 어떤 사건에 법을 적용할 때도 중요한 것은, 그 주체가 어떤 법적 효과를 원하는지이다. 즉 권리를 가지고 있는 주체의 의사표시에 따라 어떤 법적 효과가 나오는지가 정해진다. 예컨대 "나는 너에게 나의 집을 10억 원에 팔겠다."라는 의사표시를 하고, 상대방도 그 가격에 살 의사표시를 한다면 주택의 매매계약이 이루어지는 것이다. 이렇게 의사표시에 따라 법적인 효과가 나오는 것을 법률행위라고 한다. 그중 양쪽의 의사표시가 만나서 어떤 법적 효과가 나오는 것을 계약이라고 한다. 주택을 사고 팔기로 했다면 매매계약이 된다. 계약이 이루어지면 서로 권리와 의무를 나누어 갖게 된다. 집을 파는 사람은 집을 넘겨줄 의무와 대금을 받을 권리를 갖게 되고, 상대방은 대금을 넘겨줄 의무와 집을 넘겨받을 권리를 갖게 된다. 그런데 의사표시가 정확하지 않거나 오해를 불러일으키는 경우도 있을 수 있어서 이에 관하여 민법이 규정하고 있다.

춘향전에 나오는 다음 이야기를 들어보자. 춘향전에 보면 이몽룡과 성춘향이 처음 단옷날에 만나는 장면이 나온다. 그 장면의 끝부분에 다음과 같은 대화가 나온다.

춘향이 일어나며 부끄러이 여쭈오되,
 "세상인심 고약하니 그만 놀고, 가야겠소."
도련님 그 말 듣고,
 "기특하다. 오늘 밤 퇴령 후에 너의 집에 갈 것이니 괄시나 부디 마라."
춘향이 대답하되 "나는 몰라요."

이 대화에 앞서 이몽룡이 "성씨를 들어보니 하늘이 정한 인연일시 분명하다. 혼인하여 좋은 연분 만들어 평생 같이 즐겨보자."라고 프로즈를 하자, 춘향이는 "그런 분부 마옵소서." 하였다. 또 집이 어디냐는 질문에 "방자 불러 물으소서."라고 했고, 집으로 찾아가겠다는 말에 "나는 몰라요."라고 대답한 것이다.

문자적으로 이해하면 다 거절하거나 피한 것이 된다. 그러나 현실에서 남녀 사이에 이런 정도의 표현은 긍정이라고 생각할 수도 있지 않을까? 이렇게 겉으로 하는 말과 실제 속으로 생각하는 것이 다른 경우가 실제로 있을 수 있다. 이런 경우에 대하여 법적으로 어떻게 취급할지 정해 놓지 않는다면 서로 자기 멋대로 이해하고 나중에 다툼이 일어나게 된다. 그래서 이런 경우 법에 어떻게 취급할지 정해 놓았다.

민법은 '진의(眞意) 아닌 의사표시'를 규정하고 있는데, "의사표시는 표의자가 진의 아님을 알고 한 것이라도 그 효력이 있다. 그러나 상대방이 표의자의 진의 아님을 알았거나 이를 알 수 있었을 경우에는 무효로 한다."고 규정하였다(민법 §107①). 즉 민법에 따르면 춘향이가 거절의 뜻으로 얘기한 것은, 속으로 프로즈를 받아들인다고 생각하면서 말했다고 하더라도 법적으로는 거절이라는 의미다. 다만 이몽룡이 춘향이의 진심, 즉 프로즈를 받아들인다는 것을 알았거나 알 수 있었다면 거절의 의사표시는 무효이고 긍정의 효력이 있다는 것이다. 춘향전을 보면 이몽룡이 그날 밤 춘향의 집에 가서 만나는 과정이 나온다. 이몽룡도 춘향이 못지않은 '선수'라서 당연히 춘향의 속마음인 긍정의 의사를 알았거나 알 수 있었을 것이다. 집으로 찾아간다는 말에 "나는 몰라요."라고 대답한 것은 일단 법적으로는 "정말 모른다. 와도 되는지 안 되는지 나는 아무 생각(의사)이 없다."라는 의미다. 하지만 이몽룡이 춘향이가 사실 와도 된다고 말한 것을 알았고, 실제로 찾아갔을 때 춘향이 거절하지 않은 것을 보면 "나는 몰라요."가 정말 모른다는 말이 아니라

'진의 아닌 의사표시'에 해당된다.

그런데 민법 §107②은 "전항의 의사표시의 무효는 선의의 제삼자에게 대항하지 못한다."라고 규정하였다.[30] 이는 춘향의 진심을 알 수 없었던 제3자에게는 효력이 없다는 의미다. 만약 변사또가 옆에서 춘향이와 이몽룡의 대화를 듣고 있었는데 춘향의 진심을 정말 몰랐다면, 춘향이와 이몽룡이 결혼하기로 한 것을 법적으로 변사또에게 주장할 수 없다는 의미이다. 실제 춘향전에는 변사또가 춘향의 정절을 인정하지 않는다. 춘향이와 이몽룡이 결혼한 사실을 지금처럼 '가족관계등록부'에 기재하는 것도 아니고 그저 사람들이 말하는 것만 가지고 판단해야 하는데, 당사자인 춘향이와 사람들의 말을 믿을 수 없다는 것이다. 우리 민법에 따르면 변사또의 태도가 일면 이해가 된다.

---

[30] [45] 싸움 말리다 싸움 된다(선의·악의, 제3자) 참조.

[49] 이팔청춘 이몽룡과 성춘향(만나이, 연나이, 세는 나이)

앞의 항목에서 성춘향과 이몽룡이 만나는 장면을 예로 들었다. 그런데 이들이 이때 몇 살인데 이렇게 대놓고 만남을 추구하는가? 원문에는 이들이 '이팔청춘'이라고 하였다. 이팔청춘이라면 2×8=16, 즉 16세다. 우리 민법은 19세가 되어야 성인이 된다고 규정하였고(민법 §4), 결혼을 할 수 있는 나이는 18세로 규정하였다(민법 §807). 그러나 미성년자는 부모의 동의를 얻어야 결혼할 수 있으므로(민법 §808①), 18세에 결혼하려면 부모의 동의가 필요하다. 그런데 춘향이와 이도령의 나이는 16세로 결혼할 수 없는 나이다. 민법이 개정되기 전에는 남자는 18세, 여자는 16세가 되면 부모의 동의를 얻어서 결혼할 수 있었으나 현행 민법은 이를 통일하여 18세로 규정하였다.

그렇다면 개정 전 민법에 따르면 춘향이는 결혼할 수 있었을까? 그렇지 않다. 법률에 규정된 것은 특별한 규정이 없는 경우 모두 만 나이를 의미한다. 따라서 우리 식의 세는 나이로 표현된 춘향이의 나이는 15세 또는 14세였을 것이다. 따라서 개정 전 민법에 따르더라도 법적으로는 결혼할 수 없는 나이다. 그런데 그 나이라면 지금으로 치면 중학교 3학년에 해당한다. 그 나이에 벌써 결혼을 약속하고 사귄다는 것이 말이 안 된다고 하거나 꽤 조숙했다고 생각해 볼 수 있다. 그러나 소설 속의 이야기이고, 조선시대가 배경이므로 그러려니 하고 넘어가자.

한편 우리 현행 법률에는 '연 나이'라는 것이 있다. 청소년보호법에 따르면 청소년은 19세 미만인 사람이다(같은 법 §2 ⅰ). "다만, 만 19세가 되는 해의 1월 1일을 맞이한 사람은 제외한다."고 덧붙여 규정하고 있다. 즉 19세가 되는 해의 청소년은 청소년이 아니라 성인으로 보겠다는 말이다. 만 19세라면 대개 대학 1학년에 해당한다. 그런데 성인만 음주를 할 수 있으므로 같은 학년인데 일부는 음주가 가능하고, 생일이 안 지난 사람은 불가능하다는 결론이 된다. 실제로 일일이 주민등록증을 확인한 후 달리 취급해야 하는 것이 너무 불편하여 생긴 규정이라고 보면 된다.

 정부는 2023년 행정기본법과 민법 관련 규정을 개정하여 '세는 나이'를 쓰지 않는다고 선언하였다.[31] 이미 모든 법률에서 쓰는 나이는 만(滿) 나이로 통일되어 있었고, '세는 나이'는 법적으로 쓸 일이 거의 없었다. 혹시 사용한다면 '세는 나이'라고 밝혀야 했다. 또 위의 청소년보호법 이외에도 초등학교 취학아동은 초·중등교육법에 따라 '6세가 된 날이 속하는 해의 다음 해 3월 1일'이 기준이다(초·중등교육법 §13①). 병역법도 연 나이로 계산하고, 「공무원시험 임용령」에 따른 응시연령도 연 나이가 기준이다. 이렇게 특별한 이유가 있는 경우에는 이전과 마찬가지로 다른 나이를 기준으로 적용한다. 그리고 이런 경우 그 법에 만 나이가 아니라는 점을 명시적으로 밝히고 있다.

 그러므로 법률을 개정하여 "모든 한국 사람은 만 나이로 바뀐다. 그래서 한 살이 젊어진다."는 말은 정치인들의 구호였을 뿐이다. 그리고 법적으로 만 나이를 쓰는 것을 다시 한번 강조했다고 해서 우리가 실생활에서 '세는 나이'를 안 써야 할 이유는 없다. 우리 관습이 바뀌는 데는 세월이 더 필요하다. 특별한 이유가 없으면 굳이 법으로 바꿀 필요가 있는지도 생각해 보아야 한다.[32] '세는 나이'는 다른 나라에서는 별로 사례가 없는 것이다. 하지만 엄마 뱃속에서의 1년[33]동안을 이미 사람으로 취급하는 독특한 인간 존중의 문화적 유산이므로 긍정적으로 볼 수 있다고 생각한다.

---

31) 언론에는 '만 나이 통일법'이라고 소개되었으나 별도의 단행법이 아니다.
32) [24] 개고기 식용금지, 왜?(과잉입법) 참조.
33) 실제로는 평균 266일(38주)이라고 한다.

[50] 주차금지와 정차(법의 해석)

거리에 보면 '주·정차 금지' 팻말이 붙어 있는 경우가 있다. '주·정차 금지'란 주차와 정차가 금지된다는 의미다. 주차란 "운전자가 승객을 기다리거나 화물을 싣거나 차가 고장 나거나 그 밖의 사유로 차를 계속 정지 상태에 두는 것 또는 운전자가 차에서 떠나서 즉시 그 차를 운전할 수 없는 상태에 두는 것을 말한다(도로교통법 §2 제24호)." 이에 비하여 정차란 "운전자가 5분을 초과하지 아니하고 차를 정지시키는 것으로서 주차 외의 정지 상태를 말한다(같은 법 §2 제25호)." 법률에 길게 설명이 되어 있지만 쉽게 말해 5분 이상 차를 세워 놓으면 주차이며, 그보다 짧은 시간 세워 놓으면 정차라고 이해하면 된다. 도로교통법은 '주차와 정차의 금지(같은 법 §32)'와 '주차금지의 장소(같은 법 §33)'를 상세히 구분해 놓고 있다. 그런 전문적인 구분은 주·정차 단속을 해야 하는 단속공무원들이 알아야 할 일이고, 일반인들은 통상 단속표지판이 있는지 없는지로 구분한다. 그래서 표지판도 '주차금지'나 '정차금지'라고 써 놓지 않고 '주·정차 금지'라고 하는 것이다.

현실은 그렇다 치고 예를 들어 '주차금지'라고 쓰여 있는 곳에 정차하는 것은 가능할까? 아니면 반대로 '정차금지'라고 쓰여 있는 곳에 주차하는 것이 가능할까? 주·정차를 금지하는 이유는 다른 사람들의 통행이나 활동에 지장을 주지 않기 위해서라고 하겠다. 그렇다면 주차는 정차보다 더 심하게 지장을 주는 행위이다. '주차금지'라고 해 놓았다면 잠깐의 정차 정도는 괜찮다는 의미일 것이다. 그러므로 '주차금지'라고 쓰여 있는 곳에 정차하는 것은 가능하다고 할 수 있다. 반면에 '정차금지'라고 쓰여 있다면 잠깐의 정차도 금지시키는 것이므로, 정차보다 더 타인의 활동을 방해하는 주차는 당연히 금지되는 것으로 해석되어야 할 것이다. 이는 법률해석의 문제로 논리해석이라고 한다. 위 사례는 논리해석 중 당연해석이라고 부른다. 이런 식으로 법규의 문언에 나타난 내용만으로 법적인 결론이 단순히 나오는 경우는 드물고, 여러 가지 논리적 사고를 거쳐서 그 법의 의미를 밝히게 된다.

법률의 내용을 이해하는 데 유용한 몇 가지 해석방법을 더 알아보자. 많이 쓰이는 해석방법 중에 반대해석이라는 것이 있다. 법문에 나와 있지 않은 것은 법문의 내용과 반대라고 해석하는 방식이다. 예컨대 민법 제827조 제1항은 "부부는 일상의 가사에 관하여 서로 대리권이 있다."라고 규정하고 있다. 이를 부부의 '일상가사대리권'이라고 한다. 일상의 생활과 관련된 사항은 서로 대리권이 있어서 대신할 수 있다는 말이며, 그에 대해서는 공동으로 책임을 진다는 말이다(같은 법 §832).[34] 예컨대 부인이 동네 슈퍼마켓에서 외상으로 쌀을 사 왔는데, 남편은 이를 사전에 몰랐더라도 부인뿐 아니라 남편도 외상값을 갚아야 할 법적 책임이 있다는 의미다. 그런데 이에 대하여 반대해석을 해 보면, 일상가사가 아닌 경우에는 대리권이 없고 법적 책임이 없다는 뜻이다. 남편이 부인 몰래 돈을 꿔서 주식투자를 했다면 이는 일상가사라고 할 수 없고, 부인은 갚을 법적 책임이 없다고 해석하는 것이다.

한편 '반려견 출입금지 까페'라면 '반려묘'도 당연히 출입을 금지한다는 의미로 해석할 수 있다. 이를 물론해석이라고 한다. 또 유추해석(類推解釋)이란 어떤 사항에 관하여 명문의 규정이 없는 경우에 법의 취지가 같거나 비슷한 사항을 규정하는 다른 법규정을 가져다 적용하는 것이다. 민사사건에서는 어느 정도 허용되나 엄격히 해석해야 하는 공법, 특히 형사법에서는 유추해석이 원칙적으로 금지된다.

너무나 많은 법률 해석의 방법과 원칙이 있으므로 여기서 다 소개할

---

34) 민법 §832 "부부의 일방이 일상의 가사에 관하여 제삼자와 법률행위를 한 때에는 다른 일방은 이로 인한 채무에 대하여 연대책임이 있다. 그러나 이미 제삼자에 대하여 다른 일방의 책임없음을 명시한 때에는 그러하지 아니하다." 여기서 "채무에 대하여 연대책임이 있다."는 것을 연대채무라고 한다. 연대채무는 채무자가 채무 전부를 각자 이행할 의무가 있고 채무자 1인의 이행으로 다른 채무자도 그 의무를 면하게 되는 것을 말한다(민법 §413).

수는 없다. 더 자세한 것은 전공책에서 확인하자. 다만 법의 해석과 관련된 중요한 분류 하나 짚고 넘어가자. 위에서 본 것과 같은 해석들은 무권해석 또는 학리해석이라고 한다. 학자들이나 일반인들도 얼마든지 법을 해석할 수 있다. 그러나 다수의 지지를 받는 해석이라야 의미가 있으며, 다른 사람들이 지지하지 않는 해석이라면 별 의미가 없을 것이다. 이에 비하여 국가기관의 법률해석은 다수의 지지를 받든 못 받든 그 결과대로 법이 집행된다. 이를 유권해석이라고 한다. 행정기관의 해석은 행정해석, 법이 무엇인지 판단하고 선언하는 법원의 해석은 사법해석이라고 한다. 입법해석은 또 다른 입법이므로 또다시 해석이 필요하다. 유권해석이 실제 집행되므로 중요한 것은 맞지만 해석 내용이 절대적으로 옳다고 할 수는 없다. 국가기관의 구성원, 즉 유권해석의 담당자도 공무원이므로 결국 사람일 뿐이기 때문이다. 그러므로 유권해석은 학자들의 해석인 무권해석(학리해석)을 참조하게 된다. 따라서 유권해석과 무권해석은 각각 중요성이 있으며 상호작용을 한다. 이 둘이 활발하게 소통하고 영향을 줄 때 합리적인 법률해석이 자리 잡게 되고 국민의 권리가 잘 보장될 수 있는 것이다.

[51] '검수완박법'(예시와 열거)

이른바 '검수완박법'은 '검찰 수사권 완전 박탈법'을 줄여서 이르는 말이다. 우리나라 형사사건은 경찰의 수사를 거쳐 검찰이 기소 여부를 결정하고 판사가 재판에서 유죄 여부를 확정하는 구조이다. 여기서 검찰은 경찰의 수사를 바로잡거나 직접 수사를 할 수도 있는 등 지나치게 큰 권한을 가지고 있어서 견제가 어렵다는 비판이 있었다. 이에 문재인 정부 당시인 2020년 검찰청법을 개정하여 검찰의 직접수사권을 6대 범죄(부패·경제·공직자·선거·방위사업·대형참사)로 제한하였다. 그런데 이 6대 범죄의 범위가 모호하고 지나치게 넓어서 완전히 검찰의 수사권을 제한하자는 의견이 대두됨에 따라 2023년에는 '부패범죄, 경제범죄 등 대통령령으로 정하는 중요범죄'로 검찰의 수사범위를 더욱 제한했다. 그런데 이 과정에서 대통령이 바뀌었고[35] 국회 법제사법위원회의 안건조정위원회를 비껴가기 위해 제1당인 더불어민주당의 민형배 의원이 민주당을 탈당해 비교섭단체 몫의 조정위원으로 선임된 일이 발생하기도 했다. 근원적으로는 이 '검수완박법'의 통과를 위해 소수당들의 협조가 필요한 다수당인 민주당이 의석수 불이익을 감수하면서 국회의원 선거제도를 '준연동형 비례대표제'로 개정한 것이기도 하다.[36]

그런데 검찰 수사권을 두 가지로 축소하는 과정에서 여당이지만 소수당인 국민의힘이 반발하였고, 여야가 대립하는 과정에서 초안이었던 '부패범죄, 경제범죄 중(中)'이란 말이 '부패범죄, 경제범죄 등(等)'으로 바뀐 것이 문제였다.[37] 그 과정은 정확히 알려져 있지 않고 다급히 법안을 처리하는 과정에서의 실수로 추측된다. 그러나 이 한 글자의 변화는 엄청난 차이를 가져왔다. 법률이 개정된 후 대통령령을 개정하여 공직자

---

35) 윤석열 대통령은 2022년 5월 취임했다.
36) 패키지 입법의 문제점은 [68] 패키지 입법과 특별법 전성시대(입법) 참조.
37) 검찰청법 §4① i 가 "부패범죄, 경제범죄 등 대통령령으로 정하는 중요 범죄"

범죄 중 '직권남용', '허위공문서작성' 등은 뇌물 등과 함께 부패범죄에 포함시켰다. 선거범죄 중 '매수 및 이해유도', '기부행위' 등도 금권선거 유형으로서 부패범죄에 포함되었다. 마약류 유통 관련 범죄와 서민을 갈취하는 기업형 조폭, 보이스피싱 등 경제범죄를 목적으로 하는 조직범죄는 '경제범죄'로 분류돼 검찰의 직접수사 범위로 들어갔다. 무고·위증죄 등은 중요범죄인 '사법질서 저해범죄'로 규정돼 검찰의 직접수사 범위에 포함되었다.[38] 이에 여소야대 상황인 정치권에서 심각한 갈등과 논쟁이 촉발되었다.

  여기서 검토해 볼 것은 '등(等)'이라는 말의 역할이다. 법률의 내용에 여러 가지 내용이 들어가는 경우 이를 법조문에 표시할 때 두 가지 방식이 있다. 조문에 나오는 내용만 해당하고 성격이 비슷한 다른 것이 있다고 해도 그 조문을 적용할 수 없는 경우가 있는데, 이를 열거(列擧)라고 한다. 앞에서 유추해석은 형법에서 원칙적으로 금지된다고 했는데 죄형법정주의에 따라 벌을 받아야 하는 범죄의 유형을 명확히 규정해야 하는 형법에서는 원칙적으로 범죄를 열거하는 것이다. 그 밖에도 조직법이나 절차법(소송법)은 규정을 엄격히 해석해야 할 뿐만 아니라, 조문에 나오는 것들을 열거하는 경우가 많다.

  반면에 몇 개 사항을 들고 성격상 허용된다면 다른 사항도 거기에 포함될 수 있는 경우를 예시(例示)라고 한다. 어떤 내용이 예시라고 해석되기 위한 가장 중요한 단어가 위에서 본 '등(等)' 또는 '기타'이다. "소, 돼지, 닭 등 식용으로 하는 가축의 고기는 위생상 청결하게 처리해야 한다."는 규정이 있다고 하자. 이는 예시로 봐야 하기 때문에 양고기도 여기 포함되어 적용할 수 있다.

  물론 열거와 예시는 여러 가지 해석의 원칙에 따라 종합적으로 판단해야 하므로 절대적인 기준이라고 할 수는 없다. 그런데 위 '검수완박

---

38) 대통령령인 「검사의 수사개시 범죄 범위에 관한 규정」 §2에 규정되었다.

법'에서는 '등'이라는 말이 들어갔기 때문에 이를 근거로 대통령령으로 폭넓게 검사의 수사권을 확대할 수 있게 된 것이다. 그래서 그 대통령령(시행령)을 '검수완복'(검찰수사권 완전 복귀)이라고 비아냥거리는 말도 나온다. 아무튼 국민생활과 밀접한 관련이 있는 검찰 수사권이야말로 국민의 공감대를 얻도록 여야가 장기적인 토론과 협의를 통하여 정할 일이지 일방적으로 정할 일은 아니다. 이렇게 하면 결국 정권이 교체되면 내용에 상관 없이 또다시 이전으로 돌리려는 정치투쟁의 대상이 되기 때문이다.

Ⅳ. 법에는 어떤 것들이 있을까

[52] 수호지의 양산박(국가·국민주권·대의제)
[53] 헌 법과 새 법(헌법개정)
[54] 나찌와 히틀러(민주주의와 중우정치)
[55] 모든 것은 대통령 탓?(국민의 주권과 책임)
[56] 속도 무제한 아우토반(법치국가원리)
[57] "대한민국은 남녀공화국이다"(평등권, 평등의 원칙)
[58] 사교육 문제의 완벽한 해결 방안(실질적 평등)
[59] "화이트 크리스마스를 만들어 주세요"(기본권의 효력)
[60] 누구를 먼저 구할까(생명권)
[61] "빨갱이가 되라"(사상의 자유)
[62] 하드리아누스 황제와 시인 플로루스(언론의 자유)
[63] "빨리 대학생이 되고 싶어"(교수의 자유)
[64] 인구절벽과 대한민국 소멸(사회권)
[65] 정권교체의 4가지 방식(민주주의와 선거)
[66] 선거의 일상화(대통령제와 책임정치)
[67] 왕과 대통령(권력분립, 입법·행정, 정당)
[68] 패키지 입법과 특별법 전성시대(입법)
[69] 세금이 없는 북한(세법·납세의무)
[70] 발명특허는 확인, 운전면허는 허가(행정행위)
[71] 잘 먹고 잘 사는 법(민법과 상법)
[72] 대동강 물을 팔아먹는다고?(소유권·계약·채무, 사기)
[73] 팥죽 한 그릇에 장자권을 판 에서(계약의 무효)
[74] 합스부르크 왕가의 비극(혼인의 범위)
[75] 게을러터진 흥부네(상속, 유류분, 근로연령)

[76] 눈에는 눈 이에는 이(복수와 국가형벌권)
[77] 양육비 거부자의 신상공개?(자력구제·정당방위·긴급피난)
[78] 마약죄와 도박죄의 공통점(국가형벌권)
[79] 자식은 남이다(형사책임 개별화, 연좌제)
[80] 슬기로운 감방생활(형의 집행)
[81] 카인의 후예(형벌, 살인·살인미수·살인예비)
[82] 재크와 콩나무(살인과 절도, 아동학대)
[83] 홍길동과 알리바바(절도죄와 강도죄, 장물죄)
[84] 잠자는 숲속의 공주(성희롱·강제추행·강간)
[85] 심봉사를 도와주자(사회복지)
[86] 성냥팔이 소녀(노동관계법)
[87] 허생전의 곶감(공정거래법·물가안정법)
[88] '악보팔이' 모차르트(저작권·지적재산권)
[89] 이스라엘-하마스 전쟁은 누가 책임질까?(국제법과 국제사법)

Ⅳ. 법에는 어떤 것들이 있을까

[52] 수호지의 양산박(국가·국민주권·대의제)

여기서부터는 개별 법들을 살펴보게 되는데, 대체로 헌법과 행정법, 민법과 형법, 기타 법률들의 순서로 설명한다. 개별 법의 특징을 알기 위해서 몇 가지 에피소드를 중심으로 설명해 나가되, 자세한 것은 전공서적에 미룰 수밖에 없다.

중국의 고대 고설 '수호지'[1]는 북송 때 영웅호걸들의 이야기를 그리고 있다. 양산박이라는 곳에 송강을 비롯한 108명의 호걸들이 모여서 부패한 조정에 대항하는 이야기다. 그런데 이들에게는 땅이 있고 조직이 있고 백성들이 있다. 그러면 국가인가? 결론적으로 국가라고 하기는 어렵다. 소설 속의 이야기이기도 하지만 공간적으로 양산박을 포함한 더 넓은 범위에 송나라가 있으며, 거기에 황제가 있고 조정이 있는 것이다. 실제로 일어난 반란과 도적들의 이야기가 허구로 결합된 것이라고 하는데, 만약 반란이 성공하여 새로운 왕조를 열었다면 달리 평가할 수도 있겠다. 헌법에서 국가라고 하면 국민·주권·영토를 갖추고 있어야 한다. 이것들을 국가의 3요소라고 한다. 그런 의미에서 수호지의 양산박은 주권을 제대로 갖추지 못해서 아직은 국가라고 하기 어려운 것이다.

주권(主權)은 한 나라 안에서 대내적으로 최고의 권력이며, 대외적으

---

[1] 왕조 중심의 이야기인 삼국지나 초한지의 지(誌)가 아니라 영웅들의 이야기이므로, 중국에서는 전(傳)자를 써서 '수호전'이라고 한다.

로 독립성을 담보할 수 있는 권력으로, 시원적(始原的)[2]이고 불가분의 성격을 가진다. 서로마 멸망 이후 중세 유럽은 기독교가 지배하고 있었고, 여러 국가 위에 유럽 전체를 아우르는 교황의 권력이 있었기 때문에 주권 개념이 별로 주목을 받지 못했다. 그러다가 종교개혁과 시민혁명을 통하여 근대 시민국가들이 형성되면서 주권 개념이 주목받게 된 것이다. 봉건시대와 시민사회의 교체기에는 혼란을 잠재우기 위하여 주권은 군주(왕)가 가지고 있다는 군주주권론이 주창되기도 하였다. 그러나 미국의 독립(1776)과 프랑스 대혁명(1789) 등 시민혁명에 의해서 국민이 주권을 가지고 있다는 국민주권론이 일반적으로 받아들여지게 되었다.

주권을 가지고 있는 국민은 국가의 주인이다. 그러나 국민이 왕을 대신하여 국가를 통치할 수는 없었다. 국민의 숫자가 너무나 많아서 어떤 일을 결정하기 위하여 그 의사를 확인하기 어렵고, 또 의견이 분분하여 하나의 의사로 통일하기 어렵기 때문이다. 그래서 국민은 주인인 것이 맞지만 국가의 통치권을 대의기관에 맡기게 되었는데, 대통령이나 의회가 그것이다. 이를 대의제(代議制) 또는 대의민주주의라고 한다. 국민을 대신하여 국가의사를 결정하는 것이므로 단순히 국민의 의사를 그대로 반영하는 기관이 아니다. 예컨대 세금을 내고 싶어 하는 국민은 거의 없을 것이다. 대부분의 국민이 세금을 내고 싶어 하지 않으므로 국회가 세법을 모두 폐지한다면 어떻게 될까? 국가가 문 닫을 수밖에 없다.

그런데 대통령이나 의회가 국민을 대신하여 국가를 통치할 때 국민의 의사와 상관 없이 통치한다면 이전 시대의 군주(왕)와 다른 바가 없다. 그래서 국민은 국민의 의사를 헌법을 비롯한 법으로 만들어서 대의기관이 국가를 운영하는 기준으로 제시한다. 물론 국민은 대통령이나 국회의원에게 임기 동안만 위임을 하는 것이고 다음 선거를 통하여 이들을 재신임하거나 새로운 사람으로 바꿔버릴 수 있다. 그래서 선거야말로

---

[2] 외부에서 유래한 것이 아니라 여기서부터 모든 권력이 시작된다는 의미다.

국민주권, 즉 국민이 국가의 주인임을 나타내는 거의 유일한 기회가 된다.

우리나라는 대통령 단임제이므로 다음 선거에서 책임을 물을 수 없는 것 아닐까? 그런 면이 없지는 않다. 다만 소속 정당이나 세력에 대하여 다음 선거에서 책임을 묻는다고 이해하여야 한다. 그러기 위해서는 우리나라 정당이 인물 위주가 아니라 정책 위주로 결성되고 계속성이 있어야 한다. 다만 그런 면에서 우리의 정치 현실은 매우 아쉽다.

현대 국가 중에서 스스로 민주주의 국가가 아니라고 하는 나라는 거의 없다. 사우디와 같은 왕국이 몇 개 있기는 하다. 물론 왕국이라고 표기는 하지만 왕이 실질적으로 통치하지 않는 영국이나 일본 같은 나라는 민주국가로 분류된다. 심지어 북한도 정식 명칭을 '조선민주주의인민공화국'이라고 할 만큼 민주주의는 보편적 개념이 되었다. 그러나 민주주의의 실질은 각국이 다양하다.

[53] 헌 법과 새 법(헌법개정)

법학에서는 '새 법'이라고 하지는 않는다. 마찬가지로 '헌 법'이라는 말도 안 쓴다. 관행적으로 구법과 신법이라고 표현한다. 다만 우리나라에서 효력 상 가장 위에 있는 헌법의 경우, 만든 지 이미 40년을 바라본다. 현행 헌법은 1987년에 만든 것이다. 이승만-박정희-전두환으로 이어지는 장기집권과 권위주의 정권을 종식시키려는 국민의 열망이 터져 나온 '6·10 민주항쟁'(6월 민주화운동)의 결과물이 현행 헌법이다.

그런데 한번 법을 만들고 나서 언제까지 그냥 있는 것은 아니다. 사회의 변화에 따라 개정이 필요하다. 실생활에서 많이 쓰이는 법은 자주 개정이 된다. 실제 법을 적용하다 보면 입법 당시에 미처 생각하지 못했던 문제점들이 발견되기 때문이다. 물론 사회가 변하여 상황이 바뀐 탓이기도 하다. 비교적 내용이 자주 바뀌는 공직선거법이나 국회법을 살펴보자.

공직선거법은 1994년 기존의 대통령선거법·국회의원선거법, 지방의회의원선거법 및 「지방자치단체의 장 선거법」 등 4개의 선거 관련법을 통합하여 「공직선거 및 선거부정방지법」이란 이름으로 제정·공포되었다. 그 이후 현재까지 100여 차례나 개정이 되었다. 매년 3번 이상씩 개정된 셈이다. 2018년에는 한 해에 무려 9회나 개정되었다. 그만큼 우리의 법 생활에 많이 쓰였다는 말로 이해할 수 있다. 선거운동 등 사회변화에 민감하게 반응한 것이기도 하지만, 정치권에서 그만큼 법에서 빠져나갈 구멍을 많이 찾아냈다는 말이기도 하다.

한편 1948년 제정된 국회법은 공직선거법 이상으로 수많은 개정을 거쳤다. 여야의 대립 속에 국회의 활동 중에 발생한 수많은 문제를 해결하기 위해서지만 국회의 활동 상황을 보면 아직도 갈 길은 멀기만 하다. 역시 법으로 모든 문제가 해결되는 것이 아니라는 사실을 보여줄 뿐이다.

이에 비하여 헌법은 1948년 제정된 이래 9회의 개정을 거쳤다. 더구나 최근 개헌이 이루어진 1987년 이래 많은 세월이 흘렀다. 이제 헌법은 '헌-법'이 되었다고 할 수 있다. 그러다 보니 그동안 바뀐 현실을 제대로 반영하지 못하는 부분이 점점 많아지고 있다. 예컨대 국내 거주 외국인이 점점 늘어날 수밖에 없는 현실에서 외국인의 기본권 주체성은 명확히 선언되지 않았고,3) 미래세대의 기본권도 규정되었으면 좋겠지만 언급이 없다. 요즘 당연히 보장되어야 한다고 생각하는 '일조권'이나 '휴식권'도 규정이 없다. 그러나 헌법이 개정되지 않고 있는 것은, 앞에서 본 공직선거법이나 국회법과는 상황이 다르다. 즉 개정 필요성이 적어서 개정되지 않는 것이 아니다.

먼저 미국 사례를 살펴보자. 미국에서는 심심치 않게 총기사고로 사망자가 나오는 이유가 뭘까? 미국헌법에 '시민의 자유로운 총기휴대권'이 기본권으로 규정되어 있는데(미국 연방헌법 수정 §2), 헌법개정 절차가 너무 까다롭고 시간이 많이 걸린다는 점이 지적된다. 물론 미국총기협회(NRA)의 로비 때문이기도 하다. 미국 연방헌법은 1987년에 제정되었는데, 당시는 서부 개척이 완료되기 전이었다. 영국과도 전쟁이 완전히 끝난 것이 아니고 인디언들과 싸우면서 서부로 나갈 때였다. 따라서 국가가 시민들을 제대로 보호해 주지 못하므로 시민 스스로 무장해서 지키는 것을 헌법이 보장했던 것이다.

우리 헌법으로 돌아가 보자. 우리 헌법은 헌법개정 절차로서 대통령 또는 국회가 제안하여 국회에서의 의결과 국민투표를 거쳐서 개정하도록 하고 있다. 그런데 국회에서의 의결은 재적의원 3분의 2 이상의 찬성이 필요하다(헌법 §130①). 그런데 극단적으로 대립과 증오의 정치가 확대 재생산되는 현실 정치에서 '3분의 2'의 찬성을 얻기가 힘들어서 헌법개정이 안 되고 있는 것이다. 이전의 개헌은 대개 엄청난 파동과 비상사

---

3) 헌법 §6② "외국인은 국제법과 조약이 정하는 바에 의하여 그 지위가 보장된다."

태 하에서만 이루어졌다.

　더구나 9번의 헌법개정 과정을 살펴보면 헌법개정의 주요 관심사는 대통령의 임기를 얼마로 할 것인가 등의 권력구조에 집중되어 있었다. 따라서 개헌을 논의하는 순간 정치권의 이해관계가 대립하여 합의하기 어려운 것이 현실이다. 정치권에서는 '대통령 임기 4년 연임제'에 대하여 공감대가 어느 정도 형성되어 있다. 그럼에도 불구하고 개헌논의만 시작되면 여러 이야기만 난무하고 결국 합의하지 못하는 경험이 반복되고 있다. 이러한 상황이 수십 년 지속되고 있고, 앞으로도 당분간 해소되기 어렵다고 생각된다.

　그렇다면 우리의 헌법은 점점 더 '헌-법'으로 남아 있을 것으로 예상된다. 이 문제를 해결하기 위해 여러 가지 방안이 제시되어 있다. 개헌할 때 여러 가지 문제를 한꺼번에 다 다루지 말고 '대통령의 임기' 한 가지만 개정하고[4] 나머지는 순차적으로 개헌한다거나 이 경우에도 변화된 임기를 당장 다음 대통령 선거에 적용할 것이 아니라 차기나 차차기부터 적용하는 것으로 하면 정치권에서의 합의가 가능할 것이라는 의견 등이 제시되어 있다.[5] 일단 권력구조 문제가 개헌이 된다면 정치적 쟁점이 약한, 시대에 뒤떨어진 조항들은 쉽게 합의가 될 것이다. 그러나 국민의 입장에서 보면 권력구조보다 이런 것들이 생활에 더 중요하고 시급한 것들이다. 정치권과 국민의 관심사가 다르다는 것은 우리 모두의 비극이다.

---

4) 국회의원의 임기가 4년인 데 비하여 대통령의 임기는 5년이라 주기적으로 선거가 이루어지지 않는다. 어떤 경우는 곧바로 어떤 경우에는 몇 년 있어야 국민의 신임을 확인할 수 있으므로 이에 대한 해결이 필요하다는 점에서 개헌의 필요성이 제기된다.
5) 개헌과 관련한 수많은 논문과 단행본, 연구보고서 등이 나와 있다. 개헌과 관련된 개략적인 것은 오호택, 『개헌이야기』(살림총서 438), 살림출판사, 2012 참조.

[54] 나찌와 히틀러(민주주의와 중우정치)

해방 후 여론조사에 따르면 공산주의를 선호하는 비율이 90에 육박하였다. 그에 반해 민주주의에 대한 선호는 떨어졌다. 북쪽에 들어온 소련은 해방군, 남쪽에 들어온 미군은 점령군이라는 인식이 퍼졌다. 그러나 미군과 이승만을 비롯한 우익 인사들은 이러한 사회적 분위기를 극복하고 자유민주주의 국가를 수립하였다. 북쪽은 김일성을 중심으로 소련의 지원 아래 공산주의 정권이 수립되었다. 수십 년 지난 후의 결과는 어떠했나? '국민을 잘살게 하기'라는 관점에서는 경제적 발전과 정치적 자유를 누리게 된 남쪽의 완승이었다. 1960년대에 이미 결론이 나 버렸다. 현재 남한의 GDP는 북한 GDP의 50배 가량 된다. 다섯 배가 아니라 50배이다. 그렇다면 해방 직후 다수 국민이 원하던 공산국가를 설립하지 않은 것은 민주주의에 반하는 것일까? 민주주의는 국민의 뜻에 따르는 것이 출발점이다. 그러나 결과적으로 국민이 늘 옳은 결정만 하게 되는 것은 아니다. 국민이 어리석은 결정을 하게 되면 이를 중우정치(衆愚政治)라고 한다.

독일 히틀러(Adolf Hitler, 1889~1945)의 사례를 살펴보자. 히틀러는 쿠데타로 집권한 것이 아니라 합법적 절차를 통하여 독재자가 되었다. 1933.1.30. 힌덴부르크(Paul von Hindenburg, 1847~1934) 대통령이 나치당[6]의 총재였던 아돌프 히틀러를 독일 총리로 임명했다. 그럴 수밖에 없었던 것은 제1차 세계대전(1914~1918)의 패전으로 제정이 무너지고 공화정이 성립하여 바이마르(Weimar) 공화국(1919~1933)이 출범하였으나, 1920년대의 정치·경제 문제를 해결하지 못한 것이다. 가장 큰 원인은 전쟁 부채 문제였다. 이 상황에서 정부를 전복하려는 극우·극좌 정치운동이 일어났다. 나치당은 그중의 하나였다. 나치의 지도자였던 히틀러는 1923

---
[6] '국가사회주의 독일노동자당(NSDAP)'이 정식 명칭이다.

년 쿠데타(뮌헨폭동)에 가담하였으나 실패하여 투옥되었다. 히틀러는 이 사건으로 오히려 전국적으로 이름을 알리는 계기가 되었다. 히틀러는 이때부터 무력이 아니라 선거에 집중하게 되었다. 1929년부터 세계는 대공황이 시작되었고, 독일 경제는 더욱 어려워졌다. 바이마르 공화국은 이를 해결하지 못했고, 나치는 1932년 7월 총선에서 37%의 득표로 제1당이 되었고, 11월 선거에서도 33%의 득표로 제1당이 되었다. 히틀러는 다른 정당과의 협력을 거부하면서 총리직을 요구하였고 결국 힌덴부르크 대통령에 의하여 총리(수상)로 지명되었다. 1934년 8월 힌덴부르크 대통령이 사망한 후 히틀러는 스스로 독일의 지도자(Führer)라고 선언하였다. 그리고 의회에서 수권법(授權法, 1933)[7]을 통과시켜 우리가 아는 그 독재자가 되었다. 수권법은 비상시 입법부가 행정부에 입법권을 위임하는 법률이다. 히틀러는 이를 통해 국회를 거치지 않고 자기 마음대로 법률을 제정할 수 있는 권한을 가지게 되었으며, 바이마르 공화국 체제는 껍데기만 남고 나치 독일 체제가 들어서게 되었다.

　형식적으로는 합법적이고 민주적인 절차를 통하여 독재자가 된 히틀러는 겉으로는 국민의 열렬한 지지를 받았고, 그 지지를 바탕으로 제2차 세계대전을 일으키고 유대인 대학살을 자행할 수 있었다. 여러 가지 요인이 복합적으로 작용한 것이 사실이지만 가장 중요한 요인은 국민이 정확한 판단을 하지 못했고 독재자를 지지했다는 점이다. 물론 국민이 정확한 판단을 할 수 없도록 교묘한 여론조작을 하여 국민의 눈과 귀를 막은 결과이다. 민주주의는 언제라도 이렇게 잘못된 결과로 이어질 수 있으므로 국민은 늘 깨어 있어야 한다. 국가의 주인인 국민은 누구에게 책임을 미룰 수 있는 것이 아니라 스스로 국가의 운명에 대하여 무한 책임을 져야 한다.

　우리 헌정사에서도 국민의 뜻에 따라 행해졌거나 적어도 국민적 지

---

[7] 정식 명칭은 「민족과 국가의 위난을 제거하기 위한 법률(Gesetz zur Behebung der Not von Volk und Reich)」이다. '전권 위임법' 또는 '권리 부여법'이라고도 한다.

지를 업고 정치지도자가 벌인 일들이 나중에 비판받았던 많은 사례가 있다. 같은 국민인데도 전혀 다른 '국민의 뜻'을 확인할 수 있는 사례들이다. 그러나 대부분 현대사이고 여전히 반대 견해도 있을 수 있으므로 구체적 사례는 언급하지 않기로 한다. 민주주의에서 존중되어야 하는 국민의 뜻은 겉으로 나타난 경험적 의사가 아니라 추정적 의사라고 한다. 어려운 이야기이므로 헌법학의 설명에 미룬다.

[55] 모든 것은 대통령 탓?(국민의 주권과 책임)

　코로나19로 세계 모든 사람들이 고립되어 있던 동안8)에 세계 경제가 제대로 돌아갈 리 만무하였다. 미국을 비롯한 세계 각국은 재정을 확장적으로 운영할 수밖에 없었다. 쉽게 말하자면 돈을 풀어 경제를 돌아가게 만든 것이다. 코로나 사태가 진정되자 풀렸던 돈 때문에 인플레이션이 극심하였고, 이를 잡기 위해 고금리 긴축정책을 쓸 수밖에 없었다. 나라마다 약간 다른 상황일 수 있지만 대부분 그랬고, 우리나라도 그렇다. 아직도 고금리로 인한 경기 위축이 세계 경제를 억누르고 있다. 특히 제조업과 수출 위주의 경제였던 우리나라와 일본, 독일 등이 어렵다. 거기다가 미·중 패권전쟁으로 인한 상호제재, 러시아-우크라이나 전쟁으로 인한 러시아 제재, 이스라엘-하마스 전쟁에 따른 중동 지역의 불안과 물류 차질 등 여러 가지 요인에 의하여 세계 경제가 모두 어렵다.
　그런데 많은 사람들은 이를 대통령 탓으로 여긴다. 우리 경제가 어려운데 재정건전성을 목표로 하는 윤석열 정부는 경기부양에 소극적이며, 따라서 대통령 탓이 크다고 생각한다. 청년 실업률이 높은 것도 대통령 탓이고, 이어지는 현상으로 출산율이 점점 더 낮아지는 것도 정부 탓이고 결국 대통령 탓이라고 생각한다. 출산율 저하로 군 입대 자원이 줄자 군 면제 기준도 높여서 웬만하면 현역 입영 대상이다. 이것도 대통령 탓이다. 159명이 희생된 이태원 참사(2022)도 정부 탓이고, 결국 대통령 탓이다. 14명이 희생된 오송 지하차도 침수 사건(2023)도 정부가 제대로 대응하지 못해서 발생한 것이고, 결국 대통령 탓이라고 한다. 이렇게 생각하다 보면 도대체 우리나라에서 벌어지는 일 중에 대통령 책임이 아닌 것이 무엇일까?
　이러한 현상은 18세기에 "짐이 곧 국가다."라고 얘기했던 프랑스 루

---

8) 우리나라의 경우 2020.1부터 2023.5까지 약 3년 4개월.

이 14세(Louis XIV, 1638~1715) 시절을 떠올린다. 우리나라 조선시대도 그랬다. 비가 안 와서 농사를 망쳐도 왕이 잘못한 것이므로 왕이 나서서 하늘에 제사하고 용서를 빌었다. 왕이 국가의 모든 것을 좌우할 권력을 쥐고 있으니 왕이 국가의 모든 것에 책임이 있다고 생각한 것이다. 그런데 지금 우리나라에서 대통령이 모든 것을 좌우할 권력을 가지고 있을까? 그렇지는 않다. 물론 한 사람이 가지고 있는 권한과 권력으로는 막강하겠지만 예전 왕에 비하면 별것 아니다. 대통령이 군주시대의 왕과 다른 점은 선출직이고 임기가 있다는 점이다. 권력도 입법·사법·행정으로 분리되어 있으며, 그중 행정부 수반(헌법 §66④)일 뿐이다. 다만 국가원수(헌법 §66①)로서 좀 더 많은 권력을 행사한다.

모든 것을 대통령 탓이라고 하는 것은 대통령을 전제군주 시대의 왕이라고 생각하는 것이다. 그런 생각이 독재를 낳는다. 국가의 모든 것을 한 사람의 책임이라고 하는 것은 사회분화가 덜 된 개발도상국의 특징이다. 우리나라는 여러 면에서 선진국이지만 정치와 국민의 정치의식은 좀 시대에 뒤떨어지는 것이 아닌가 의심이 들 때가 있다. 그렇다면 누구 탓인가? 헌법에 따르면 우리나라는 대통령뿐 아니라 행정부와 사법부, 국회 등 여러 국가기관들이 각자의 기능을 하고 있다. 따라서 각 기관들이 책임을 나눠서 가지고 있다. 좀 더 분석해 보자. 경제문제와 사회문제, 외교문제와 국방문제, 형사사건 등 사안에 따라 각 기관들과 그 기관을 구성하고 있는 기관장이나 소속 공무원들이 권한을 나누어 행사하고 거기에 책임을 진다. 그런데 그 기관 구성원들은 어떻게 그 임무를 맡게 되었나? 결국 국민이 선거를 통해서 대통령과 국회, 그리고 지방자치단체장과 지방의회를 구성하고, 이들을 통하여 간접적으로 임무를 부여한 사람들이다. 그렇다. 우리나라의 주인은 국민이다. 모든 것은 대통령 탓이 아니라 국민의 책임이다. 국민이 국가기관 구성원들을 잘 뽑고 잘 감시하여 국가가 잘 운영되도록 해야 하는 책임을 갖고 있다. 정치권을 욕하기 전에 정치권이 그렇게 행동하도록 방치한 국민 자신의 책임이다. 주인이라면 자기 소유에 대하여 무한 책임을 져야 한다. 국가의 주인인 국민은 국가의 모든 것에 무한 책임을 져야 한다. 국민의 의식 수준이 높으면 정치권도 거기 따라갈 것이기 때문이다. 국민의 수준에 못 따라오는 사람이 있다면 다음 선거를 통하여 정치적 책임을 물어야 한다. 그건 국가 주인의 권리이자 의무다.

[56] 속도 무제한 아우토반(법치국가원리)

　1991년 현대가 만든 자동차 '엘란트라'가 독일에 수출되기 시작할 때 만들어진 TV광고가 아직도 회자되고 있다. 아우토반에서 달리는 엘란트라를 독일 스포츠카가 따라잡지 못한다는 설정으로 만든 광고다. '속도 무제한 아우토반(Autobahn)'은 자동차 강국인 독일의 상징이기도 하다. 그런데 제한속도가 없을 만큼 도로 시설이 좋거나 자동차 성능이 우수해서일까? 전혀 그렇지 않다. 실제 가서 아우토반을 달려보면 왜 속도제한이 없는지 금세 이해할 수 있다. 고속도로 시설이나 자동차 성능은 우리나라와 다를 게 없고, 오히려 우리나라 고속도로가 더 넓고 시설도 더 잘 되어 있는 부분도 많다. 아우토반에서 속도제한이 없는 것은 운전자들이 자율적으로 속도를 맞추고 다른 운전자에게 피해를 주지 않는다는 의식이 철저하기 때문이다.

　우리나라 고속도로를 달리다 보면 상위차선에서 저속으로 달리는 차들을 심심치 않게 발견할 수 있다. 이런 사람을 이른바 '차선병'에 걸려 있다고 말한다. 차량이 많지 않아서 도로가 혼잡하지 않은데도 예컨대 1차로(추월선)에서 80km/h로 달리는 운전자들을 말한다.[9] 그런 차들이 중간에 있으면 도로 전체에서 속도를 내기 어렵다. 이런 차들 두 대가 나란히 달리면서 차선 두 개를 막고 가면 순간적으로 명절 귀성길 같은 상황이 연출된다. 이런 차를 추월하느라 사고 위험도 높아진다.

　독일 아우토반에서는 이런 차들을 발견하기 어렵다. 거기도 사람 사는 곳이라 이상한 사람이 없지는 않겠지만 일반적으로 그런 운전자는 보기 어렵다. 속도제한이 없어도 1차로(추월선)에서는 보통 120km/h 이상으로 달리고 2, 3차로(주행선)에서는 100km/h 정도로 달리는 것을 확인할 수 있다. 그리고 추월을 하는 경우 바로 뒤에서 추월하고 곧바로

---

9) 경부고속도로의 최저 속도 제한은 50km/h이다.

주행차로로 돌아오는 것이 일반적이다. 우리나라 대부분의 운전자들이 저속으로 가는 차가 앞에 두 대 있는 경우 좀 간격이 있더라도 한꺼번에 두 대를 추월하는 것과 대비된다. 즉 아우토반의 속도 무제한은 도로의 시설이나 자동차 성능의 문제가 아니라 운전자들의 의식에 달려 있는 것이다.

법에 따라 국가가 운영되는 것을 법치국가라고 한다. 법을 지킨다는 것은 법에 정해진 한도에서 자신의 권리를 누린다는 것이다. 모든 사람이 무제한 자유와 무제한 이익을 추구한다면 아무도 자유를 누릴 수 없게 된다. 그런데 우리 사회에서는 자신의 권리를 주장하지만 자신의 행위로 인해서 다른 사람이 입을 피해는 전혀 고려하지 않는 일방적 주장이 난무한다. 그러면 아무도 법을 지키지 않게 되고 무질서가 판을 치게 된다. 그렇게 되면 힘이 있거나 목청을 높이는 사람의 권리만 보장되고 침묵하는 다수의 권리는 무시된다. 우리 사회가 그렇지 않은지 반성해 보아야 할 점이 많다.

아무도 부정하지 않는 민주주의 원리에 따라 우리 대한민국의 주인은 국민이다. 법에 의하여 권리가 제한된다고 해도 그것은 모든 사람이 최대한 자유를 누릴 수 있도록 국민 스스로 자유의 범위를 제한한 것이다. 그 한도 내에서 자유를 누릴 때 대한민국에서 누리는 자유의 총량이 가장 크게 되고, 누구나 자신의 자유와 권리를 누릴 수 있게 되는 것이다. 나의 언행이 다른 사람의 자유와 권리를 침해할지도 모른다는 생각을 하는 것이야말로 헌법상 법치국가원리를 실현하는 출발점이라고 생각한다.

독일에서는 다른 이유로 아우토반의 속도제한이 논의되고 있다. 고속주행에 따른 에너지 낭비와 환경오염, 사고위험을 줄이자는 주장이다. 현재도 시내 구간이나 교차로 등에서는 속도제한이 있다.

[57] "대한민국은 남녀공화국이다"(평등권, 평등의 원칙)

　필자가 고등학교 다닐 때 사회과목 선생님께서 "헌법 제1조 제1항 '대한민국은 남녀공화국이다.'"라고 하셔서 다 같이 웃었던 기억이 난다. 별생각 없이 들으면 문제가 없어 보인다. 정확한 문구는 "대한민국은 민주공화국이다."가 맞다. 그런데 남녀평등을 정확한 표현으로는 양성평등이라고 한다. 남자가 앞에 나오는 용어는 진정한 평등이 아니라는 의미다.

　우리가 일상에서도 '평등'이라는 말을 많이 쓰고는 있지만 "무엇이 평등한가?"는 쉽게 결론짓기 어렵다. 우리 사회에서 아직도 청소년 사이에서 논쟁이 되는 것은 병역의 의무 때문이다. 남자만 병역의 의무를 지는 것은 위헌이 아니라는 것이 헌법재판소와 법원의 견해지만, 여성도 군대에 가서 체력에 맞는 적정한 직무를 맡으면 된다는 의견도 있다. 여성의 입장에서도 병역의 의무를 부담해야 양성평등을 확실하게 적극적으로 주장할 수 있으니, 차라리 병역의 의무를 부담하자는 의견이 일부 있기도 하다. 징병제를 채택하고 있는 나라는 대부분 남성만 병역의 의무가 있지만 여성도 병역의 의무가 있는 이스라엘이나 노르웨이·스웨덴 같은 나라도 있기 때문이다. 우리나라에서 여성에게 병역의무를 부과하지 않았던 것은 남성만으로도 군대의 유지에 별문제가 없었기 때문이다. 그런데 현재는 출산율 저하로 징집자원 자체가 줄어드니까 이를 계기로 여성의 병역의무가 더 화제가 되는 것이다.

　이 논쟁에 정답은 없다. 얼마든지 반론에 반론이 가능하기 때문이다. 대부분의 평등 문제가 그렇다. 특히 사회보장과 관련된 문제는 재원의 문제이기 때문에 옳고 그름의 문제가 아니다. 10여 년 전 정치권과 우리 사회에서 크게 논란이 되었던 '무상급식 논쟁'이 그렇다. 당시에는 일부 저소득층 자녀들에게 무상급식을 제공하고 있었다. 그런데 가난한 것이

노출되어 심리적으로 위축되므로 모든 학생에게 무상으로 급식을 제공하자는 의견이었다. 이에 반해 한정된 재원으로 부자들 자녀까지 무상급식을 할 필요가 있느냐는 반론이 제기되었다. 이후 지방자치단체 별로 먼저 무상급식을 시행하는 곳이 생겨났고, 이제는 모든 중고등학생에게 무상급식을 제공하는 것으로 일단락되었고, 무상급식 논쟁도 끝났다. 전원 무상급식이 논리적으로 우위에 섰기 때문이 아니다. 그동안 우리나라 재정이 확대되었고, 학생 수는 줄어서 부담이 줄어들었기 때문이다. 이제 고등학교까지 의무교육과 무상교육을 하는 단계가 되었다. 아직 공론화 초기지만 대학생까지 무상교육을 해야 한다는 논의가 시작되었다. 이 문제도 마찬가지다. 국공립대학이 대부분인 유럽의 경우 대학생 등록금이 무료이거나 무료에 가깝다. 사립대학이 많은 미국은 등록금이 비싼 것으로 유명한 사립대학들이 많다. 물론 미국도 주립대나 시립대는 등록금이 저렴하다.

여성 국회의원 숫자가 선진국보다 적다거나, 기업의 임원들 숫자에서 여성이 매우 적다는 지적도 있다. 남녀 임금 차이가 심심찮게 뉴스화되는 것도 평등의 관점에서 생각할 점이 많다. 정치나 경제 모든 분야에서 남녀평등이 이루어져야 한다는 데는 이견이 없다. 여기서 생각해 볼 것은 평등이 '기회의 균등'이냐 아니면 '결과의 평등'이냐이다. 기회의 균등과 사회적 변화 과정을 거쳐 결과적으로 평등해져야지, 과정을 건너뛰고 결과만 가지고 평등을 주장하는 한 평등한 결과가 쉽게 오지 않는다. 기회를 똑같이 주되 해당되는 사람들이 치열한 노력을 통하여 결과를 만들어 낼 때 어느 것이 평등하냐는 불필요한 논쟁이 없어질 수 있다.

그대로 내버려 두기에는 너무 심각하고 쉽게 평등이 실현되기 어려운 경우 '잠정적 우대조치'를 통하여 평등한 결과를 앞당기기도 한다. 보통 쿼터제라는 것이 그것이다. 예를 들어보자. 우리 공직선거법은 "정당이 비례대표 국회의원선거 및 비례대표 지방의회의원선거에 후보자를 추천하는 때에는 그 후보자 중 100분의 50 이상을 여성으로 추천하되, 그 후보자 명부의 순위의 매 홀수에는 여성을 추천하여야 한다(같은 법 §47③)."고 규정하였다. 여성 국회의원이 남성의원보다 현격히 적어서 둔 '잠정적 우대조치'다. 그러나 아직은 이 강행 조항에도 불구하고 여성의 국회 진출은 아주 적은 편이다. 국민의 의식이 아직 따라주지 못하기 때문이다. 이후에 사회가 변하여 여성 의원이 반을 넘게 되면 이 조문은 남성의 국회 진출에 방해가 될 수도 있다. '잠정적 우대조치'는 사회변화에 발맞춰 빨리 바꿔주지 않으면 오히려 역차별 문제를 야기한다. 이래저래 사회적 갈등을 야기할 수 있다. 따라서 '잠정적 우대조치'는 도입과 폐지에 있어 많은 논의와 신중한 접근이 필요하다고 생각한다.

[58] 사교육 문제의 완벽한 해결 방안(실질적 평등)

'사교육비 경감'은 선거 때마다 나오는 단골 메뉴다. 그러나 아무도 뚜렷한 해결책을 내놓지는 못하고 있다. 기껏해야 바뀐 정부마다 대학입시 방식을 바꾼 것 정도다. 그러나 대학입시 방식을 바꾼다고 해결될 문제라면 이전에 이미 수십 번도 더 해결되었을 것이다. 사교육비 문제는 우리나라 출산율 저하의 한 원인이 되기도 한다. 교육비 때문에 출산을 꺼리는 젊은이들을 충분히 공감할 수 있다. 그런데도 이 문제를 해결하지 못한 것은 단순히 한두 가지 정책의 변화로 해결할 수 없는, 우리 사회의 의식과 관련된 문제이기 때문이다.

사교육비 문제는 우리 사회의 빈부격차를 적나라하게 드러내는 분야다. 그런데 사교육 문제를 해결하기 위해서는 공교육이 제대로 이루어져야 한다는 것은 당연한 논리의 귀결이다. 하지만 중고등학교의 공교육 즉 학교교육이 무너졌다는 말이 나오기 시작한 것이 어제오늘의 일이 아니다. 그리고 사교육을 억제하기 위하여 1980년대 과외 전면 금지에서부터 최근의 학원 교습시간 제한까지 수많은 규제가 있었다. 또 대학입시 제도를 정부가 바뀔 때마다 새로운 방식을 제시했지만 실제로 해결된 것은 없다. 이는 근본적인 문제를 해결하지 못해서 그런 것이다. 학생이나 학부모 입장에서는 명문대에 들어가고 싶어 하고 명문대 정원은 제한되어 있으므로 입시경쟁은 불가피하다. 그래서 전체 대학 입학정원이 고등학교 졸업생보다 더 크지만 결코 대학입시의 치열한 경쟁은 없어지지 않는 것이다. 그러니 어떤 방식으로 대학입시를 한다고 해도 그 방식 안에서 입시경쟁은 여전히 존재한다. 그러므로 정부 교체기마다 바꾼 대학입시 방식의 변경으로는 문제를 해결하지 못한 것이다.

이 문제를 해결하기 위해서는 모든 대학을 똑같이 평준화하면 된다. 아니면 가고 싶은 사람은 누구나 들어갈 수 있도록 명문대를 많이 만들면 된다. 그도 저도 아니면 명문대를 나올 필요가 없는 사회를 만들면 된다. 그러나 어느 것도 쉽지 않은 방안이다. 다만 어떤 방식으로든 장기적으로 목표를 세우고 꾸준히 실천해 나가야 해결될 문제라는 점은 확실하다. 사실 우리가 참고할 만한 나라들은 미국이나 서유럽인데, 이들 나라에도 명문대가 있기는 하지만 우리나라처럼 선호도가 뚜렷하거나 심하지 않다. 그 이유는 두 가지로 생각해 볼 수 있다. 첫째 우리나라처럼 대학의 서열화가 심하지 않기 때문이다. 대학별로 특성화되어 있어서 분야별로 명문대가 다르거나, 소규모 특성화된 대학들이 많아서 전혀 비교가 불가능한 경우도 많다. 우리나라는 어떤가? 특정 명문대는 대모든 학과가 다른 대학교보다 선호되는 학과인 경우가 많다. 그리고 학원가에서 유행하는 대학 서열이 누구에게나 통용되고 쉽게 바뀌지 않는 것이 현실이다. 그 서열에 따라 입시가 이루어지므로 결과적으로 대학 서열은 바뀌기 어렵다. 대학의 입장에서 유능한 인재를 선발하는 것으로 경쟁하지 않고 훌륭한 인재로 교육시켜 사회에 진출시키는 것으로 경쟁해야 하는데, 우리나라는 그렇지 않다.

　대학 서열화에 여러 가지 원인이 있겠지만 가장 큰 원인은 국가가 모든 대학의 입시방식을 정하기 때문이다. 가장 주관적인 평가가 가능해야 할 '학생부 종합전형'마저도 대강의 기준은 교육부가 정해준 대로 해야 한다. 정치적 구호로는 '대학의 자율성 확대'가 수십 년 동안 표명되었으나 실제로는 전혀 그렇지 못하다. 현실이 그렇다 보니 단일한 잣대로 전국의 모든 대학을 평가하게 되고, 결과적으로 전국 대학의 서열화를 피할 길이 없다. 결국 대학입시의 자율화가 문제해결의 출발점이다. 그런데 실제로 이렇게 하면 고등학교의 서열화도 진행될 수 있다. 지금은 고등학교를 등급화하지 않도록 교육부가 강제하고 있다. 그러나 현실적으로는 고등학교별 학력의 차이를 부인하기 어렵다. 실제 다른 것을 같게 취급하라고 강요하니까 온갖 편법이 난무하고 눈치 보기가 횡행하는 것이다. 고등학교건 대학교건 학교별 차이를 인정하고 학생과 학부모의 선택권을 보장해야 한다. 다만 국가가 할 일은 경쟁력이 없는 대학을 더 지원해서 더 좋은 대학으로 발전할 수 있게 뒷받침하는 것이다. 실제로 있는 차이를 부인하고 형식적으로만 평등하다고 주장하는 것은 실질적 불평등을 심화시키는 요인이 된다. 대학입시뿐 아니라 대학 등록금을 동결하도록 강요하고 부족한 재원을 재정지원 사업을 통하여 나눠주는 것이 교육부의 방식이다. 사업비를 나눠주려면 대학을 평가해야 하는데, 마찬가지로 단일한 잣대로 평가할 수밖에 없으므로 전국 대학의 서열화를 더욱 부추긴다. '국립은 사립처럼, 사립은 국립처럼' 대학을 운영하는 이런 방식은 빨리 수정되어야 한다. '교육부 해체론'의 주된 논거다.

두 번째로 우리나라가 서유럽이나 미국보다 명문대 선호가 심한 이유는 명문대를 나와야 '취업 잘 되고 결혼 잘할 수 있다.'는 생각이 있기 때문이다. 예전에 비해 젊은이들 사이에서 이런 생각은 줄어들고 있다. 하지만 대학생들의 부모 세대는 아직 이런 생각에서 자유롭지 못하다. 적어도 자식들에게는 명문대를 보내서 '취업 잘하고 결혼 잘해서' 행복하기를 바란다. 이 생각이 바뀌려면 취업에서 출신학교가 아니라 실질적 능력이 평가되어야 한다. 정치권에서는 늘 '명문대 선호사상'을 없애자고 하지만, 실제로 취업에서 실질적 능력을 평가할 기회나 평가방식을 제공하지 못하고 있다. 정말 그 회사에서 필요한 인재인지 평가하기 위해서는 몇 달 이상 함께 일해보면 확실해진다. 그런데 우리나라는 쉽게 해고할 수 없고, 인턴제도는 임금 착취 수단으로 악용되는 등 실질적으로 능력을 평가해 볼 기회가 적다. 따라서 이른바 스펙을 보고 뽑는 모험을 하는 것이다. 그러니 명문대 선호사상이 없어지지 않는다. 경영하는 입장에서 좀 쉽게 해고할 수 있게 하되, 국가는 해고된 사람들이 당장 먹고살 수 있고 적절한 직장을 다시 쉽게 구할 수 있도록 사회보장 제도를 완비해야 한다. 적어도 굶지는 않고 살 수 있다는 확신이 있으면 굳이 대학을 나올 필요가 없거나 적어도 명문대를 고집할 필요는 없다. 하지만 어려운 문제들이다. 해결 방안은 쉽게 떠오르지만, 정부와 국회가 이를 해결할 의지가 박약하고, 또 국민 대다수가 이렇게 생각하게 되는 데는 시간이 더 필요할 것이다. 그러나 가장 어려운 점은 문제의 본질을 알고 시간이 걸리더라도 장기적인 목표를 세우고 실천해 나갈 의지가 별로 없다는 점이다. 정부와 국회, 그리고 우리 모두가 그렇다.

[59] "화이트 크리스마스를 만들어 주세요"(기본권의 효력)

화이트 크리스마스를 기다리는 연인들이 많다. 이날 어둠이 내리는 저녁 무렵에 눈까지 내린다면 사랑을 고백하기에 제격이다. 눈이 내리는 도로변도 좋고, 멋있는 카페에서 유리문을 통해 내려 쌓이는 눈을 바라보면서 품속에서 청혼의 반지를 꺼내면 누가 청혼을 거절할 수 있으랴! 그런데 문제는 눈이 와야 가능한 계획이다. 눈이 안 오면 무슨 소품과 환경으로 이런 분위기를 만들 것이지 몇 배로 고민해야 한다. 그렇다면 국가에 대하여 "화이트 크리스마스를 만들어 주세요"라고 요청할 수 있을까?

지금 당장 답을 하라면 Yes이기도 하고 NO이기도 하다. 우선 정부가[10] 기술적으로 눈을 내리게 하는 것이 가능한지에 대한 답이 Yes이기도 하고 NO이기도 하다는 의미다. 기상을 조정하는 기술이 이미 개발되고 있고, 어느 정도는 가능하다고 한다. 다만 미국이나 중국 등에서 이를 군사적인 필요에 의하여 개발하는 것이므로 일반에 잘 안 알려져 있는 것으로 생각된다. 조만간 이 기술도 일반인에 공개되어 우리가 잘 알게 될 것이다. 군사적 필요에 의하여 개발된 인터넷이나 네비게이션이 지금 우리 일상에서 필수적인 기술이 된 것처럼 말이다.

기술적으로 가능하다고 해도 국가가, 정확히 말하자면 행정부가 실제로 눈 내리는 크리스마스를 만들어야 하는가? 여기서부터는 헌법 이론을 알아야 결론을 내릴 수 있겠다. 국가의 주인인 국민은 국가권력에 대하여 어떤 요청을 할 수 있다. 가만히 있어 달라고 요청하는 자유권, 적극적으로 어떤 것을 해 달라는 사회권 등이 그렇다. 눈 내리는 밤을 만들어 달라는 것은 일단 사회권의 범주에 들어간다. 그러나 특정 개인의 요청을 정부가 다 들어줄 수는 없으므로 국민 대다수가 요청하는 것이

---

10) 이렇게 구체적으로 무엇을 하는 것은 입법이나 사법이 아니라 행정이다. [70] 발명특허는 확인, 운전면허는 허가(행정행위) 참조.

어야 한다. 모든 행위에는 반대 측면이 있으므로 반대하는 사람들이 있는지, 있다면 어느 쪽의 요청이 정당한지가 판단기준이다. 옳고 그름의 문제가 아니라 국가 전체적으로 어느 쪽이 더 이익이 되는지, 정부의 행위로 기본권이 제한되는 사람들은 없는지 등을 고려해야 한다. 크리스마스를 별로 달가워하지 않는 사람도 있을 수 있으며, 눈을 만드는 데 들어가는 비용은 결국 세금이므로 세금을 내야 하는 국민으로서는 자신이 낸 세금을 이런 데 쓰는 것이 합당한지 아닌지 의견이 갈릴 수도 있다. 따라서 기술적으로 가능하다고 해도 결국 기본권의 성격상 여러 가지를 고려해야 정부가 해야 하는지 결론을 내릴 수 있다. 정부가 해야 하고, 국민이 요청할 수 있다면 권리가 성립한 것이다. 구체적인 결론은 각자 생각해 보기로 하고, 이렇게 국가에 대하여 무엇을 요청할 수 있다는 성격을 기본권의 대국가적 효력이라고 한다는 점을 알고 넘어가자. 기본권은 결국 국민이 국가에 대하여 어떤 요청을 하기 위한 것인데, 이는 근대국가가 형성되면서 그 이전의 왕이 통치하던 것을 무너뜨리고 만든 근대 민주국가의 성격이다.

　그런데 세계적으로, 또 우리나라의 현실을 생각해 보아도 이제는 국가가 국민을 직접 괴롭히는 일은 많이 줄어들었다. 대신에 국가가 아닌 사인에 의하여 자유가 침해되는 경우가 많다. 대표적인 것이 대기업이나 언론기관에 의한 기본권 침해이다. 근대 시민사회에서는 이런 부분들은 사생활이라고 생각하여 국가가 개입하지 않았다. 예컨대 자본주의 초기, 근대 시민국가에서는 근로계약은 사용자와 근로자가 맺는 것이므로 근로조건에 대하여 국가가 개입하지 않았다. 그러나 결국 경제적 강자인 사용자, 특히 대기업인 경우, 저임금과 과도한 노동을 노동자에게 강요해도 노동자는 거절하기 힘들다. 이른바 기울어진 운동장이 되고 말았다. 그래서 현대 국가에서는 국가가 개입해서 약자인 개인을 도와주게 되었다. 그 과정에서 기본권을 사인 간에도 적용할 수 있어야 한다는 이론이 생겨났다. 직접 사인 간에 적용하는 것은 무리지만 간접적으로 기본권을 적용할 수 있다는 이론이 다수설이 되었다. 예컨대 우리 민법 제103조는 계약의 내용이 선량한 풍속이나 사회질서에 위반되면 무효라고 규정하고 있다. 그런데 노동자의 기본권을 침해하는 과도한 근로조건의 계약은 무효라고 해석하게 되면 사인 간에 민법이 적용된 것이지만 간접적으로 헌법상의 기본권이 적용된 것과 같은 결과가 된다. 언론기관의 오보에 의하여 피해를 입은 개인의 경우에도 국가권력과 같은 거대한 벽을 느낄 수밖에 없다. 그래서 이 경우에도 기본권을 적용하여 개인을 보호해야 할 필요성이 있다. 이러한 기본권의 성격을 기본권의 대사인적 효력이라고 한다.

[60] 누구를 먼저 구할까(생명권)

　무더운 여름날 계곡으로 가족과 물놀이를 갔는데, 폭포 밑 웅덩이에서 놀던 중 어머니와 부인이 갑자기 불어난 물에 휩싸여 깊은 곳으로 떠밀려 가는 상황이 발생하였다고 해 보자. 두 사람의 거리가 멀어 두 명을 동시에 구할 수는 없다. 누구를 먼저 구해야 할까? 이 문제를 대하면 보통 부인과 어머니 중에서 누가 나에게 더 소중한 사람인가를 고민하게 된다. 충분히 고민스러운 상황이지만, 법적으로 어느 생명이 더 가치 있는 생명인가는 의미 없는 질문이다. 왜냐하면 헌법상 생명권의 핵심은 생명에 대한 가치판단을 하지 않는 것이기 때문이다. 또 위 사안에서 부인을 구하려던 중학생 아들이 함께 떠내려간다고 해도 마찬가지다. 두 명의 생명이 한 명의 생명보다 더 가치가 있다고 단정하기도 어렵다. 그렇다면 답은? "그냥 가까이 있는 사람을 먼저 구한다."이다. 물론 이는 법적인 측면에서의 답이다. 종교나 윤리적 측면에서 생각하면 다른 결론이 날 수도 있다. 실제로 누구를 먼저 구하고 결과적으로 다른 가족이 사망했다고 해도 법적으로 그 사망의 책임을 물을 수 없다. 생명의 가치는 판단할 수 없기 때문이다.

　영화 '아이로봇'(2004)에서 이와 비슷한 장면이 나온다. 로봇이 교통사고로 물에 함께 빠진 건장한 남성 경찰과 한 소녀를 구해야 하는 상황이었다. 그런데 둘 다 구할 수는 없고, 생존 확률이 남성은 45%, 소녀는 11%였다는 이유로 남자를 구하고 소녀는 결국 죽게 되었다는 이야기가 모티브로 설정되어 있다. 법적으로는 맞다. 그러나 윤리적으로는 틀렸다. 적어도 그 남자 주인공은 그렇게 생각한다.[11] 그것이 생명권이다. 연쇄살인범이라고 해서 살릴 가치가 없는 생명이라 사형시키는 것이 당연하다고 단정하기도 어렵다. 태아의 생명과 임부(妊婦)의 자기결정권,

---

11) [44] 자율주행자동차와 법(법과 정의) 참조.

본인이 자신의 생명을 능동적으로 끝마치는 안락사 문제, 복제된 인간은 인간이 아닌가 등 생명권과 관련된 문제들은 모두 쉽게 결론 내기 어렵다. 우리나라뿐 아니라 다른 나라에서 계속 논란이 되고 있는 문제들이다. 앞서 얘기한 것처럼 생명권 논의에서 생명에 대한 가치판단은 배제된다는 것이 헌법학에서의 결론이다. 하지만 현실에서는 이런 문제들에 대하여 무엇으로라도 결론을 내려야 한다. 우리나라는 아직 사형제도가 법에 규정되어 있지만 실제로 1997년을 마지막으로 그 이후에는 사형이 집행되지 않고 있다. 낙태죄도 2019년 헌법재판소의 위헌결정[12] 이후 법률에서 정비되지 않고 있다. 존엄사는 까다로운 조건 하에서 허용되는 것으로 정리되었다. 줄기세포나 배아복제 등도 매우 까다로운 조건 하에서만 연구가 허용되고 있다. 기타 관련 문제들이 많다. 자세한 논의는 생략한다. 이렇게 명백한 결론이 없이 논의가 계속 진행되고 있다. 그래서 생명권 문제는 어렵다고 하는 것이다.

---

[12] 헌재 2019.4.11., 2017헌바127. 정확히는 헌법불합치 결정이었다. '헌법불합치'에 대해서는 [99] 지금 야간옥외집회는 가능한가(위헌과 헌법불합치) 참조.

[61] "빨갱이가 되라"(사상의 자유)

우리나라가 국제무대에 본격적으로 등장한 것으로 대개 1988년 서울 올림픽을 드는 것이 보통이다. 이른바 그 '쌍팔년도'는 내부적으로는 박정희-전두환으로 이어지는 '군부독재 시대'[13]가 끝난 해다. 국민의 기본권이 법적으로 보장되는 실질적 출발점을 이루는 헌법재판소가 발족하는 해이기도 하다. 서울올림픽 다음으로 우리나라를 세계인들에게 각인시킨 사건은 2002년 한일월드컵을 들 수 있다.

당시에 월드컵을 유치하려고 여러 나라가 경합했을 때 인터넷에 이런 표어가 등장해서 웃었던 기억이 있다. "한국 월드컵 2002년, 일본 월드컵 20002년~". 0 하나 더 있는 것인데 엄청난 차이가 나는 결과다.[14] 법이 그렇다. 계약서나 판결문에 있는 사소한 단어 하나가 엄청난 결과의 차이를 가져오는 사건을 쉽게 만날 수 있다. 그러므로 법학은 엄격한 개념과 논리를 따지게 되는 것이다.

실제 월드컵이 열리자 우리나라는 사상 최초로, 어쩌면 당분간 불가능할 '축구 월드컵 4강 신화'를 이뤄냈다. 그것이 가능했던 이유는 이렇다. 프로축구가 활성화된 유럽이나 남미 국가들이 월드컵 기간에만 대표선수들을 차출해서 대회에 임하는 데 비해서, 우리는 히딩크 감독에게 전권을 주고 오랜 기간 국가대표를 소집해서 집중훈련을 한 결과였다. 선수 저변이 넓지 않은 불리함을 극복한 엘리트 체육의 한 단면이었다. 물론 홈어드밴티지(Home advantage)도 많이 작용했다는 점을 무시할 수는 없다. 그런데 세계인들에게 인상 깊었던 장면은 '붉은 악마'들의 집

---

[13] 노태우 전 대통령도 군 장성 출신이지만 군의 위력으로 대통령이 된 것이 아니므로 '군부독재'라고 부르기 어렵다. 마찬가지로 현 윤석열 정부를 '검찰독재'라고 부르는 것도 적정한 표현이라고 하기는 어렵다.
[14] 당시는 월드컵 유치가 확정되기 전이라 일본을 제치고 우리가 유치한다는 의미지만, 다른 한편 20,000년에도 일본이라는 나라가 존재한다고? 엄청난 찬사가 될 수도 있다. 이점은 [36] 다윗과 골리앗, 그리고 토끼와 거북(관점과 학설) 참조.

단 거리 응원을 빼놓을 수 없다. 그 이후 다른 나라들도 많이 따라 하는 것을 보면 K-컬처의 한 양상이었다고 생각한다.

그때 온 국민이 붉은 티셔츠를 입고 거리에서, 운동장에서, 각자의 집에서 우리 대표팀을 응원한 바 있다. 지금도 그때 장면을 검색해 보면 가슴이 뭉클해 질 정도다. 그런데 필자에게 더 충격적인 장면은 조금 다른 측면이다. 당시의 붉은 티셔츠에는 분명히 다음과 같은 구호가 적혀 있었다.

"Be the Reds!"

우리말로 번역해 보면 분명히 "빨갱이가 돼라."다. 다른 더 정확한 번역이 있을까? 그렇다 분명히 "빨갱이가 돼라."다. 박정희-전두환 시대를 독재시대라고 부를 수 있는 것은 여러 가지 잣대가 있을 수 있겠지만, 정치 무대에서 이승만 시대 이후 '빨갱이'라는 이름을 씌워 여러 방식으로 제거했기 때문이다. 반독재, 반정부 의견표명이나 행동을 '빨갱이'라고 몰아붙여 투옥하거나 정치권에서 쫓아냈다. 너무나 많은 사건들이 있지만 구체적인 것은 생략하자. 이 책의 주제가 흐려질 수 있기 때문이다. '1987'이라는 영화를 비롯하여 많은 정보가 있다. 그런 사실을 잘 알고 있었기에 충격이었다는 것이다.

아무튼 "빨갱이가 돼라."니! 이제 빨갱이라고 몰아붙였던 구시대와는 결별한다는 상징적 사건이고, 그 시대구분에 온 국민이 동의한다는 의사표시이고, 그동안의 '빨갱이 논쟁'에 몸으로 항변한 사건이라고 생각된다. 진정한 민주주의 원리가 책갈피에서 나와 현실에 생생하게 등장하였다.

민주주의가 제대로 되려면 언론의 자유가 전제되는 것인데, 언론의 자유는 당연히 사상의 자유와 연결되어 있다. 알권리와 사상의 자유가 있어야 표현의 자유가 존재하는 것이다. 컴퓨터에서 input ⇒ 처리 ⇒ output의 관계라고 이해하면 될 것이다. 표현의 자유는 우리 헌법에 '언론·출판의 자유와 집회·결사의 자유'(헌법 §21)로 표현되어 있다. 이 네 가지를 묶어 표현의 자유 또는 넓은 개념으로 언론의 자유라고 한다. 언론·출판의 자유는 개인적 표현의 자유이고, 집회·결사의 자유는 집단적 의사표현의 자유이다. 언론은 말을 통해서, 출판은 문자나 그림 등 형상을 통해서 표현하는 것이다. 집회는 공동의 목적으로 일시적 모임을, 결사는 조직을 통하여 계속성을 갖는 모임을 말다.

다음 항목에서 이야기를 계속 해 보자.

[62] 하드리아누스 황제와 시인 플로루스(언론의 자유)

역사적으로 백성들이 행복했던 나라를 들라고 하면 여럿이 떠오르지만 그중 로마의 5현제 시대를 빼놓을 수는 없다. 네르바 황제로부터 트라야누스, 하드리아누스, 안토니누스 피우스, 마르쿠스 아우렐리우스 황제의 시대(96~180)를 말하는데 '팍스 로마나(Pax Romana)'로 불린다. 이 시대에는 국경도 굳게 지켜지고, 내정도 훌륭하여 각 속주에는 많은 도시가 건설되고 시민 생활이 번창하였다. 에드워드 기번(Edward Gibbon, 1737~1794)은 『로마제국 쇠망사』에서 이때를 '역사상 인류가 가장 행복하고 번영했던 시기'라고 평하였다. 이 시대의 특징이라면 원로원 의원 중에서 가장 훌륭한 인물을 황제로 선출하였다는 점이다. 앞선 황제의 양자로 삼는 방식이었다. 오현제의 마지막 마르쿠스 아우렐리우스 이후 황제가 세습되면서 무능한 황제들이 나타남으로써 제국 해체의 징후가 나타나게 되었다.

이 중 하드리아누스 때의 일화를 생각해 보자. 하드리아누스(Publius Aelius Trajanus Hadrianus, 76~138; 재위 117~138)는 로마 제국의 제14대 황제였다. 그가 황제로 취임할 때, 선제 트라야누스의 적극적인 정책에 의해 제국의 판도는 최대에 이르렀다. 하드리아누스는 제국의 통일을 위해서는 평화가 필수불가결한 것임을 인식하여, 제국의 방어력을 정비하는 데 힘썼다. 군사적인 요충지에는 방벽을 구축하여 제국을 방비했다. 그중에서도 칼레도니아인과의 분쟁이 있었던 브리타니아 북부에도 방벽을 구축하였는데, 보통 '하드리아누스 방벽'이라고 불린다. 또한 황제 자신이 두 차례에 걸친 장기간의 순찰 여행에 나섰다. 여행 목적은 제국 방비의 재정비와 제국 행정의 조사, 그리고 통합의 상징으로서 황제 자신을 주지시키며 제국 각지를 순찰하였다. 이때 건설 관계자를 동반하는 등 공공 부문의 공사도 함께 행해졌다. 20년간 3차례에 걸친 제국 전역을 시찰하여 제국 영토의 방위나 각지에서 일어나는 반란에 대처하고, 통치기구를 정비하는 등 내실을 다져 제국을 재구축하였다고 평가된다.

그런데 하드리아누스 황제 시대에 플로루스(Publius Annius Florus)라는 시인이 있었다. 아프리카에서 태어나 도미티아누스 황제 때 로마로 이주했으나 황제가 개최한 시(詩) 작품 경연 대회에 참가하여 청중의 호평을 받았지만 상을 받지 못했다. 그러자 자신이 로마인이 아니기 때문이라고 여겨 혐오감을 느끼고 로마를 떠났다고 한다. 로마 제국의 여러 지역을 순회하며 철학자, 웅변가들과 교류하다가 히스파니아에 정착하여 학교를 설립하였다가 트라야누스 집권 후 로마로 돌아와서 많은 시를 지었다. 그 후 하드리아누스 황제의 친구가 되어 황제의 여행길에 동행하기도 했다. 『히스토리아 아우구스타』15)에 따르면, 플로루스는 하드리아누스 황제에게 다음과 같은 시를 바쳤다고 한다.

"저는 카이사르가 되고 싶지 않습니다.
브리타니아 사람들 사이를 돌아다니고
게르마니아 사람들 사이에서 나쁜 짓을 하려 몸을 숨기고
스키타이의 혹독한 추위에 고난을 겪어야 하니까요."

이에 답하여 하드리아누스는 다음과 같은 시를 지었다고 한다.

"나는 플로루스가 되고 싶지 않소.
여관들 사이를 돌아다니고
싸구려 술집 사이에서 나쁜 짓을 하려 몸을 숨기고
배부른 벼룩들 사이에서 고난을 겪어야 하니까."

---

15) Historia Augusta. 117년에서 284년에 걸친 로마 황제들의 전기

아무리 황제와 친하다고 해도 '대로마제국의 황제'에게 이렇게 말하는 것은 쉬운 일이 아니다. 그만큼 언론의 자유가 보장되어 있었다고 볼 수 있다. 황제를 보고 느낀 자신의 생각을 거리낌 없이 표현할 수 있다는 점은 현대 헌법으로 보자면 양심의 자유나 사상의 자유가 보장되고 있는 것이다. 앞에서 말했듯이 무능하지만 황제의 아들이라는 이유만으로 황제가 되는 세습제가 아니라 능력 있는 정치인이 황제를 이어받는 시스템과 더불어 팍스 로마나를 이룬 오현제 시대의 단면이라고 하겠다.

언론의 자유 내지는 표현의 자유는 정치적 의사표현의 자유[16]로 민주주의가 성립하기 위한 전제조건이다. 언론의 자유가 있어야 민주주의라고 할 수 있으며, 반대로 민주주의 체제하에서만 언론의 자유가 보장된다. 북한을 비롯한 폐쇄적인 국가들에서는 언론의 자유가 보장되지 않으며, 따라서 그런 나라들을 우리는 민주주의 국가가 아니라고 평가하는 것이다. '국경 없는 기자회(Reporters Without Borders)'가 매년 각국의 언론자유지수를 발표하고 있다.[17] 우리나라는 180여 개 국가 중에서 30~40위권을 오르내리고 있다. 경제 규모나 다른 지표들에 비하여 조금 미흡하다는 생각이 든다. 물론 북한이나 중국은 최하위권이다.

---

16) 다른 기본권에 부수되어 있는 표현의 자유는 개별 기본권에서 보장한다. 예컨대 학문의 자유에 있어서의 표현의 자유는 학문의 자유에서 연구결과의 발표로서 보장된다. 예술의 자유, 종교의 자유, 근로3권 등에도 각각 표현의 자유가 포함되어 있다고 해석한다.
17) 프리덤 하우스(Freedom House)가 발표하는 언론자유지수도 있다.

[63] "빨리 대학생이 되고 싶어"(교수의 자유)

고등학교 시절에는 누구나 한 번쯤 "빨리 대학생이 되고 싶어"라고 생각해 보았을 것이다. 대학생, 즉 성인이 되어 미성년자의 출입이 금지된 술집이나 '19금 영화'를 보고 싶어 하는 것이다. 그런데 더욱 그런 생각을 할 때는 부모님이나 학교 선생님의 훈육에서 벗어나고 싶다는 생각 때문일 것이다. 고등학교는 대부분 정해진 교과과정에 따라 공부해야 하고, 특히 대학입시와 관련된 과목 위주로 공부하게 된다. 전공에 대한 분류는 문과와 이과, 그리고 예·체능계 정도의 분류만 있을 뿐 세부 전공이나 수강과목을 개별적으로 선택하기 어려운 것이 현실이다. 이에 비하여 대학생의 경우 자신이 선택하는 학과에 따라 공부하는 과목들이 달라진다. 어느 정도는 자신의 취향에 맞춰서 과목을 고를 수 있다. 가르치는 사람의 입장에서도 차이가 있다. 대학교수는 내용과 방식을 자유롭게 가르칠 수 있는 데 비하여 고등학교 이하의 교사는 내용과 방식을 스스로 선택하면 안 된다. 이것이 우리 헌법의 해석에 따른 원칙이다. 이렇게 구분되는 것은 대학생의 경우 성인이므로 비판 능력이 있어서 교수가 잘못된 것을 가르치는지 판단할 수 있다는 것이다. 오히려 단순한 지식의 전달이 아니라 판단 능력을 길러주는 것이 대학 교육이어야 한다는 말이다. 여기에는 '안 들을 자유' 즉 특정 교수의 특정 과목을 선택하지 않을 자유가 전제되어 있어야 한다. 이런 점에서 고등학생들은 미성년자이고 과목 선택의 자유가 없으므로 특정 교사의 '너무나 개성 있는' 교육을 받게 되면 이른바 '가스라이팅'[18]이 되어 버리는 것이다.

물론 현실적으로는 19세가 넘는 고등학생도 있을 수 있고, 반대로 미

---

[18] 가스라이팅(gaslighting)은 뛰어난 설득을 통해 타인 마음에 스스로 의심을 불러일으키고 현실감과 판단력을 잃게 만듦으로써 그 사람에게 지배력을 행사하는 것을 가리키는 말이다. 패트릭 해밀턴(Patrick Hamilton)의 연극을 원작으로 한 1944년 미국의 영화 '가스등(Gaslight)'에서 유래한 말이다. https://ko.wikipedia.org/wiki/%EA%B0%80%EC%8A%A4%EB%9D%BC%EC%9D%B4%ED%8C%85(검색 2024.1.1.)

성년자인 대학생도 있을 수 있다. 또 대학의 경우 필수 과목인데 하나의 강의만 개설되어 선택의 가능성이 없을 수도 있다. 반대로 교육부의 방침에 의하면 고등학교에서도 대학처럼 학점제를 도입하여(고교학점제) 선택 가능성을 확대하겠다고 한다. 그래서 우리의 교육 현실은 헌법 원칙에 잘 맞지 않는 면이 있다. 고등학교에서는 국민으로서 살아가는 데 필요한 기본적인 교양을 가르치고, 대학에서는 전공을 집중해서 가르치는 것이 필요한데 현실은 잘 안 따라주고 방향성도 맞지 않을 때가 많다. 고등학교든 대학이든 선택과목을 확대하면 무조건 좋은 것이라고 착각을 하는 사람들이 많아서 문제다. 고교 졸업자 중에서 대학에 진학하는 비율이 70%가량으로 늘어났지만 여전히 대학을 안 가는 사람도 있다. 대학생의 경우도 대학원에 진학하여 전공을 더 깊게 공부하는 사람은 소수에 불과한 것이 현실이다. 그렇다면 원래 취지에 맞게 고등학교는 보편교육을, 대학은 전공교육에 집중해야 한다. 이를 위해서 대학에는 대학의 자치와 교수의 자유가 보장되는 것이다(헌법 §31④ 참조).

그러나 현실은 대학도 국가의 통제가 심하여 자율성이 매우 위축되고 따라서 학문의 발전을 기대하기 어렵게 만든다.[19] 반면에 고등학교 이하에서는 지나친 자율이 방종과 교육의 포기로 이어지는 경우가 많다. 윤석열 정부 들어서 3대 개혁과제로 노동·교육·연금개혁을 외치고 있지만 실적은 미미하다. 이는 여소야대 상황으로 야당이 국회의 다수당이라 입법이 필요한 경우 협력을 얻지 못하기 때문이다. 다만 이를 여소야대 때문이라고만 해서는 안 된다. 정말 국가에 필요한 개혁이라면 국민을 설득하고 야당을 설득할 수 있어야 한다. 진지한 설득 노력이 아쉽다. 아무튼 교육 문제야말로 우리 사회가 심각하게 고민하고 논의를 이어가야 할 부분이라고 생각한다.

---

19) [58] 사교육 문제의 완벽한 해결 방안(실질적 평등) 참조.

[64] 인구절벽과 대한민국 소멸(사회권)

　요즘 출산율 저하로 대한민국이 수십 년 후에는 소멸될 것이라는 믿기 어려운 예측이 나오고 있다. 물론 '아무 대책 없이 현재와 같은 추세가 지속된다면'이라는 전제가 붙어 있기는 하다. 뉴욕타임즈는 "한국은 소멸하나?(Is Southkorea Disappearing?)"라는 제목의 칼럼을 싣기도 하였다.[20] 우리나라 합계출산율[21]은 2018년 0.98명으로 1명 선이 깨졌고, 이후 2020년 0.84명, 2022년 0.78명으로 추락했다. 2023년에는 0.72명, 2024년에는 0.68명으로 예상된다. 인구가 안정적으로 유지되기 위한 합계출산율은 2.1명이며 이보다 낮은 출산율을 저출산이라고 한다. 물론 우리나라를 비롯하여 대부분의 선진국은 출산율 감소가 국가적 과제가 되고 있다. 합계출산율 2.1을 넘는 선진국은 거의 없다. 합계출산율 1.66명(2022년)의 미국이 안정적인 인구를 유지하는 것은 매년 인구 0.3% 정도의 이민자를 받아들이기 때문이다. 14억의 인구를 자랑하던 중국마저도 합계출산율 1.09명(2022년)으로 세계 최대 인구국의 지위를 인도에 넘겨주었다(2023). 매년 세계 인구는 거의 1억 명씩 늘어나고 있는 것을 보면 출산율도 양극화현상을 겪고 있는 것이다. 출산율 저하는 인구노령화와 노동인구의 감소로 각종 사회문제를 불러온다. 아무튼 아무 대책도 통하지 않을 경우에 그렇다는 말이다.

　그렇다면 왜 출산율이 저하되고 그 해결책은 무엇일까? 결혼을 기피하고, 결혼하더라도 아이를 낳지 않는 청년들의 입장을 생각해 보자. 우선 취업률의 저하로 직장이 없는 경우가 많아졌다. 직장이 없는데 결혼하는 것이 쉽지 않다. 더구나 주택문제가 해결되지 않은 상태에서는 결혼도 출산도 기피하기 마련이다. 더구나 결혼과 출산을 했다고 하더라도 양육과 교육에 막대한 비용과 시간이 든다. 특히 사교육비용이 사회문제

---

[20] 뉴욕타임스 2023.12.2자
[21] 합계출산율은 한 여성이 가임기간(15~49세) 동안 평균 몇 명의 자녀를 낳는가를 말한다.

가 된 것은 어제오늘의 일이 아니다.22) 그러니 선뜻 결혼과 출산을 선택하기가 망설여지는 것이 당연하다.

정부는 저출산 문제를 해결하기 위하여 16년간(2006~2021) 280조 원을 썼는데 효과가 없었다고 한다. 그런데 280조 원이 그리 많은 것도 아니라는 생각이 든다. 예산의 내역을 살펴보면 위에서 얘기한 양육비와 교육비 등이다. 이는 저출산 예산이 아니라 당연히 지출해야 하는 비용들이다. 취업문제, 주택문제, 양육비와 교육비 등은 헌법상 사회권의 영역이다. 즉 근로의 권리(헌법 §32), 주거권(헌법 §35), 모성의 보호(헌법 §36②), 보건권(헌법 §36③), 교육을 받을 권리(헌법 §31) 등의23) 보장을 통하여 안심하고 결혼할 수 있는 조건이 충족되어야 출산율을 높일 수 있을 것이다. 특히 인간다운 생활을 할 권리나 사회보장제도(헌법 §34)의 실질적 보장이 증대되어야 한다. 결국 사회권의 보장이 전반적으로 확대되어야 해결할 수 있는 문제이다. 따라서 단순히 저출산 예산의 증대라는 좁은 시각에서 바라볼 문제가 아니다. 세부적으로는 너무나 많은 문제점과 해결책들을 들어볼 수 있다. 따라서 출산장려금처럼 특정한 정책 하나를 거론하면서 "그렇다고 애 많이 낳을까?"라고 비판하는 사람들은 자성해야 한다. 국가와 온 국민이 나서서, 할 수 있는 모든 일을 해야 하기 때문이다.

저출산 대책과 더불어 미국의 사례를 거울삼아 과감한 이민정책을 통하여 인구문제를 일부라도 해결해야 한다고 생각한다. 이민의 확대는 불가피한 선택이다. 물론 정부도 이에 대한 많은 연구와 정책을 추진하고 있다. 효율적인 추진을 위해서는 현재처럼 법무부가 담당할 것이 아니라 전문적인 이민청 같은 기구가 필요할 것이다.24) 그러나 더 중요한

---

22) [58] 사교육 문제의 완벽한 해결 방안(실질적 평등) 참조.
23) 여기에서 든 헌법 조문은 대표적 조문이고 관련 조항이 더 있을 수 있다.
24) 이 문제를 가지고 여야 의견대립이 있다는 것이 한심하다. 법률신문 2024.2.12., "이민청 공약으로 추진했던 민주당, '미운오리' 한동훈이 추진하자 신설 반대" https://www. lawtimes. co.kr/news/194072(검색 2024.2.12.)

문제가 있다. 이민의 확대를 위해서는 외국인을 편견 없이 받아들일 수 있는 국민적 포용력이 전제되어야 하는데, 우리는 일본과 더불어 폐쇄적인 나라로 알려져 있다. 물론 이민자의 확대는 또 다른 사회문제를 낳을 수 있으니 그에 대한 면밀한 대책과 속도 조절이 필요함은 물론이다. 그에 대한 참고 사례로, 서유럽 각국으로 들어오는 난민이나 이민자들과의 갈등을 들어볼 수 있다. 이민자의 나라인 미국도 남미에서 들어오는 불법 이민자를 막으려고 국경에 장벽을 설치하기도 했다.

자유권이 국가에 대하여 소극적으로 간섭하지 말아 달라는 요청을 하는 것에 비하여, 사회권은 적극적으로 국가에 대하여 어떤 지원을 해 달라는 의미의 기본권이다. 위에 든 것 외에 근로3권(헌법 §33), 환경권(헌법 §35), 등을 더 들 수 있다. 국가권력이 국민을 직접 괴롭히던 군주제나 근대 시민사회에 비하여 현대에 와서는 국가가 직접 국민의 자유를 침해하는 사례가 줄어든 만큼 사회적으로 논란이 되는 대부분의 문제들이 사회권 중심으로 논의되고 있다. 뉴스에 나오는 사회문제들, 물가나 주택문제, 청년 실업문제, 필수 의료 부족 문제, 국민연금 고갈 문제 등 대부분의 문제들이 사회권과 관련이 있다. 또 자유권도 평등원칙을 매개로 하여 자유권 식으로 해석하는 것이 요즘의 유행이다. 예를 들어 무슬림들이 신앙의 자유(헌법 §20①)를 들어 기독교나 불교에 비하여 차별받지 않도록 국가가 나서달라고 요청하는 것을 들어볼 수 있다. 또는 주거의 자유(헌법 §16)를 들어 국가가 나서서 사생활 보장이 어려운 쪽방촌이나 고시촌의 문제를 해결해 달라고 요구할 수 있을 것이다.

[65] 정권교체의 4가지 방식(민주주의와 선거)

'권불십년 화무십일홍(權不十年 花無十日紅)'이라는 말이 있다. "권력은 10년을 못 가고, 열흘 붉은 꽃은 없다."는 뜻이다. 평균적으로 그렇다는 말이다. 동서양을 막론하고 근대 민주주의 성립 이전의 왕들은 종신과 세습이니 10년을 넘기는 경우가 많았고, 또 20세기 이후에도 수십 년 독재 권력을 유지하는 나라들이 더러 있기는 하다. 하지만 현대에 와서 대체로 권력은 10년 이상 유지되기 어렵다는 말은 맞는 말이다.

왜냐하면 근대 입헌주의 헌법은 모두 선거로 권력의 담당자를 정하고 있으며, 대통령이나 수상 같은 권력의 직책은 임기가 정해져 있기 때문이다. 그러나 권력이 꼭 선거로만 교체되는 것은 아니다. 우리나라도 그렇고 세계적으로 보아도 수많은 사건이 일어나고 권력이 교체 되어왔다. 정권교체 방식을 다음과 같이 크게 4가지로 나누어 볼 수 있다.

첫째, 민주주의 원칙에 비추어 가장 하등한 방식의 정권교체는 무력에 의한 교체이다. 보통 군사쿠데타(Coup'detat)[25]라고 한다. 이른바 선진국이냐 아니냐를 결정짓는 중요한 잣대 중 하나이다. 군사쿠데타에 의하여 정권이 교체되는 나라는 선진국이라 할 수 없다. 근대화 과정에서 많은 사례가 있으며, 현대에는 남미나 아프리카, 아시아의 많은 나라들이 경험한 방식이다. 우리나라의 경우 1961년 5·16 군사쿠데타에 의한 제2공화국의 종말을 들 수 있겠다.

둘째, 집단 시위를 통한 정권교체로, 수많은 군중이 들고일어나 집권자를 내쫓는 경우다. 이것도 아랍의 봄, 아프리카의 민주화운동 등 사례가 많다. 우리나라의 경우 4·19혁명에 의한 이승만 정권의 종말을 들 수 있다.

---

[25] 쿠데타란 군사정변의 프랑스어인데, 지배층에 속하는 일부가 폭력적인 강제 수단으로 기존 통치세력을 몰아내고 정권을 탈취하는 것이다. 이에 비해 혁명이란 피지배계층이 지배계층을 규탄하고 권력을 전복시키는 것으로 권력 담당자의 근본적 교체를 의미한다.

셋째, 헌법상 제도인 탄핵을 통하여 정권을 교체하는 방식이 있다. 박근혜 대통령 탄핵이 그 사례다.

넷째, 가장 민주주의에 따른 정권교체이며 후유증이 적은 방식은 역시 선거를 통한 정권교체를 들 수 있다. 선거는 주어진 임기, 4년이면 4년, 5년이면 5년을 기다려서 다른 정치 집단에게 권력을 맡기는 것이다.

문제는 국민의 의식에 달려 있다. 국민의 입장에서 정당하지 않은 권력이 탄생하지 않도록 하는 것이 중요하다. 출발할 때는 합법적이고 국민의 지지를 얻어 탄생한 권력이 국민을 무시하고 불법적인 집단으로 바뀌는 경우도 많다. 독일의 나치가 그렇다.[26] 일단 불법적인 권력집단이 국가를 통제하기 시작하면 국민이 이를 쫓아내고 건전한 집단에게 권력을 맡기는 것은 매우 어렵다. 세계 각국에 존재하는 장기집권 국가들을 보면 이해할 수 있다. 그런 불법적 권력 집단에 대하여 최후의 경우에 저항하는 것을 저항권의 행사라고 한다. 그러나 이런 경우 실제 성공하는 경우는 드물다. 개발도상국에서 시위나 쿠데타를 통하여 기존의 불법적이고 억압적인 정권을 몰아낸다고 해도 결국은 다시 사람만 바꿔서 그런 권력이 다시 탄생했던 사례가 많다. 남미나 중동, 또는 아프리카에 그런 사례가 많다. 그런 역사를 반복하지 않으려면 언론의 자유의 확보, 법치국가의 정립, 민주적 선거제도의 확보 등 많은 것들이 필요하다. 무엇보다도 국민 대다수가 이런 문제를 잘 알고 있어야 한다. 독재권력에 의한 유화조치나 부분적인 혜택, 또는 안정적인 치안 등에 현혹되어서는 안 된다. 결론적으로 국민이 깨어 있어서 그런 독재자나 불법적 권력 집단이 생겨나지 않도록 하는 것이 중요하다.

---

[26] [54] 나찌와 히틀러(민주주의와 중우정치) 참조.

[66] 선거의 일상화(대통령제와 책임정치)

모든 나라가 민주주의 국가라고 말은 하지만 자세히 살펴보면 진짜 민주국가는 그렇게 많지는 않다.27) 북한의 정식 명칭이 '조선민주주의인민공화국'이라고 해서 북한을 민주국가로 분류하지는 않는다. 또 민주국가라고 해도 그 민주화 수준은 천차만별이다.

민주국가로 분류할 수 있는 기준은 여러 가지가 있을 수 있겠으나 결국 기준은 국민이 국가의 주인으로서 국민주권이 확립되어 있어야 한다는 점이다. 국민주권이 확립되어 있다는 것은 무엇을 보고 알 수 있을까? 선거를 통하여 대의기관인 대통령이나 의회가 구성되고, 국가의 근본적인 문제에 대해서는 국민투표를 통하여 국민이 직접 결정할 수 있어야 한다.

우리나라도 헌법상 국민주권이 선언되어 있다고 해도, 실질적으로 국민이 주인 대접을 받는 것은 선거 때뿐이 아닐까 한다. 국민투표는 예외적인 경우에만 실시되는 것이다. 헌법상 국민투표는 헌법개정의 최종적 결정절차(헌법 §130②)와 대통령이 국가안위에 관한 중요정책에 대하여 국민투표에 부칠 때(헌법 §72)의 2가지 경우만 있다. 둘 다 평상시에는 시행되지 않는 것이다. 우리나라에서 국민투표는 헌법개정과 관련되어 시행된 5번과 박정희 대통령과 유신체제에 대한 신임투표(1975) 1회가 전부다. 가장 최근 국민투표는 현행 헌법개정과 관련된 1987년이다. 그러니 주권자인 국민의 의사를 표현하는 방식으로는 일상적이지 않은 것이다. 가끔 사회적으로 논란이 큰 사건의 경우 "국민투표로 정하자."는 의견이 정치권에서 나오지만, 헌법적으로 국가 전체의 의사를 결정하는 방식은 대통령이나 국회가 결정하는 것들이 정해져 있으므로 그 결정절차를 무시하고 국민투표를 할 수는 없다. 그렇다면 위에 든 2가지만 국

---

27) [52] 수호지의 양산박(국가·국민주권·대의제) 참조.

민투표의 대상이 된다. 요건은 그 문제가 된 사안이 '국가 안위에 관한 중요정책'인가에 달려 있다. 1954년 헌법은 이에 대하여 '대한민국의 주권의 제약 또는 영토의 변경을 가져올 국가안위에 관한 중대사항'이라고 풀어서 규정한 적이 있다(당시 헌법 §7-2).

그렇다면 평상시에 국민의 의사를 확인하는 방법은 선거가 거의 유일하다고 할 수 있다. 그런데 현재 대통령은 임기가 5년, 국회의원은 4년이다. 공직선거법에 따르면 국회의원선거 중간에 지방선거를 치르게 되어 있다. 그래서 2년마다 전국 단위 선거가 시행되며, 대통령 선거는 별도의 주기로 돌아온다. 대통령 선거와 국회의원 선거가 미국처럼 맞물려 돌아가게 하여 2년마다 선거가 이루어지면 국민의 의사를 주기적으로 확인할 수 있어서 좋을 듯하다. 그래서 대통령 임기만이라도 헌법개정을 하자는 의견이 나오는 것이다. 노무현 대통령이 추진했던, 지금도 많은 지지를 받는 '대통령 4년 연임제' 원포인트 개헌이다. 그런데 현행 헌법을 개정한 지도 30년이 훨씬 지났지만 개헌이 이루어지지 않고 있고 당분간 쉽게 개헌이 이루어질 것 같지는 않다. 국회의원선거도 현재는 총선거주의를 채택하고 있어서 일거에 국회의원이 전부 바뀐다. 이것도 일부씩 바꾸는 것이 좋겠다. 그러려면 3분의 1이나 2분의 1씩 선거를 하는 것이 좋겠다. 적어도 중간에 재·보궐선거[28]로 당선되는 경우 임기를 새로 시작해서 일부 의원이라도 임기가 끝나는 시기가 달라서 선거 때 한꺼번에 바뀌지 않게 하는 것도 하나의 방법이다. 이 방식도 사례가 누적된다면 선출시기를 상당히 분산시킬 수 있다. 국회의원이나 지방의원이 일부씩 바뀌게 되면 의회 권력의 교체가 서서히 이루어진다. 국민의 입장에서는 정책의 변화가 천천히 이루어지며 방향을 예측할 수 있어서 충격이 적고, 그 과정에서 더 나은 대안이 제시될 수도 있다.

---

[28] 재·보궐선거는 재선거와 보궐선거를 합친 말로, 재선거는 선거 자체에 문제가 있어 선거가 무효로 되거나 당선인이 선거범죄로 당선 무효가 되었을 때 실시한다. 보궐선거는 선출직 공직자가 사망, 사퇴 등으로 빈자리가 생겼을 때 실시한다.

선거가 주권자인 국민의 거의 유일한 의사표현이라면 '선거의 일상화'가 필요하다. 물론 잦은 선거는 관리와 비용의 문제가 발생하고 안정적인 정치 상황을 만드는 데 어려움이 발생한다. 그래도 지금처럼 정치권에서 임기 내내 상대방 탓을 하며 싸울 때, 주기적으로 국민의 뜻을 확인하는 것이 바람직하다. 필자의 개인적 견해로는 매년 전국 단위 선거가 있어도 좋을 듯하다. 또는 전국 단위의 선거가 아니더라도 지역적 선거가 매년 주기적으로 실시되면 국민의 뜻을 확인하는 데 도움이 될 것이다. 여야 정치권에서는 서로 자신들이 국민의 지지를 받고 있다고 허풍을 치는데 실제로 국민의 뜻을 확인시켜 주어야 할 것이다.

여기서 한 가지 더 짚고 넘어갈 것이 있다. 우리 헌법은 분명히 대통령제를 규정하였다. 그런데 현재의 우리나라 미국처럼, 위회가 '여소야대'인 경우 누가 국정의 책임을 지는 것인지 불분명하다. 즉 대통령 소속 당과 국회의 다수당이 다른 경우 국정운영에 문제가 있으면 누구에게 책임을 물을 것인가가 모호하다. 국민 정서로는 여대야소건, 여소야대이건 무조건 대통령의 책임이라는 의식이 강한 것으로 보인다. 그러나 현실은 그렇지 않다. 헌법 시스템이 대통령에게 전권을 주지 않은 상태에서 대통령에게 무엇이든지 책임을 지라고 하니까 여야 모두 서로 말싸움만 하고 아무도 책임을 지지 않는 분위기가 형성된다. 그런 점에서 의원내각제는 의회의 다수당이 행정부도 구성하므로 책임의 소재가 분명하다. 그러나 의회정치 경험이 짧고 아직 민주국가의 경험이 짧은 나라들은 의원내각제로는 효율적 국가 운영이 어려워 대통령제를 선호한다. 두 가지 정부형태 모두 장단점이 있다. 선진국 중에서는 미국을 제외하고 대부분 의원내각제 정부형태를 취하고 있다. 우리나라도 장기적으로는 의원내각제가 바람직하다는 생각을 하지만 지금 당장 도입하기에는 무리다. 특히 의원내각제 경험의 부족으로 국민이 선호하지 않는다는 점이 걸림돌이다.

의회주의의 경험이 적다고 한 것은 정권교체, 즉 다수당의 교체를 많이 경험하게 되면 다수당은 소수당이 될 수도 있다는 점을 염두에 두고 소수당을 존중하고 여야가 협의하게 되는 것인데 우리는 아직 부족하다는 의미다. 물론 현행 헌법 하에서도 몇 번의 정권교체를 경험한 바 있으나 정치인들은 아직 체득하고 있지 못한 것으로 보인다. 한 번의 선거가 생과 사를 가르는 전쟁처럼 수단과 방법을 가리지 않고 공격하고, 선거에 패배하더라도 승복하지 않고 다음 선거를 위해 더 극단적으로 대립한다. 평상시에 국민을 위한 정책을 마련하고 서로 비판과 타협을 통하여 국민을 위한 정치를 해야 국민이 행복해진다는 사실을 정치인들만 잘 모르는 것 같다.

[67] 왕과 대통령(권력분립, 입법·행정, 정당)

조선시대의 왕과 현재 우리나라의 대통령 중 누구의 권력이 더 셀까? 또 우리나라와 미국의 대통령은 누구의 권한이 더 클까? 일반적으로 생각하면 왕이 대통령보다 더 권력이 세다고 생각할 것이다. 그렇게 생각할 수 있는 이유는 왕은 국가 운영에 있어서 전권을 휘두른다고 알고 있기 때문이다. 왕의 명령이 곧 법이고,[29] 중죄인에 대하여 직접 재판도 하고,[30] 당연한 일이지만 인사권과 행정에 대하여도 대부분의 권한을 가지고 있다. 그러나 이는 권력분립이라는 근대 헌법상 원리의 측면에서 본 것이고 구체적으로 보면 꼭 그렇지도 않다. 연산군처럼 법을 무시하는 경우 왕을 견제할 장치가 별로 없었지만 대부분의 조선시대 왕들은 신하들의 말을 무시하지 못하여 자신의 뜻을 굽힌 경우도 많다. 왕의 뜻에 반대의 의사를 전달하는 여러 장치가 있었는데 사간원(司諫院)이 대표적이고, 상소제도도 일정한 범위에서 왕권에 대한 견제 역할을 하였다. 그래서 조선시대의 권력구조는 왕권과 신권(臣權)의 견제와 균형으로 표현할 수 있다.

이에 비하여 현재의 대통령은 국민의 직접선거로 권력을 위임받아 전권을 휘두를 수 있다. 이에 대한 견제와 균형, 즉 권력분립은 의회의 견제가 중요하다. 국회의원들도 국민에 의하여 직접 선출되어 민주적 정당성을 갖추고 있다. 국회는 입법기관이지만(헌법 §40) 복잡한 현대 행정에 따라 행정부가 입법과정에서 주도적 역할을 한다. 대신에 국회는 국정통제기관으로서의 기능이 강조된다. 그런데 국회가 대통령을 효과적으로 견제할 수 있는 경우는 국회에서 대통령 소속 정당[31]이 소수당일 경우이다. 즉 '여소야대'일 때는 대통령을 효과적으로 견제하게 된다. 그

---

[29] 이를 칙령(勅令)이라고 한다.
[30] 이를 친국(親鞫)이라고 한다.
[31] 대통령제 하에서는 대통령 소속 정당을 여당(與黨) 또는 집권당이라고 한다.

러나 반대의 경우, 즉 '여대야소'일 때는 다수당의 입장에서 같은 당 소속의 대통령을 견제하기 쉽지 않다. 의견의 차이는 정당 내부에서 조율되고 국회를 통하지 않는 것이 일반적이다.

그렇다면 조선시대 왕보다 현대의 대통령이 더 권한이 셀까? 이는 보기에 따라 달라질 수 있는데, 결정적인 차이는 왕은 종신이고 세습이라는 점이다. 대통령은 선거직이고 임기가 제한되어 있다. 아무리 권한이 세어도 시간적 한계가 엄연히 존재하는 것이다.

미국과의 비교는 어떨까? 비교적 행정과 의회가 분리되어 운영되는 미국의 경우 대통령의 권한이 우리나라보다 제한적이다. 우리의 경우 대통령이 소속 정당을 통하여 또는 장관을 겸직하는 의원들을 통하여 양쪽에 의사를 전달하거나 관철하기가 수월하다. 특히 국회의원 선거에 있어서 공천제도가 중앙집권화되어 있다는 점이 미국보다 더 대통령과 정당 대표의 권한을 확대·강화하는 역할을 한다.

권력분립 하면 고전적으로 3권분립을 떠올린다. 이는 국가의 기능을 입법·사법·행정의 셋으로 나누고 이를 각각 다른 주체에 맡겨서 상호 견제와 균형을 이루게 함으로써 국가권력의 남용을 막고 결과적으로 국민의 자유와 권리를 최대한 보장하고자 하는 제도다. 여기서 입법과 행정·사법의 차이를 알아보자. 먼저 입법이란 법규범을 정립하는 것을 말하는데 국가의사를 결정한다고도 표현한다. 국민의 의사를 확인하여 법의 형태로 만드는 것이다. 법을 만드는 기관을 입법기관이라고 하는데, 우리의 경우 국회와 정부다.[32] 이렇게 만들어진 법은 일반성과 추상성이 그 특징이다. 그렇지 않은 것은 법이 아니다. 그 반대 개념이 개별성과 구체성인데 이는 행정의 특징이다. 즉 법이라는 기준을 구체적인 사람이나 사건에 적용하는 것이 행정이다. 사법(司法)은 사후에 이를 판단하여 무엇이 법인지 선언하는 작용이다. 행정과 사법은 넓은 의미의 집행에 포

---

[32] 헌법 §40 "입법권은 국회에 속한다." 헌법 §52 "국회의원과 정부는 법률안을 제출할 수 있다."

함하여 부르기도 한다.

　이러한 권력분립은 현대에 와서 정당의 발달로 이전과는 전혀 다른 형태를 띠게 되었다. 우리나라를 예로 들자면, 대통령 소속 정당이 국회의 다수당인 경우 행정부와 입법부, 나아가 사법부의 대다수 구성을 장악하게 된다. 왜냐하면 대법원장이나 헌법재판소장의 경우 대통령이 국회의 동의를 얻어 임명하고 대법관과 헌법재판관의 임명에도 간여하기 때문이다. 결국 집권당을 통해서 입법·사법·집행부를 다 장악할 수 있게 된다. 그래서 입법부나 사법부의 독립이 중요하게 논의되는 것이다. 물론 앞서 얘기한 대로 대통령 소속 정당이 국회에서 소수당이면 실질적으로 국회가 대통령을 견제할 수 있다. 다르게 표현하면 집권당에 대한 야당의 견제라고 할 수 있다.

[68] 패키지 입법과 특별법 전성시대(입법)

앞의 항목에서 국가의 기능들을 살펴보았는데, 입법에 대하여 좀 더 알아보자. 헌법은 입법권을 국회에 부여하고 있지만, 입법에 관한 모든 권한을 국회가 갖는다는 것은 아니다. 우리는 대통령제답지 않게 법률안 제출권은 국회의원뿐 아니라 정부도 가지고 있다(헌법 §52). 또 국회에서 의결된 법안은 대통령이 거부권(재의요구권)을 행사하면 다시 국회로 넘어와서 다시 표결하게 되며, 재의결하려면 출석의원의 3분의 2 이상의 찬성이 필요하다(헌법 §53④). 이는 미국에서 유래된 제도로 의회 다수당의 횡포를 막기 위한 제도다. 미국이 영국의 식민지 시절에 영국 의회로부터 특별법을 통하여 식민지에 대한 차별 대우를 경험한 것이 계기가 되었다. 국회가 최종 의결한 법률안은 대통령이 이를 공포(公布)한다(헌법 §53①). 대통령은 법률안 공포를 거부할 수는 없다. 거부하면 국회의장이 공포하기 때문이다(헌법 §53⑥). 아무튼 기본적으로는 국회가 법률제정의 주도권을 쥐고 있는 것은 맞다. 다만 모든 것을 법률의 형식으로 다 규율할 수는 없는 것이므로 대통령령이나 총리령·부령에 위임을 하거나, 지방자치단체의 조례나 규칙으로 정하도록 하기도 한다.

국회는 국회의원으로 구성되며, 국회의원은 국민의 보통·평등·직접·비밀 선거로 구성된다(헌법 §41①). 따라서 국회의원은 다음 선거에서 당선되는 것이 개인적으로는 최대의 목표가 되고, 따라서 입법을 행할 때도 표를 의식할 수밖에 없다. 그래서 일반법의 부분적 보완이 필요한 경우에도 특별법을 만들어서 자신들의 업적으로 포장하는 경향이 있다. 이러한 경향은 앞서 설명한 일반성과 추상성이라는 법의 특징[33]에서 벗어나서 개별적인 사례에 적용되는 법을 만들게 된다. 현재 우리나라는 '특별법 전성시대'라고 할 만하다.[34] 법을 지켜야 하는 국민의 입장에서는

---

33) [67] 왕과 대통령(권력분립, 입법·행정, 정당) 참조.
34) [27] 유방(劉邦)의 '공약삼장'(일반법과 특별법) 참조.

법을 알기 어렵고 혼란스러울 수밖에 없다. 꼭 필요한 특별법도 있지만 일반법에 통합되어야 할 특별법이나 폐지해야 할 법률들도 많다. 그러나 이런 법들이 빨리 정리되지 않는 것은 국회의원들이 선거에서의 표를 의식하므로, 법을 정리하고 통폐합하는 일은 생색이 나지 않는다는 인식 때문이다. 예컨대 「중대재해 처벌 등에 관한 법률(중대재해처벌법)」의 경우 기존의 산업안전보건법과 내용이 중복되거나 상호 충돌하는 규정이 많다. "…중대재해를 예방하고 시민과 종사자의 생명과 신체를 보호함을 목적으로 한다."는 법의 목적(중대재해처벌법 §1)은 너무나 정당하다. 그러나 실제로 중대재해가 줄어들고 있지 않다고 한다. 따라서 여당과 야당은 이 법을 '50인 이하 사업장에 적용하는 것을 2년 유예하는 문제'로 싸울 것이 아니라 이 법이 실제 중대재해를 줄일 수 있도록 내용을 재검토해야 한다. 산업안전보건법의 개정을 통하여 목적 달성을 할 수 있었는데 '정치적 쇼'를 위해 이 법을 또 만들었는지 반성하여야 할 것이다.35)

한편 국회는 여야의 대립이 있게 마련이고 여당과 야당은 이해관계나 목표가 상충하기 마련이다. 따라서 협상 과정에서 주고받기식의 이른바 '패키지 입법'이 횡행하는데 이는 국민에게 크나큰 폐해를 가져온다. 법률 하나하나가 국민에게는 심대한 이해관계의 변동을 가져오므로 장기적이고 심도 있는 논의와 합의가 필요하다. 다수의 의견이 모일 때까지 섣불리 입법을 할 문제가 아니다. 이에 관해서도 수많은 사례가 있지만 비교적 최근의 사례로는 2021년 추진된 이른바 '검수완박법'36)과 '연동형비례대표제'37)의 패키지 입법을 들어볼 수 있겠다. 몇 년이 지났어

---

35) 정진우, '실효성 없는 중대재해법, 소기업 확대 적용은 무책임'(동아시론), https:// www. donga. com/ news/Opinion/article/all/20240207/123441416/2(검색 2024.2.8.)
36) '검찰수사권 완전박탈법'이라는 의미로 「검찰청법」과 「형사소송법」 개정안을 말한다. 내용에 대해서는 [51] '검수완박법'(예시와 열거) 참조.
37) 공직선거법상 국회의원 선거제도를 득표율과 의석비율을 맞추도록 비례대표의석을 배분하는 것으로 개정한 것을 말한다. 거대 양당에 불리한 방식인데, 이른바 '위성정당'의 설립이라는 편법을 통하여 실제로 기존 소수당의 의석이 늘지는 않았다.

도 아직도 논란이 계속되고 있다. 그런데도 당시 제1당인 더불어민주당과 정의당 등 소수당의 이해관계가 맞아서 패키지 입법으로 진행된 것으로 평가할 수 있다.

　법을 제정하고 나서 미처 예상하지 못했던 부작용이 발견되는 경우나 사회의 변화에 따른 개정 필요성에 대해서는 의원들이 소극적인 경우가 많다. 일단 법을 만들고 나서는 이해관계가 새로 형성되므로 새로운 정치적 적을 만나게 되기도 하며, 애당초 입법과정의 과오를 인정하기 싫어하기 때문이다. 아무튼 악법은 만들기는 쉽지만 되돌리기는 몇 배나 어렵다고 생각된다. 이러한 입법과정의 문제점들은 어떻게 해소될 수 있을까? 국민이 잘 알고 비판할 수 있어야 한다. 국회의원들은 임기만 끝나면 그만이지만 국민의 삶은 계속되고, 그 법은 폐지되거나 개정되기 전까지는 국민의 삶을 계속 규율하기 때문이다. 이러한 입법과정의 문제점은 쉽게 해결되지 않을 것이다. 이를 해결하기 위한 유일한 방법은 국민이 깨어 있고 이에 대하여 관심과 비판을 통하여 입법기관을 압박하는 수밖에 없다고 생각한다.

[69] 세금이 없는 북한(세법·납세의무)

북한에는 세금이 없다고 한다. 북한은 세계에서 유일하게 세금을 내지 않는 나라라고 선전해 왔다. 1974년 「세금 제도를 완전히 없앨 데 대하여」라는 최고인민회의 법령을 채택하여, 1974년 4월 1일부터 공식적으로 세금 제도를 폐지하였다. 그래서 북한은 4월 1일을 '세금 제도 폐지의 날'로 정하여 매년 기념하고 있다고 한다. 세금 제도의 폐지라는 말이 보여주듯 그 이전까지는 북한에서도 세금이 존재했었다. 노동자들과 사무원들을 대상으로 한 소득세, 지방자치세 등이 있었고 이것으로 국가재정을 운영하였다.

그런데 지금은 정말 세금이 없는 것일까? 국가를 운영하기 위해서는 재원이 필요하고 그 재원은 국민이 내야 한다. 집주인이 집을 관리하기 위해 필요한 비용을 부담하는 것과 마찬가지다. 우리 헌법은 "모든 국민은 법률이 정하는 바에 의하여 납세의 의무를 진다(헌법 §38)."고 하였고, "조세의 종목과 세율은 법률로 정한다(헌법 §59)."고 규정하였다. 이에 따라 국회가 각종 세법을 제정하고, 정부가 납세업무를 담당하고 있다.

북한이 세금을 폐지했다고는 해도 국가를 유지하기 위해서는 재원이 필요한 것이 당연하다. 북한의 경우 거래 수입금, 국가기업 이익금, 협동단체 이익금, 봉사료 수입금, 사회보험료 수입, 국가재산 판매 및 기타 수입 등의 이름으로 재원을 걷어가는 것이다. 결국 말장난에 불과하다. 해외에서 일하는 북한 동포들의 임금 중 상당 부분을 북한 정부가 가져간다는 것은 잘 알려져 있다. 오히려 우리나라처럼 세법과 이에 따른 기획재정부와 국세청 등 세금 관련 법령과 조직이 없으므로 우리 시각에서 보면 북한 국민이 '착취당하는' 것으로 보인다.[38] 정말 착취인지는

---

38) 근대 입헌주의 헌법에서 국민의 의무로 납세의 의무를 정한 것은, 왕이 임의로 국민의 재산을 빼앗아 가던 것으로부터 헌법과 법에 의하여 국민을 보호하기 위한 것이었다.

근로자 본인이 받는 임금과 여기서 북한 정부가 가져가는 재원의 비율이나 절차 등 정확한 정보가 없어서 판단하기 쉽지는 않다. 한편 알려져 있기로는 공식적인 예산이라는 것은 내각의 예산이고, 당과 군은 별도로 재정이 운영된다고 한다. 그래서 권력 암투가 벌어지는 원인이 된다고 한다.

세금은 국가나 지방자치단체의 재정에 충당하기 위하여 반대급부 없이 법률에 의하여 강제로 거두는 금전 또는 재화를 말한다. 따라서 반대급부가 있는 사용료와 수수료와는 다르다.[39] 또 어떤 사업의 수혜자에게 일정한 비용을 부담시키는 분담금과도 다르다. 또 세금 정책은 매우 복잡하고 다양한 기능을 수행한다. 국가나 지방재정을 충당하는 기능 외에도 부의 재분배를 위하여 누진세를 운영하기도 한다. 우리나라의 소득세나 상속세 등 대부분의 세금이 누진세다. 누진세란 과세 물건의 수량 또는 금액이 커지는 데 따라 점점 높은 세율로 부과하는 조세를 말한다. 또 세금과 재정정책을 통하여 불경기를 극복하고 경제 활성화를 꾀하기도 한다.

우리나라 휘발유 가격이 미국보다 비싼 이유는 세금 때문이고, 주세법에 따라 우리 국민이 마시는 술의 종류와 가격에 영향을 미치는 등 국민 생활과 매우 밀접한 관련이 있는 것이 세금이다. 또한 경제 발전에 맞춰서 세금을 징수하고, 이를 토대로 예산을 편성·집행해야 하므로 매년 미세한 조정이 필요하다. 그래서 세법은 늘 변하고 복잡하다.

예산은 정부가 편성하고 국회가 심의·의결하여 집행한다. 국가예산을 보면 세입(歲入)과 세출(歲出)[40]이 모두 나오지만 실제 법적 강제력이 있는 것은 세출 부분이 국가기관의 지출 행위를 강제하는 것뿐이다. 국민이 내는 세금은 예산의 세입에 의하는 것이 아니라 세법에 따라 징수

---

[39] 사용료는 공공시설을 이용함으로써 이익을 받는 경우에 부과하는 것이고, 수수료는 공무원의 특별한 활동에 의하여 이익을 받는 경우에 부과하는 것이다.
[40] 세입과 세출, 즉 한 해의 총수입과 총지출을 의미한다.

된다. 따라서 국민이 정기국회 말기에 국회에서 예산심의를 할 때는 예산안보다는 이와 관련된 세법의 개정에 주목해야 한다. 그러나 국민은 자세한 내용을 알기 어렵다. 그래서 전문가들이 분석하고 국민에게 알려야 한다. 국가기관이 아니라 시민단체가 전문가를 동원하여 분석해야 공정성이 생긴다. 공무원은 정부 편을 들 가능성이 크기 때문이다. 시민단체가 전문가를 동원하는 비용은 국민(시민)의 자발적 기여금(회비)으로 충당해야 한다. 그러나 우리나라 시민단체는 정부나 지방자치단체의 보조금에 의지하는 경우가 많다. 그래서는 정부나 지방자치단체를 실질적으로 비판하고 견제하기 어렵다.

[70] 발명특허는 확인, 운전면허는 허가(행정행위)

　우리나라가 역동적이라는 것은 어디 가나 볼 수 있는 건설 현장에서 확인할 수 있다. 물론 다른 나라도 그렇겠지만 유독 우리나라에서 건설 현장이 더 많이 눈에 띄는 것처럼 느껴진다. 그런데 건축을 하려면 시청이나 구청 같은 행정기관으로부터 건축허가를 받아야 한다. 내 땅에 있는 내 건물을 부수고 다시 지으려 해도 마찬가지다. 도시계획이나 기타 관련된 사항들을 고려하여야 하기 때문이다. 보통 이를 '인허가'를 받는다고 한다. 그런데 이런 행정법의 용어들은 매우 복잡하고, 일상에서 잘 쓰지 않는 용어들이다. 심지어 법령에서 쓰는 용어와 학문적 용어가 통일되어 있지 못한 경우도 많아 일반인들이 매우 어렵게 생각하는 분야가 행정법 분야이다.
　행정법에는 행정기본법(2021)과 행정절차법(1998), 행정심판법과 행정소송법, 행정대집행법 등이 있으며, 각 분야를 막론하고 수 많은 단행법률들이 만들어져 있다. "행정법은 헌법의 각론이다."라는 말이 있는데 행정법의 특성을 잘 말해 준다.
　앞에서 대통령령과 부령을 실무에서는 시행령과 시행규칙이라고 부른다고 하였다. 또 법의 특징을 일반성과 추상성이고 그 반대 개념은 개별성과 구체성이라고 하였다. 바로 이 개별성과 구체성이 행정행위의 특성이다. 즉 행정기관이 구체적인 사례에 법령을 적용하여 어떤 효과를 만들어 내는 것을 '행정행위'라고 한다. 그런데 이는 학문상의 용어이고 실무에서는 '처분' 또는 '행정처분'이라고 한다. 행정부에서 하는 일들은 행정행위가 중요하지만 행정입법이나 행정구제 등 여러 분야에서 업무를 수행한다. 자세한 것은 이 책에서 다루기에는 너무나 많고 복잡하다. 다만 몇 가지 일상에서 부딪힐 수 있는 개념들을 살펴본다.
　인허가는 인가(認可)와 허가(許可)를 함께 부르는 말이다. 허가는 일반적으로 금지된 것을 특별한 경우에 해제하여 행위를 할 수 있도록 하는 것이다. 건축허가를 생각하면 된다. 인가는 제3자의 법률적 행위를 행정청이 동의·승인의 형식으로 보충하여 그 법률상 효과를 완성시켜 주는 행정행위를 말한다. 전기요금이나 버스요금 등 공공요금의 경우는 그 운영 주체가 요금을 단독으로 결정하는 것이 아니라 관할 시청(구청)의 승인을 받아야 하는데, 이런 경우를 인가라고 한다.

또 허가와 비슷한데 헷갈리는 것으로 특허가 있다. 특허는 특정인에 대하여 새로운 권리, 능력 또는 포괄적인 법률관계를 설정하는 행정행위이다. 공기업특허나 귀화, 공무원 임명 등이 여기에 해당한다. 이는 학문적인 정의이다. 실무에서는 면허나 허가 등의 용어가 쓰인다. 일반인들이 특허라고 하면 특허법상의 특허를 말하는데 이는 학문상의 용어로는 특허가 아니라 확인행위이다. 무슨 말이냐 하면, 어떤 사람이 무엇을 발명하면 당연히 그 발명품에 대한 권리를 가지는 것이고 특허청이 공적으로 그 점을 확인해 주는 것에 불과하다는 것이다. 앞서 설명한 허가도 다른 용어로도 쓰인다. 예컨대 운전면허는 허가다. 아무나 운전하면 위험하므로 금지되어 있으나 운전 능력이 있고 교통법규를 지킬 의지가 있는 경우에는 그 일반적 금지를 풀어서 운전을 할 수 있게 해 준다는 의미다. 이런 복잡한 개념들이 많으므로 일반인들이 어려워하는 분야라고 한 것이다. 자세한 것은 행정법 전공에서 배운다.

한 가지 덧붙일 말이 있다. 건축허가나 영업허가 등이 대표적인 허가의 사례인데 허가를 내주는 담당 공무원이 판단해야 하는 것들이 많다. 예컨대 건축법 제11조 '건축허가' 규정을 보자. 제4항은 "허가권자는 제1항에 따른 건축허가를 하고자 하는 때에 건축기본법 제25조에 따른 한국건축규정의 준수 여부를 확인하여야 한다. 다만, 다음 각 호의 어느 하나에 해당하는 경우에는 이 법이나 다른 법률에도 불구하고 건축위원회의 심의를 거쳐 건축허가를 하지 아니할 수 있다. 1. 위락시설이나 숙

박시설에 해당하는 건축물의 건축을 허가하는 경우 해당 대지에 건축하려는 건축물의 용도·규모 또는 형태가 주거환경이나 교육환경 등 주변 환경을 고려할 때 부적합하다고 인정되는 경우…"라고 하고 있다. 이 규정의 요지는 법령의 기준에 일응 맞는 것이라고 하여도 '주변 환경을 고려할 때 부적합하다고 인정'되면 허가를 안 내줄 수 있다는 것이다. 물론 담당 공무원이 임의로 허가를 내주고 안 내주고 할 수는 없으며, 하위법규나 관행 기타 여러 가지 기준들이 마련되어 있다. 그러나 일반인 입장에서는 잘 알 수가 없으니, 담당 공무원이 임의로 허가를 내 주는 것으로 보인다. 따라서 담당 공무원과 친해져야 인허가를 쉽게 받을 것으로 기대한다. 친해지려고 노력하다가 무리하게 되면 결국 뇌물을 주고받게 되는 것이다. 최대한 법이 명확하고 엄격히 집행되어야 국가의 청렴도가 높아지는 것이지 뇌물을 받은 공무원을 개인 차원에서 아무리 비난하고 처벌해도 해결되기 어려운 문제다.

[71] 잘 먹고 잘 사는 법(민법과 상법)

요즘 사람들은 TV나 신문보다 유튜브를 더 많이 본다고 한다. 그런데 AI가 발달하다 보니 한번 본 것을 기억하여 유사한 것을 그 사람에게 다시 추천해 준다. 그래서 같은 유튜브를 본다고 해도 사람들은 각각 보는 내용이 달라진다. 개인적 경험으로는 어떤 물건을 검색해 보거나 사는 경우 똑같은 것을 다시 띄워주는 경우가 많아서 아직은 AI가 미숙하다는 느낌을 가진 적이 있다. 예컨대 구두를 하나 샀다면 똑같은 구두를 보여줄 것이 아니라 운동화를 보여주거나 정장하는 데 필요한 양복을 보여주어야 하는 것 아닌가. 아무튼 사람들은 본 것만 계속 보게 되므로 한 가지 생각만 더욱 깊어지게 된다. 이러한 확증편향(Confirmation Bias)[41]은 우리 사회를 비롯한 각국에서 극단적 사회분열의 주원인으로 지목되고 있다.

그런데 인기 유튜브 채널의 많은 수가 '먹방 프로그램'이라고 한다. 당연히 사람은 잘 먹고 잘 살아야 한다. 먹고 사는 문제가 인간 사회에서 매우 중요한 관심사라는 것은 긍정할 수 있다. 물론 먹는 문제만이 인간의 주요 관심사일 수는 없다. 그러나 먹을 것이 부족한 극단적 상황에서는 먹는 문제가 인간 생존의 필수조건일 것이다. 2023년 이스라엘과 하마스의 전쟁으로 고립된 가자지구의 피난민촌에서 어떤 어린아이를 인터뷰한 장면이 뉴스를 탔다. 기자가 그 아이에게 "지금 가장 필요한 것이 무엇이니?"하고 물었더니, "닭고기 요리요."라고 대답하는 장면이었다. 잊혀지지 않는 장면이다.

법은 잘 먹고 잘 사는 문제에 관하여 정하고 있다. 대표적인 것이 민법이다. 민법은 재산과 관련된 것과 그 거래에 관한 것, 결혼을 통하여 가족을 이루고, 상속을 통하여 후손의 사는 문제 등을 규정하고 있다.

---

41) 확증편향이란 자신의 견해 내지 주장에 도움이 되는 정보만 선택적으로 취하고, 자신이 믿고 싶지 않은 정보는 의도적으로 외면하는 성향을 말한다.

우리 민법에서는 어떤 내용들을 규정하고 있는지 다음 목록을 살펴보자.

 제1편 총칙: 통칙, 인(人), 법인, 물건, 법률행위, 기간, 소멸시효,
 제2편 물권: 총칙, 점유권, 소유권, 지상권, 지역권, 전세권, 유치권, 질권, 저당권
 제3편 채권: 총칙, 계약, 사무관리, 부당이득, 불법행위
 제4편 친족: 총칙, 가족의 범위와 자의 성과 본, 혼인, 부모와 자, 후견, 부양
 제5편 상속: 상속, 유언, 유류분

 이렇게 민법에는 우리가 사는 데 필요한 재산관계와 가족관계가 규정되어 있다. 물론 앞에서 설명한 대로 이 모든 내용이 강행법이 아니라 임의법이[42] 많은 부분을 차지하고 있지만, 사람이 살아가면서 발생할 수 있는 문제들에 대하여 기준을 제시하고 있다. 자세한 내용을 지금 알 필요는 없다. 필요한 부분을 찾아보거나 전공인 민법을 공부할 때 만나게 된다.
 한편 민법은 우리 모두에게 필요한 기준인 데 비하여, 재산의 거래를 직업적으로 하는 사람들에게는 좀 더 전문적이고 세부적인 기준이 필요하다. 그래서 민법의 특별법으로 만든 법이 상법이다. 영업으로 재산의 거래를 하는 사람을 상인이라고 하며(상법 §46), 상법은 이러한 상인들의 상행위를 규율하는 법이다(상법 §2, §3). 우리나라는 성문법주의를 채택하고 있으므로 성문법이 우선하고 불문법인 관습법은 보충적으로 적용된다. 그러나 특별법 우선의 원칙에 따라 "상사에 관하여 본 법에 규정이 없으면 상관습법에 의하고 상관습법이 없으면 민법의 규정에 의한다(상법 §1)."고 규정하고 있다. 즉 상사 관습법이 민사 성문법보다 우선

---

42) [40] 강행되지 않는 법도 법일까(강행법과 임의법) 참조.

하여 효력이 있다.

　민법과 상법이 공법이 아니라 사법(私法)으로 분류되고, 임의법을 많이 포함하고 있다고 해서 법의 강행성이 없다는 의미는 아니다. 민법에는 많은 강행규정들이 있고 법대로 지켜지지 않으면 국가의 강제력이 동원된다. 특히 개인 간의 채권·채무 관계에서 채무자가 이행하지 않으면 법원을 거쳐 국가권력이 발동되어 강제로 이행시키거나 이에 준한 상태를 만든다. 이런 것을 민사 강제집행이라고 부른다.

[72] 대동강 물을 팔아먹는다고?(소유권·계약·채무, 사기)

　봉이 김선달이 대동강 물을 팔아먹은 이야기는 유쾌하기도 하다. 사정은 이렇다. 김선달은 대동강가 나루터에서 사대부 집에 물을 길어다 주는 물장수들을 보고는 이들에게 접근해서 술을 많이 사 주었다. 그리고 엽전을 얼마씩 주고는 다음 날부터 물을 지고 갈 때마다 엽전 한 닢씩 던져주고 가면 나중에 후하게 대접한다고 약속했다. 다음 날부터 김선달은 의관을 정제하고 평양 동문의 길목에 의젓하게 앉아 던져주는 엽전을 받았다. 지나가다 이를 본 한양의 한 부자가 사정을 물어보자, 김선달은 자신이 대동강 물의 주인이며 이를 퍼가는 사람에게 엽전 한 닢씩 받고 있는 것이라고 했다. 대동강 물을 팔아라, 팔지 않겠다고 실랑이를 벌이다 결국 김선달은 그 부자에게 4천 냥을 받고 대동강 물을 팔았다.

　대동강 물을 산 한양 부자가 악덕 지주였건 아니건 대동강 물을 판 계약은 민사적으로는 무효이고 형사적으로는 사기죄에 해당한다. 우선 물건을 팔 수 있는 사람은 그 소유권을 가지고 있어야 한다. 김선달은 대동강 물의 소유권이 없으므로 애당초 계약은 성립하지 않는다. 현행법에 따르더라도 하천의 소유권은 개인에게 없다. 하천법은 "하천 및 하천수는 공적 자원으로서 국가는 공공이익의 증진에 적합한 방향으로 적절히 관리하여야 한다."고 규정하였다(같은 법 §4①). 다만 개인은 하천을 관리하는 행정기관으로부터 점용허가 등을 얻어 이용할 수 있을 뿐이다.

　계약은 양 당사자의 의사의 합치에 의하여 법률관계가 만들어지고 서로 권리와 의무를 갖게 되는 것이다. 주택의 매매를 예로 들어보자. 특정 주택을 특정 가격에 매매하기로 합의가 된 경우, 집을 파는 사람은 대금을 받을 권리가 생기는 동시에 집을 넘겨주어야 할 의무가 생기고, 사는 사람은 대금을 주어야 할 의무와 집을 넘겨받을 권리를 동시에 갖게 되는 식이다. 그런데 위 봉이 김선달 이야기처럼 계약의 내용에 문제가 있으면 취소가 가능하거나 원천 무효라고 할 수 있다. 법률행위에 중요 부분에 착오가 있거나 사기에 의한 의사표시의 경우 취소할 수 있다(민법 §109, §110). 계약은 대표적인 법률행위이다.

민법에 따르면 물권과 채권의 구분이 있는데, 개념을 알고 넘어가자. 물권(物權)은 특정한 물건을 직접 지배하여 이익을 얻을 수 있는 배타적 권리이다. 소유권이 대표적이며, 점유권·지상권·지역권·전세권·유치권·질권·저당권 등이 있다. 자세한 설명은 전공책을 찾아보자. 위 이야기에서 김선달은 자신에게 대동강물의 소유권이 없는데 있는 것처럼 꾸며 속인 것이다.

채권(債權)은 다른 사람의 일정한 행위를 요구할 수 있는 권리를 의미한다. 예컨대 커피점에 가서 아메리카노 한 잔을 주문하고 결제했다면, 커피점 주인이 내게 '아메리카노 한 잔을 주는 행위'를 요청할 수 있는 것이 채권이다. 그 커피점에 원두를 추출하고 있는 A, B, C 세잔의 커피잔이 있었다고 할 때 그 중 A에 대한 소유권을 갖게 되는 것은 아니다. 위 김선달 얘기에서 미리 돈을 물장수들에게 주고 다음 날 한 닢씩 다시 돌려달라고 했을 때, 그냥 한 닢을 주면 문제가 없는 것이고 꼭 어제 준 그 동전을 돌려달라는 의미는 아닐 것이다. 이런 것이 금전채권의 사례다. 채권도 종류와 성격이 다양하다. 마찬가지로 전공책에서 확인하자.

채권자가 채무자의 이행을 확보하기 위하여 법원을 통하여 공권력이 동원된다는 것을 설명하였는데, 법적으로 권리가 없어져서 채무자에게 어떤 행위를 요구하지 못하는 경우가 생긴다. 예컨대 도박빚은 사회상규에 어긋나므로 갚지 않아도 된다. 도박으로 딴 돈을 못 받았다고 해도 법이 강제로 받아주지 않는다. 그래서 불법 추심을 위하여 조폭을 동원하는 일이 발생하는 것이다. 다른 사례를 들어보자. 돈을 꾸어주었지만 꾸어간 사람(채무자)의 형편이 어려워 받지 않겠다고 하면 돈을 꾸어준 사람(채권자)의 채권이 포기된 것이다. 권리가 없어졌으므로 나중에 다시 달라고 해도 줘야 할 법적인 의무는 없다. 그러나 혹시 채무자가 다시 형편이 좋아져서 돈을 준다면 받을 수는 있다. 이를 자연채무(自然債務)라고 한다.

한편 위 이야기에서 김선달의 행위는 형법상 사기죄에 해당한다. 형법은 "사람을 기망하여 재물의 교부를 받거나 재산상의 이익을 취득한 자는 10년 이하의 징역 또는 2천만 원 이하의 벌금에 처한다."고 규정하고 있다(형법 §347①). 기망(欺罔)이라는 것은 허위의 사실을 표시하거나 진실을 고하지 않음으로써 사람에게 착오를 일으키게 하는 행위를 말한다. 이렇게 어떤 행위는 민사적인 문제와 형사적인 문제가 동시에 발생하는 경우가 대부분이다. 소송으로 치면 민사재판과 형사재판이 동시에 별개로 진행된다고 할 수 있다.[43]

봉이 김선달이 팔아먹은 조선시대의 대동강 물은 자유재다. 즉 그 당시에는 대가 없이 얻을 수 있는 재화다. 빗물을 자유롭게 이용하는 것과 누구나 햇빛을 쪼일 수 있는 것과 같다. 하지만 현대는 자연에서 얻을 수 있는 것들도 부족해져서 돈을 내야 이용할 수 있게 되는 경우도 있다. 우리가 생수를 사 먹듯이 나중에는 깨끗한 공기를 사서 숨 쉬게 될 날이 올지도 모르겠다. 이미 일부 상품화되어 있다고 한다. 이렇게 법은 시대에 따라 변하는 것이다.

---

43) [94] 네가 몸으로 때워라(민사재판과 형사재판, 기타) 참조.

[73] 팥죽 한 그릇에 장자권을 판 에서(계약의 무효)

앞에서 봉이 김선달이 한양 부자에게 대동강 물을 팔아먹은 것이 사기에 의한 계약이라 무효거나 취소할 수 있으며, 형법상 사기죄에 해당한다는 것을 알아보았다. 자기 것이 아닌데도 자기가 소유자처럼 행세한 것이다. 이런 계약의 무효나 취소할 수 있는 계약에 대하여 또 다른 사례를 들어보자.

히브리성경 창세기에 나오는 야곱과 에서의 이야기다.[44] 사냥을 좋아했던 에서가 들에서 돌아와 지치고 매우 배가 고플 때, 집에서 팥죽을 끓이고 있던 동생 야곱에게 팥죽을 좀 달라고 하자, 동생은 "형의 장자권을 팔라."고 했다. 에서는 배가 고파 죽을 지경이라며 장자권을 팔고 맹세까지 하였다.

당시의 장자권은 2배로 유산을 받을 수 있는 등의 특권이 있었다. 에서가 야곱에게 장자권을 판 것도 일종의 계약이다. 그런데 자기 말대로 '배가 고파 죽을 지경'이라면 정상적인 상태가 아니다. 우리 민법 제104조는 "당사자의 궁박, 경솔 또는 무경험으로 인하여 현저하게 공정을 잃은 법률행위는 무효로 한다."고 규정하였다. 장자권을 판다는 에서의 의사표시는 궁박(窮迫)한 상태에서 한 비정상적인 의사표시로 무효라고 할 수 있다. 따라서 그 계약은 무효라고 하겠다. 또 민법 제103조는 "선량한 풍속 기타 사회질서에 위반한 사항을 내용으로 하는 법률행위는 무효로 한다."고 규정하였다. 장자권을 팔고 사는 계약은 '선량한 풍속 기타 사회질서'에 반하는 계약으로 볼 수 있어서 무효라고 해석할 수도 있겠다.

현행 민법에 따르면 장자권이라는 것이 있을 수 없다. 재산 상속에 있어 법정상속분은 맏아들이든 막내아들이든 모두 같다(민법 §1009①).

---

44) 히브리성경 창세기 25:29~34.

배우자의 경우 50%를 더 준다(민법 §1009②). 물론 우리나라도 조선시대에는 장자가 부모의 전 재산을 상속하는 것이 관행인 경우도 있었고, 1990년 민법 개정 이전에는 배우자와 같이 50%를 더 받기도 하였으나 현재는 똑같은 비율로 상속받는다.

그렇게 형의 궁박한 상태를 이용하여 장자권을 뺏은 야곱이 이후에는 반대로 자신이 당하는 경우가 나온다.[45] 야곱이 형을 피하여 외삼촌에게로 가서 살게 되었는데, 외삼촌의 두 딸 중 더 예쁜 동생 라헬을 사랑하게 되었다. 그래서 7년간 외삼촌에게 일을 해 주는 대가로 결혼 승낙을 받았다. 그런데 첫날 밤을 지내고 아침에 보니 라헬이 아니라 언니 레아였다. 외삼촌은 동생이 먼저 시집가는 것이 그곳의 풍습이 아니라서 레아를 보냈으니 레아를 위해서도 7년을 봉사하라고 하였다. 라헬을 사랑한 야곱은 이를 승낙하고 둘 모두와 결혼하게 된다.

혼인도 계약이라고 할 수 있는데, 라헬과 결혼하기로 한 계약은 첫날 밤에 레아가 들어왔으므로 계약이 이행되지 않은 것이다. 그리고 레아와도 결혼하기로 한 것은 라헬을 사랑하기 때문에 어쩔 수 없는 궁박한 상태에서의 의사표시므로 위에서 본 것처럼 무효라고 할 수 있다. 정확하게 말하자면 첫날밤 레아와의 결혼은 양 당사자 간에 혼인의 합의가 없어서[46] 무효이며(민법 §815), 사기에 의한 혼인으로 보면 취소할 수 있는 혼인에 해당한다(민법 §816ⅲ). 그러나 야곱은 레아와의 결혼을 취소하지 않았고, 레아와의 신혼생활 일주일 후에는 라헬과도 결혼하게 되었다. 해피엔딩이라고 하겠다. 당시에는 일부다처가 허용되는 사회였기에 문제가 없다. 나중에 레아의 여종인 실바와 라헬의 여종인 빌하도 야곱의 부인이 된다. 이슬람교에서 부인을 4명까지 둘 수 있도록 하는 것(일부사처제)[47]의 원형을 발견할 수 있다.

---

45) 히브리성경 창세기 29:15~28.
46) 레아는 결혼하고 싶어 했는지도 모르지만 야곱은 결혼할 의사가 없었음이 분명하다.
47) 꾸란 4:3.

우리 민법은 일부다처를 인정하지 않는다. 즉 "(중혼의 금지) 배우자 있는 자는 다시 혼인하지 못한다."고 규정하였다(민법 §810). 형법에는 중혼죄는 없으나 간통죄가 있었다. 그마저도 헌법재판소의 위헌결정으로 폐지되었다.[48]

---

48) [78] 마약죄와 도박죄의 공통점(국가형벌권) 참조.

[74] 합스부르크 왕가의 비극(혼인의 범위)

유럽의 중세와 근대 역사에 합스부르크(Habsburg) 가문의 인물들이 많이 나온다. 합스부르크 가문은 13세기부터 20세기 초까지 약 600여 년간 오스트리아를 거점으로 유럽의 패권을 잡았다. 신성로마제국의 제위를 세습하면서 근세 유럽을 대표하는 황실 가문이 되었고 최고의 권위와 영예를 누린 것으로 유명하다. 원래는 오스트리아의 왕가이지만 오스트리아뿐 아니라 헝가리, 스페인 등의 왕을 배출하였고 수많은 귀족을 배출하였다. 프랑스의 왕 루이 16세(Louis XVI, 1754~1793)의 부인 마리 앙투아네트(Marie Antoinette d'Autriche, 1755~1793) 역시 합스부르크 가문이다. 합스부르크 가문은 정략결혼을 통해 동맹을 다지고 가문과 제국을 번성시킨다. 그런데 그 과정에서 권력을 유지하기 위하여 삼촌과 조카가 결혼하는 등 근친혼을 많이 행하였다. 역사적으로 근친혼은 귀족이나 왕족 사이에는 흔한 현상이었다. 이집트의 파라오나 러시아의 로마노프 왕조 모두 근친혼에 따른 유전병이 몰락을 초래하였다고 한다. 합스부르크 가문의 유명한 유전적 특징은 '합스부르크 아래턱' 또는 '합스부르크의 입'이라고 불리는 특유의 주걱턱 모양이다. 의학 용어로는 하악전돌증(下顎前突症, Mandibular Prognathism)이라고 한다. 이는 초상화를 통하여 쉽게 확인할 수 있다. 스페인 합스부르크가의 마지막 황제인 카를로스 2세(Carlos II, 1661~1700)는 다양한 유전병을 앓았고 불임이었으므로 대가 끊어지게 되었다. 이후 이어진 왕위 계승 전쟁으로 이어진다. 오스트리아의 합스부르크 가문은 황태자 암살사건과 제1차 세계대전을 통하여 몰락하게 된다.

이야기가 길어졌는데, 우리 민법상 근친혼은 금지된다. 민법 제809조는 8촌 이내의 혈족과는 결혼하지 못한다고 하고 있다.[49] 근친혼 금지의

---

49) 그 밖에 혈족의 배우자, 인척관계 등에서도 일정한 범위에서는 혼인할 수 없다. 내용이 복잡하므로 생략한다.

범위는 국가별로 약간 차이가 있을 수 있다. 다만 근친혼이 금지된다는 점은 공통된다. 근친혼은 생물학적으로 유전병이 발현될 가능성이 많아서 피해야 하는 것이다.

한편 이와 관련되어 동성동본 사이에서는 혼인하지 못한다는 규정이 민법에 있었다. 그러나 동성동본이라도 공통의 조상이 먼 옛날로 거슬러 올라간다면 근친이라고 하기 어렵고 유전학적 문제가 발생하지 않는다. 필자의 경우 가문의 시조로부터 19대손이다. 그런데 성씨는 남성만 표시하고, 결혼하면 다른 성씨의 여성과 결혼하므로 그 시조로부터 갈라진 가문의 여성이라면 '2의 19제곱 분의 1'만큼만 혈연이 있는 것이다. 0은 아니지만 0에 가까운 수치가 나온다.

유교적 관습으로 남아 있던 동성동본 금혼제도는 중국과 일본에서도 이미 오래전에 폐지되었다. 그러나 우리나라는 1997년 헌법재판소에 의하여 위헌결정50) 됨으로써 비로소 폐지되었다. 이론적으로는 대부분의 사람들, 특히 국회의원들도 동의하는 일이지만 실제 법안의 표결 시에는 지역구 어르신들의 반대를 의식하여 찬성표를 던지기 어렵다는 사정이 있었다. 이에 대하여는 앞에서 설명한 바 있다.51) 민법에 조문이 정리된 것은 수년이 지난 2005년의 일이다.

이러한 사정이 있었으므로 실제로는 동성동본 금혼 조항이 폐지되기 전인 1978년과 1987년, 1996년 세 차례에 걸쳐 한시적으로 「혼인에 관한 특별법」을 제정해 동성동본 사실혼 부부들의 혼인신고를 허용한 바 있다. 그 특별법에 따라 그동안 혼인신고를 못하고 사실혼 관계로 가정을 꾸렸던 동성동본 커플들은 구제를 받았고, 아직 사실혼 상태가 아닌 커플들은 미리 혼인신고를 하는 해프닝이 벌어졌다.

---

50) 헌재 1997.7.16., 95헌가6~13. 정확히는 헌법불합치 결정으로 [99] 지금 야간옥외집회는 가능한가(위헌과 헌법불합치) 참조.
51) [68] 패키지 입법과 특별법 전성시대(입법) 참조.

[75] 게을러터진 흥부네(상속, 유류분, 근로연령)

흥부전에서 형 놀부는 부모 재산을 다 물려 받아 부자였고, 동생 흥부는 형에게서 한 푼도 못 받고 쫓겨났다는 이야기가 나온다. 그런데 현대법에 비추어 보면 몇 가지 맹점이 드러난다.

우선 놀부의 재산도 결국 부모로부터 물려받은 것이라면 흥부도 재산을 상속받을 법적 권리가 있다는 점이다. 물론 놀부와 흥부의 부모가 어떤 뜻이 있어서 흥부에게는 한 푼도 주지 않았을 수도 있다. 지역에 따라 다르지만 조선시대 재산상속에 관한 관습은 놀부네처럼 장남에게 모든 재산을 몰아주고 장남이 동생들을 보살피는 것을 원칙으로 하기도 하였다. 놀부는 동생을 보살피거나 도와주지 않고 쫓아냈으므로 우리는 '놀부는 나쁜 놈, 흥부는 착한 사람'으로 기억하고 있다. 그런데 우리 민법에 따르면 유류분(遺留分)제도가 있다. 법정상속분은 부모(피상속인)의 의사보다 우선하지 않는다. 그러나 유류분제도에 따르면 흥부는 법정상속분의 2분의 1을 부모의 의사와 상관없이 강제로 받을 수 있다(민법 §1112). 물론 다른 상속인들이 좋아할 리 없으므로 재판을 통해서 받을 수 있을 것이다. 흥부전에 다른 형제자매가 나오지 않으므로, 부모는 돌아가시고 놀부와 흥부 둘만 상속을 받았다면, 흥부는 부모 재산의 4분의 1을 받을 수 있다. 그렇게 되었다면 가난해서 끼니를 굶는 상황은 없었을 것이다. 물론 흥부의 성격상 형을 상대로 재판을 통해서 자신의 몫을 확보하지는 않았을 것이다. 그래서 우리는 흥부를 착하다고 생각하는 것이다. 흥부가 착한지 멍청한지는 각자의 판단에 따르기로 한다. 유류분제도는 상속 과정에서 가정 내 약자가 소외되는 것을 막는다는 취지로 도입되었다. 조강지처 대신 새엄마(후처)가 상속재산을 독식하거나 놀부처럼 맏형이 상속재산을 독차지하는 문제를 보완하기 위한 제도다. 다만 유류분제도는 재산권의 침해라는 비판도 있어서 현재 제도적 개선이 논의되고 있다는 점을 참고하기 바란다.

　그런데 더 한심한 측면도 있다. 판본에 따라 다르지만 흥부전에는 흥부의 자식이 10명에서 25명, 심지어 40명으로 나오는 경우도 있다. 원 이야기에서는 그저 자식이 많다는 것을 강조한 것이지 자식의 구체적인 숫자는 관심 밖이었을 것이다. 하지만 법적 논의를 위해서 일단 적게 잡아 10명이라고 해 두자. 보통 동기간에 터울은 2살 정도는 되므로 맏이는 성년 나이인 19세가 되었을 가능성이 높다. 그렇다면 흥부의 맏아들은 왜 부모와 함께 끼니를 굶고 있을까? 나가서 일을 해야 하지 않을까? 근로기준법 제64조에 따르면 15세 이상이면 근로를 할 수 있고, 13~15세의 경우에는 고용노동부장관의 취직인허증을 받아 법적으로 근로할 수 있다. 흥부의 자식 중 여러 명이 15세를 넘었을 것이라고 추정한다면 흥부의 자식들이 모두 일을 안 하고 집에서 놀고만 있고, 밥이 없어 굶으면서도 큰아버지 탓만 하고 있다는 것은 부모의 무능을 닮은 것이라고 아니할 수 없다. 이는 착한 것인가 게으른 것인가?

　흥부전에 법률문제가 많이 나오는데,[52] 몇 가지 더 생각해 보자. 흥부가 제비를 만나기 전에 벌어진 일로 먹을 것이 없어 어려울 때 그 동네 김부자를 대신하여 매를 맞고 돈 30냥을 받기로 하였다. 그래서 곤장을 맞으러 가니 마침 사면령이 나와 매 맞을 일이 없어졌다고 한다. 그래서 실망하고 집으로 돌아온다. 여기서 실제로 매를 대신 맞았다면 위계에 의한 공무집행방해죄에 해당한다(형법 §137). 김부자가 흥부를 대신 보내고 포졸에게 100냥을 따로 보내 눈감아 달라고 하려고 했다는 이야기가 나온다. 만약 성사가 되었다면 김부자는 뇌물공여죄(형법 §133), 포졸은 수뢰죄(형법 §129)와 수뢰 후 부정처사죄(형법 §131①) 등에 해당한다. 물론 돈 받고 형벌을 대신 받는 계약은 공서양속(公序良俗)에 위배되어 민법상 무효다.[53] 원전에 보면 포졸들이 흥부를 '연생원'

---

[52] 흥부전의 법률문제는 오호택, 『우리고전 법과문화』, 개정증보판, 동방문화사, 199면 이하 참조.

으로 부른다. 그냥 치켜올려 부르는 말이 아니라 진짜 생원(生員)이라면 소과인 생원시에 합격한 사람을 이르는 말이다. 그렇다면 대과인 문과에 나가지는 않더라도 '글 좀 읽은 경우'에 해당하므로 서당을 열어 아이들을 가르칠 수도 있었다. 만약 그렇다면 흥부는 있는 재주도 쓰지 않고, 구직활동도 제대로 하지 않은 것이 된다. 법적 문제를 찾다 보면 끝이 없으니 이만 줄인다. 흥부 곤장 맞는 이야기가 나왔으니 다음에는 형법과 형벌에 대하여 알아보자.

---

53) 공서양속은 '선량한 풍속과 기타 사회질서'를 줄여서 표현한 것이다. 내용은 [73] 팥죽 한 그릇에 장자권을 판 에서(계약의 무효) 참조.

[76] 눈에는 눈 이에는 이(복수와 국가형벌권)

2023년 10월 7일 이스라엘 가자지구를 점령하고 있던 무장 정파[54] 하마스(Hamas)의 이스라엘 지역 급습으로 1,400여 명이 사망하고 250명 이상이 인질로 잡혀갔다. 하마스는 팔레스타인 자치지구인 요르단 서안지구에서 선거에 승리하였으나 집권당인 파타(Fatah)가 정권을 이양치 않자 무력으로 가자지구를 점령하여 실질적으로 통치하고 있었다. 하마스는 '이슬람 저항 운동(Islamic Resistance Movement)'을 의미하는 아랍어의 약어이다. 그런데 하마스의 습격에 대한 보복으로 이스라엘은 하마스에 대하여 대대적인 소탕작전을 벌였다. 정확한 통계는 아직 확인하기 어려우나 2만 5천 명 이상의 희생자가 나왔다. 전쟁 과정에서 이스라엘 군도 1,400명 이상의 사망자가 나왔다고 한다. 물론 대부분 팔레스타인인들이 희생되었다. 여성과 어린이 희생자도 상당수에 달한다.

여기서 복수는 어디까지 허용되어야 하는지에 대하여 생각해 보자. 히브리성경에 나오는 유명한 구절로 "눈에는 눈, 이에는 이(An eye for an eye and a tooth for a tooth)"라는 말이 있다.[55] 이는 그보다 앞선 시기의 함무라비 법전에서도 발견되는 구절이다. 여기에는 "사람이 높은 사람의 눈을 멀게 하면 제 눈을 멀게 할지니라."[56] "사람이 제 계급 사람의 이를 부러뜨리면 제 이를 부러뜨릴지니라."[57]라는 기록이 있다. 이를 탈리오 법칙(lex talionis)이라고 한다. 동해보복(同害報復) 또는 동태복수법(同態復讐法)으로 번역한다. 한자로 표현하면 '이안환안(以眼還眼) 이아환아(以牙還牙)'인데, 『예기』에도 같은 취지의 구절이 나온다. '이원보원(以怨報怨) 이혈세혈(以血洗血)' 즉 "원한으로 원한을 갚고, 피로

---

54) 보통 '무장 정파'라고 부르지만 정당이다. 다만 폭력을 도구로 삼는 것이 특성일 뿐이다.
55) 출애굽기 21:24, 레위기 24:20, 신명기 19:21.
56) 함무라비법전 §196.
57) 함무라비법전 §200.

써 피를 씻는다."라는 말이다. 여러 곳에서 같은 내용이 나온다는 것은 고대국가에서는 실정이 다 이와 같았다는 의미로 이해할 수 있다.

바빌론의 함무라비왕(B.C 1792~1750)이나 모세오경을 쓴 모세(B.C 15C경) 시대에 동해보복을 복수의 기준으로 제시했다는 것을 위 이스라엘-하마스 전쟁과 비교해 보면 당시로서는 얼마나 선진적인 법인지 알 수 있다. 복수는 복수를 낳게 마련이고 그 범위는 무한히 확대되게 마련이다. 이러한 복수의 무한정 확대를 막기 위하여 같은 정도로만 복수를 제한한 것이다.

그런데 정말 심각한 문제는 복수할 능력이 있어야 복수가 가능하다는 점이다. 악당이 부모를 죽이는 장면을 본 어린아이가 복수를 위하여 인생을 걸고 준비해서 20년이 흘러 성인이 되어 복수에 성공한다는 서부극이나 무협지의 이야기는 소설일 뿐이다. 현실에서는 복수할 능력이 없으면 영원히 복수하지 못할 가능성이 크다. 그래서 국가가 개인의 복수를 대신해 주게 되었다. 이를 국가형벌권이라고 한다. 복수를 제한하고 국가가 감시하는, 또는 정해준 절차 속에서 복수를 하게 하다가, 궁극적으로는 국가권력이 복수를 대신하게 되었다. 근대로 넘어오면서 형벌의 목적은 복수(응보)에서 범죄자를 교육해서 재사회화(再社會化)시키는 것으로 바뀌었다. 그러나 아직도 피해자의 감정은 복수의 차원에 머물러 있는 경우가 많다.

논리학 문제 하나. 악당에게 그가 저지른 범죄를 그대로 갚아주는 것이 복수라면 이른바 '바바리맨'에게는 어떻게 해 줘야 하나? 똑같이 알몸을 보여줘야 하나? 하나 더. 히브리성경의 탈리오 법칙을 "원수를 사랑하라."[58]고 바꾸어 가르친 예수는 또, "너희는 사람들이 너희에게 해 주기를 원하는 대로 그들에게 행하여라."[59]고 가르쳤다. 그런데 예쁜 여

---

58) 마태복음 5장 44절 "나는 너희에게 이르노니 너희 원수를 사랑하며 너희를 박해하는 자를 위하여 기도하라."
59) 누가복음 6:31(히브리어·헬라어 직역성경); 개역개정 판에는 "남에게 대접을 받고자 하는 대

자가 나에게 뽀뽀해 주기를 바라는 남자는 그 여자에게 자신이 원하는 대로 뽀뽀를 해야 하나? 이는 법률해석에서 문제 되는 것이다. 논리적으로는 상대방도 같은 것을 원하는지 먼저 따져보아야 한다. 즉 악당이 하는 '나쁜 짓'의 개념을 누구의 입장에서 판단해야 하는지에 따라 달라진다. 일반인의 관점에서는 이른바 '바바리맨'의 행위가 나쁜 짓이고 수치스러운 짓이지만 바바리맨 본인에게는 그렇게 수치스러운 행위가 아닐 것이다. 따라서 그에게 복수하는 의미로 그가 수치스럽게 생각하지 않는, 또는 좋아하는 행위를 해 주는 것은 복수가 아니다. 둘째 사례도 마찬가지다. 상대방인 예쁜 여자(또는 남자)가 좋아하는 것과 내가 좋아하는 것이 다르다는 점에서 예수의 가르침에 부합하는 사례가 아니다.

로 너희도 남을 대접하라."로 번역되어 있다. 마태복음 7:12 "그러므로 무엇이든지 남에게 대접을 받고자 하는 대로 너희도 남을 대접하라 이것이 율법이요 선지자니라."도 같다.

[77] 양육비 거부자의 신상공개?(자력구제·정당방위·긴급피난)

위에서 국가형벌권이 확립되는 과정에 대하여 살펴보았다. 다음의 사례를 생각해 보자.

2024.1.4. 대법원에서 구○○(남, 61세)에 대한 유죄가 확정되어 100만원의 선고유예[60]가 선고되었다. 그는 'Bad Fathers'라는 사이트 운영자였다. 이 사이트는 이혼 후 자녀 양육비 지급을 거절한 사람들의 신상을 공개하는 사이트였다. 2018년 명예훼손죄로 기소되었는데, 1심에서는 이를 공익활동으로 보아 무죄판결을 하였다. 그러나 2심과 3심(대법원)에서는 유죄로 판결되었다. 이 재판이 계속되던 도중인 2021년 「양육비 이행확보 및 지원에 관한 법률(양육비이행법)」이 제정되는 계기가 되었다. 그러나 이 법에 따르더라도 양육비를 거절한 사람의 얼굴은 공개되지 않는다는 이유로 구○○는 '양육비를 해결하는 사람들'이라는 이름의 사이트를 다시 개설해서 활동하는 것으로 알려졌다. 과연 그의 행동은 정당한 것인가?

국가가 모든 범죄를 막아줄 수는 없다. 그리고 범죄자를 모두 찾아서 단죄하는 것도 불가능하다. 그렇다면 국가형벌권이 다하지 못하는 부분에서 개인이 이를 대신할 수 있는 것인가? 형법은 이에 대하여 "법률에서 정한 절차에 따라서는 청구권을 보전(保全)할 수 없는 경우에 그 청구권의 실행이 불가능해지거나 현저히 곤란해지는 상황을 피하기 위하여 한 행위는 상당한 이유가 있는 때에는 벌하지 아니한다(형법 §23①)."고 규정하고 있다. 이를 자력구제 또는 자구행위라고 한다. 예컨대 거액을 빌려서 갚지 않고 잠적한 채무자가 외국행 비행기를 타려고 하는 순간 돈을 빌려준 채권자의 눈에 띄었다고 해 보자. 법에 따르면 소

---

[60] 선고유예는 유죄는 인정되지만 형의 선고를 유예(미루는 것)하는 것이며, 형의 집행이 없어 최종적으로는 유죄판결이 선고되지 않았던 것과 동일한 효력을 가진다. 집행유예보다 가벼운 형벌이라고 생각하면 된다.

송을 통하여 빌려 간 돈을 받아내야 하지만 이런 상황에서 그런 복잡한 절차를 진행한다면 현실적으로 돈을 받아낼 가능성은 거의 없다고 봐야 한다. 그래서 직접 그 채무자를 붙잡아 비행기에 탑승하지 못하도록 하였다면 그 과정에서 약간의 폭력을 행사했더라도 정당한 사유가 인정되어 벌을 받지 않을 수 있다는 것이다. 물론 그 폭력의 정도가 지나치면 안 된다. 위법성 조각사유(阻却事由)61)의 하나이다.

그렇다면 위 사례에서 대법원이 유죄로 판결한 것이 잘못된 것인가? 국가형벌권의 예외는 정말 엄격한 상황 하에서만 인정되어야 한다. 신상공개에서 얼굴이 빠져서 좀 불완전하다는 이유로 다시 사적인 제재에 나선다는 것은 지나친 것이다. 앞서 얘기한 대로 국가형벌권이 완벽할 수는 없다. 개인이 자기 판단으로 국가형벌권이 불완전하다고 하여 국가법 질서를 무시하게 되면 전체적으로 법질서가 무너지게 된다. 좀 미흡해도 국가법 질서를 긍정하되 문제가 있는 것은 입법개선 노력을 국민과 입법자 모두 해 나가야 한다.

자력구제 외에 인정되는 위법성 조각사유는 사회적으로 정당한 행위(형법 §20), 정당방위(형법 §21), 긴급피난(형법 §22) 등이 있다. 예컨대 살인은 형법상 처벌되지만, 군인이 전쟁에서 적군을 죽이거나 사형집행관이 사형을 집행하는 것은 정당행위이므로 벌하지 않는다. 또 강도를 만나서 그를 막으려고 싸우다가 그 강도를 다치거나 죽게 해도 처벌하지 않는 것은 정당방위라고 한다. 또 강도를 만나 피하는 과정에서 남의 집 창문을 깨고 들어갔다고 하여도 재물손괴죄로 벌하지 않는다. 이는 긴급피난이라고 한다. 이들 모두 일정한 요건 하에서만 인정되는 것이며, 그 정도가 지나치면 인정되지 않고 처벌된다. 우리나라에서는 이러한 예외를 인정하는 사례가 적다는 비판이 있다. 반면에 우리나라는 치안이 좋은 나라라서 이런 사례가 적은 것이라는 측면도 있다.

---

61) 형벌을 과하기 위해서는 형벌 구성요건에 해당하고, 위법하고, 책임성이 있어야 한다. 이 중 위법성을 없애준다는 의미다.

[78] 마약죄와 도박죄의 공통점(국가형벌권)

　국가의 형벌권은 개인의 생명이나 재산 또는 명예를 국가가 지켜주기 위하여 행사되는 것이다. 그렇다면 개인의 사생활이어서 국가가 간섭하지 않아도 되는 부분이 있을 것이다. 형법상의 간통죄가 헌법재판소의 위헌결정[62]으로 폐지된 것이 대표적이다. 간통은 배우자 있는 사람이 배우자가 아닌 사람과 행한 불륜 행위를 말한다. 이는 부부간의 감정적 문제에서 야기되는 것이므로 국가형벌권이 개입한다고 해도 감정적으로 멀어진 것을 해결할 수는 없다. 더구나 은밀히 이루어지는 간통 행위를 발견하거나 증거를 확보하기도 어렵다. 또 배우자를 간통죄로 고소하여 형벌을 받게 하고도 결혼생활을 유지하기 어렵기 때문에 이혼을 전제로 고소하도록 하였는데, 이혼 과정에서 위자료를 많이 받아내는 수단으로 전락한 측면도 있었다. 그래서 헌법재판소는 위헌으로 판단한 것이다. 물론 위에서 민법상 중혼은 금지된다고 했고, 배우자의 불륜은 이혼 사유가 되므로[63] 사법(私法)의 영역에서는 여전히 불법이다. 형벌을 과하지 않는다고 해서 간통이 법적으로 허용되는 것은 아니다.

　그런데 우리 형법상 마약죄와 도박죄의 경우 피해자가 누구인가? 강도나 절도의 경우 피해자가 명확하고 그 선량한 피해자를 보호하는 것이 국가의 당연한 의무이다. 그런데 마약죄의 경우 마약을 판매한 사람이나 투약한 사람 모두 직접적인 피해자라고 할 수 없다. 도박의 경우도 마찬가지다. 서로 도박 룰을 정하여 결과에 따라 금전을 주고받기로 약속하였고, 약속한 대로 행동한 것뿐이다. 물론 두 경우 모두 자신의 의사에 반해서, 또는 사기나 강박에 의하여 가담했다면 피해자라고 할 수 있다. 하지만 자신의 의지로 그 결과를 잘 알면서도 스스로 가담했다면 직접적인 피해자라고 할 수 없다. 그런데도 형법은 이들 범죄에 대하여

---

62) 헌재 2015.2.26., 2009헌바17등
63) [73] 팥죽 한 그릇에 장자권을 판 에서(계약의 무효) 참조.

형벌을 과한다. 형법 제198조 이하의 아편에 관한 죄나 「마약류관리에 관한 법률」에 의한 처벌, 형법 제246조의 도박죄 등이 그것이다. 이는 어떻게 설명할 수 있을까? 결론적으로 마약이나 도박은 개인의 의지로 극복되기 어렵기 때문에 국가가 나서서 개인을 보호하기 위하여 개입하는 것이라고 이해할 수 있다.

또 음행매개죄(형법 §242)나 음화반포죄(형법 §243), 공연음란죄(형법 §245) 등도 피해자를 특정하기 좀 어려울 수 있다. 그러나 이는 청소년을 보호하거나 건전한 일반인의 인식을 보호하기 위한 것이라고 이해하자. 지금은 폐지되었으나 청소년의 게임을 심야에는 못하게 막는 법도 있었다. 과외금지법도 있었고, 2014년부터 시행되어 온 「이동통신단말장치 유통구조 개선에 관한 법률(단통법)」도 폐지가 추진되고 있다.

이렇듯 각종 법률, 특히 형벌이 규정되어 있는 형법들은[64] 그 보호법익이 무엇인지 고민해 볼 필요가 있다. 모든 사회 문제를 법으로 다 규율하고 해결할 수 있다고 생각하면 안 된다. 법은 개인의 자유를 제한하는 측면 등 늘 부작용이 있을 수 있는 것이므로 모든 법은 늘 재검토의 대상이 되어야 한다. 국가형벌권도 사회를 유지하기 위한 최소한도에 그쳐야 한다. 그리고 일단 법을 제정했으면 엄격히 시행해야 한다. 시행하기 어려운 것은 필요하고 타당하더라도 법으로 규정하면 안 된다. 예컨대 일명 '김영란법'을 들어 볼 수 있다. 정식 명칭은 「부정청탁 및 금품등 수수의 금지에 관한 법률(청탁금지법)」이다. 2012년 제안되어 논의가 이어져 왔으나 문제점 때문에 국회에서 통과가 안 되다가 2014년 세월호 사건을 계기로 2015년 통과되어 2016년부터 시행되었다. 세월호 사건이 여객선을 관할하는 해양수산부 공무원의 부패행위에서 비롯되었다는 인식이 계기가 되었다. 그런데 이미 형법상의 뇌물죄로 처벌할 수 있는 것들이었다. 물론 실제 판례에서 뇌물죄가 약하게 처벌된다는 비판

---

[64] '형법'을 일반형법, 형벌이 규정되어 있는 개별법률을 '특별형법' 또는 '형사특별법'이라고 한다.

은 있었다. 아무튼 문제는 모든 청탁은 금지되고(같은 법 §5), 업무상 이해관계자로부터는 아무리 작은 선물도 받지 못하게 규정함으로써(같은 법 §8), 우리나라 국민의 대다수가 해당되면서도 실제로는 이 법에 의하여 처벌되는 사례가 매우 적다. 가끔 정치인이나 유명인들이 김영란법 위반으로 곤욕을 치르기는 한다. 그러므로 일반인이 걸리면 반성하는 것이 아니라 "나만 재수 없이 걸렸다."라고 하기 마련이다. 아무리 좋은 취지라도 실제 제대로 시행하지 않으면 차라리 없는 것이 낫다. 따라서 법은 최소한의 범위만 규율하되 일단 법이 제정되면 현실에서 공정하게 시행되어야 한다.

[79] 자식은 남이다(형사책임 개별화, 연좌제)

조선시대 때는 "역적은 삼족(三族)을 멸한다." 또는 "역적은 구족을 멸한다."는 말이 있고, 실제로 역모에 가담하면 수많은 친족을 모두 사형시켰다는 기록이 있다. 여기서 삼족이란 친가·처가·외가를 말하고, 구족은 삼족의 또 삼족을 말한다. 삼족 또는 구족이라고 해도 구체적으로 누가 여기에 해당하는지는 약간 견해가 갈린다. 아무튼 삼족의 삼족, 사돈의 팔촌이 역모에 가담했다고 해서 그 역적이 누군지도 모르면서 사형을 당해야 한다면 얼마나 억울하고 황당할까?

다행히도 이는 조선시대 때 이야기이고 현대 형법에서는 자신의 행위에 대해서만 책임을 진다는 원칙이 확립되어 있는데 이를 형사책임 개별화의 원칙이라고 한다. 이의 반대 개념을 연좌제라고 하는데, 이러한 연좌제 금지가 우리나라에서 실제로 확립되기까지는 많은 시간이 걸렸다. 이른바 민주화시대라고 불리던 때, 1987년 고문치사 사건의 희생자 박종철의 사례를 들어보자. 물고문을 받다가 사망하게 된 직접적인 원인은 다른 사건인 서울대학교 민주화추진위원회 사건(1985)의 수배자 박종운의 소재를 추궁당하자 모른다고 했기에 시작된 고문이었다. 고문도 당연히 금지되는 불법행위지만(헌법 §12②), 피해자 박종철의 행위 때문이 아니라 수배된 다른 사람의 소재를 말하지 않는다는 이유에서 당한 것이다. 함께 민주화 투쟁을 했고 같은 하숙집에 살고 있었다는 이유로 고문을 당하다가 죽음에 이른 것이었다. 이는 6월 항쟁의 도화선이 되었고 영화로도 만들어진 사건이다. 아이러니하게도 연좌제 금지가 헌법에 처음 명시(1980년 헌법 §12③)된 것이 당시의 헌법이었다.

아무튼 형사책임은 자신의 행위에 대해서만 지는 것이 당연하다. 그러나 현실에서는 여러 가지 의문이 드는 것들이 있다. 대표적인 것이 인사청문회에서 거론되는 것들이다. 장관 이상의 고위공직자가 대상인 인사청문회에서는 '후보자 자식의 학교폭력' 또는 '후보자 자식의 대학입시 부정행위' 등이 단골 메뉴로 등장한다. 자식 문제뿐 아니라 '후보자 부모의 부동산 투기'도 단골 메뉴다. 물론 형벌을 과하기 위한 것은 아니니까 연좌제와는 다른 차원이지만 우리 사회에서는 법적 책임을 개별적으로가 아니라 가족이면 일정 부분 함께 책임져야 한다는 의식이 남아 있다고 생각한다. 그러다 보니 후보자 개인의 자질이나 정책적 검증에는 소홀한 경우가 많다. 대가족제도의 흔적이 아닌가 한다. 아직도 개인의 능력이 아니라 개인이 속한 집단의 능력이 문제 되는 것이 우리의 현실이다. 그러나 법적으로는, 적어도 형사적으로는 "자식은 남이다." 물론 이때 미성년자에 대해서 부모(친권자)가 일정 부분 책임을 지는 경우는 예외다. 이 경우에도 부모의 양육과 교육을 받게 할 의무를 다하지 않은 것이므로, 민사책임 외에 형사책임을 지는 경우는 거의 없다고 할 수 있다.

가족으로 인한 불이익뿐 아니라 반대로 가족으로부터 혜택을 받아도 사회적으로 문제시한다. '흙수저 금수저' 논쟁이 그것이다. 최순실의 딸과 조국 전 장관의 딸이 같은 문제로 비난을 받거나 논쟁의 대상이 된 적이 있다. 청년실업이나 청년주택, 결혼이나 출산·양육 등의 문제에서 부모의 도움을 받는다 해서 법적으로 비난할 수는 없다. 그 과정에서 법을 위반하거나 세금을 내지 않은 것이 아니라면 말이다. 부모의 도움이 없어도 문제 없이 살아갈 수 있는 사회를 만드는 것이 요점이다. 이렇게 개인의 능력으로 해결하기 어려운 문제들은 국가가 나서서 해결하여야 한다. 이런 문제들은 결국 사회문제이고[65] 사회시스템의 문제이지 개인의 문제가 아니라는 인식이 문제해결의 출발점이다.

---

65) [64] 인구절벽과 대한민국 소멸(사회권) 참조.

[80] 슬기로운 감방생활(형의 집행)

교도소에서 벌어지는 이야기를 그린 영화는 매우 많다. 개인적으로 그중에서 감동적인 탈옥 영화로는 '빠삐용(Papillon, 1973)'과 '쇼생크탈출(The Shawshank Redemption, 1994)'을 들고 싶다. 둘 다 억울하게 누명을 쓴 주인공들이 오랜 시간 준비 끝에 지긋지긋한 교도소를 탈출하는 이야기다. 이 영화들을 보면 교도관들은 대개 법을 지키지 않는 폭력배로 그려지고 주인공을 괴롭히는 역할을 한다. 실제로는 어떨까?

앞에서 국가형벌권에 대하여 살펴본 바 있다. 국가가 범죄자에게 형벌을 과하려면 검사의 기소와 판사의 판결을 통하여 형의 종류와 기간을 정해야 한다. 그런데 형이 선고되면 누가 이를 집행하는가? 형이 선고되면 실제로 형벌을 과하는 절차로 넘어가게 된다. 그 단계를 규율하는 법률은 「형의 집행 및 수용자의 처우에 관한 법률(형집행법)」이다. 이에 따르면 형을 집행하는 부서는 법무부이다. 실제로 구치소나 교도소를 관리하는 교도관에 대해서 구체적인 사항은 별도의 「교도관 직무규칙」(법무부령)이 정하고 있다. 구치소는 아직 재판이 끝나지 않아서 형이 확정되지 않은 미결수용자를 수용하는 시설이고, 교도소는 형이 확정된 기결수용자를 수용하여 형을 집행하는 곳이다.

일반인들은 교도소나 구치소 안의 생활을 상상하기 어렵지만 실제로 거기도 사람이 사는 곳이므로 여러 가지 생활과 이에 따른 규칙들이 마련되어 있다. 영화 속 이야기와는 달리 엄격하게 법에 정해진 기준에 따라 생활이 이루어지고 있다. 형집행법 제4조는 "이 법을 집행하는 때에 수용자의 인권은 최대한으로 존중되어야 한다."고 선언하고 있다. 여러 가지 기준들이 있는데, 우선 남성과 여성은 분리하여 수용된다(같은 법 §13). 수용자는 혼자 방을 쓰되, 경우에 따라 여러 명이 쓰게 되는 경우가 정해져 있다(같은 법 §14). 생활에 필요한 물품과 음식이 지급되며

소장의 허가를 받아 자비로 필요한 물품을 구매할 수 있다(같은 법 §22~§24). 정기적으로 건강검진을 받고, 운동과 목욕도 정기적으로 실시하는 등 위생과 의료조치가 취해진다(같은 법 §30~§40). 접견과 편지 수수, 전화 통화가 일정한 범위에서 이루어지며, 종교행사 및 라디오 청취, TV시청, 신문 구독이 일정한 범위에서 가능하다(같은 법 §41~49). 노역의 의무에 따른 작업과 사회복귀를 위한 직업훈련이 이루어지며(같은 법 §65~§72), 상을 당하는 등 일정한 사유가 있으면 1년에 20일 이내의 귀휴가 보장된다(같은 법 §77, §78).

이렇게 볼 때 교도소나 구치소가 사회에서 생활하는 것과 다를 바 없어 보이지만 그렇지는 않다. 너무 좋은 시설에서 좋은 대우를 받는다면 사회에서 어렵게 사는 사람들은 수용시설에 들어가고 싶을 수 있기 때문이다. 그래서 인간다운 생활을 보장하되 사회의 최저수준을 기준으로 한다고 생각하면 된다. 소말리아 해적에 납치된 한국 선원들을 구출한 '아덴만 여명' 작전(2011) 당시 체포된 해적들을 우리나라의 구치소에 수용하고 재판을 진행한 적이 있다. 이때 그들은 인터뷰에서 우리나라 수용시설이 자기네 집에서 생활하는 것보다 더 편하고 좋다며 더 있고 싶다는 웃지 못할 진술을 한 적이 있다.

우리나라 교정시설에서의 생활은 영화와는 달리 나름대로 체계적이고 법에 따라 잘 운영되고 있다고 평가된다. 다만 시설이 부족하고 노후화된 시설도 많으나 교체는 더디게 진행되고 있다. 인근 주민들이 싫어하는 기피 시설이라 새로운 교도소를 마련하려면 시간이 많이 들고 주민과의 마찰이 많다고 한다. 다만 최근에는 인구감소에 따른 지방소멸 우려로 교도소 유치를 희망하는 사례가 생겨나고 있다고 한다.[66] 예전에 청송감호소로 유명했던 청송군을 비롯하여 지방의 여러 곳이 유치경쟁에 뛰어들었다는 '웃픈' 현실은 출산율 감소[67]와 인구감소로 인한 지방

---

[66] SBS 뉴스, "교도소 4곳 있는데 "더 지어달라"…지방서 유치 경쟁, 왜" https://news.sbs.co.kr/news/endPage.do?news_id=N1007464300(검색 2024.2.6.)

소멸 문제를 다시 한번 생각하게 한다.

  한편 사회복귀를 더 효율적으로 하기 위하여 개방교도소나 민간이 운영하는 교도소도 일부 운영되고 있다. 교도소와 수형자를 관리하는 교도관들은 공무원이고 직업상 선망의 대상이 될 수 있겠지만, 수형자를 선망해서는 안 된다.

---

67) [64] 인구절벽과 대한민국 소멸(사회권) 참조.

[81] 카인의 후예(형벌, 살인·살인미수·살인예비)

이제부터는 형법 각론에 나오는 개별 범죄에 대하여 몇 가지 살펴보자. 자세한 것은 형법 조문을 살펴보고, 구체적 내용에 대해서는 형법 교과서를 참고해야 한다.

먼저 형벌에는 무엇이 있는지 알아보자. 사람들이 형벌 중에서 가장 싫어할 것은 당연히 사형이다. 형벌 하면 보통은 징역형을 떠올리게 된다. 형법은 형벌의 종류로 ① 사형 ② 징역 ③ 금고 ④ 자격상실 ⑤ 자격정지 ⑥ 벌금 ⑦ 구류 ⑧ 과료 ⑨ 몰수 등 9가지를 정하고 있다. 사형은 생명을 빼앗는 것, 징역형이나 금고형(禁錮刑)은 자유를 제한하여 가두어 놓는 것인데, 징역은 노역을 시키고 금고는 그냥 가두기만 한다. ④⑤의 자격은 공무원이 되는 자격이나 선거권·피선거권 등을 상실하거나 일정 기간 정지하는 것이다. 벌금과 과료(科料)는 금전으로 내야 하는 것인데, 벌금은 5만 원 이상, 과료는 2천 원 이상 5만 원 미만이다. 몰수는 범행과 관련된 재산을 박탈하는 것이다(이상 형법 §41~§47).

한 가지 구분해야 할 것은 뉴스에 많이 나오는 과태료(過怠料)이다. 과태료는 형벌이 아니라 행정벌이다. 형벌은 범죄 '행위를 한 사람'에게 부과하는 것이라 행위자의 고의·과실이 입증되어야 한다. 반면에 행정벌은 그러한 입증이 필요 없으며 '법 위반의 상태'에 부과한다고 설명된다. 실무에서는 과태료 외에 범칙금이나 과징금 등 다양한 용어가 쓰이는데 조금씩 다른 의미로 쓰이기도 한다.

형벌이나 과태료와 함께 알아두어야 할 것은 징계다. 공무원의 경우 직무 과정에서 잘못하면 내부적으로 징계를 받는다. 물론 사기업에서도 내부적인 징계기준이 있고 징계가 행해진다. 공무원의 징계는 "파면·해임·강등·정직·감봉·견책(譴責)으로 구분한다(국가공무원법 §79)." 직군별로 징계양정에 대한 세부 기준이 적용된다. 어떤 비위행위가 크면 법률위반으로 사법(司法)적 처벌을 받게 되는데, 그에 미치지 못하면 징계의 대상이 될 뿐이다. 그리고 사법적 처벌과 징계는 동시에 별도로 이루어지므로 둘 모두에 해당하는 경우도 많다.

이제 살인과 형벌로 돌아가서 알아보자.

황순원의 소설 '카인의 후예(1953)'는 광복 직후 북한의 공산정권 치하에서 정치적 시련을 겪던 끝에 자유를 찾아 남하할 것을 결심하게 되는 한 지식인의 삶을 통해 당시의 이념 대립의 격동적 현실을 그렸다. 여기서 카인은 히브리성경 창세기에 나오는 인류 최초의 살인자인데, 자기 동생을 죽인 자이다. 아마 작가 황순원은 6·25라는 동족상잔을 상징하려고 그런 제목을 붙인 듯하다. 카인 이야기 더 해 보자. 창세기에는 태초에 신이 세상을 창조하고 인간을 창조했다는 이야기가 나온다. 첫 인간은 아담과 하와(이브)다. 그들이 낳은 첫아들은 카인이며 동생이 아벨이다. 카인은 농부였고, 아벨은 양치기였다. 그런데 아벨의 제물과 달리 자신의 제물은 신이 기뻐하지 않자, 카인은 동생 아벨을 시기하여 들로 유인하여 죽인다. 이에 대하여 신이 내린 형벌은 추방형으로 도피자와 유랑자가 되게 하였다. 그러자 카인은 사람들이 자신을 죽일까 봐 겁을 먹고 신에게 "내 벌이 내가 감당하기에 너무 큽니다."라고 하소연한다.[68]

살인자에게 추방형을 과함으로써 언제 죽음을 당할지 모르는 상황에 놓이게 했다[69]는 것인데, 살인죄와 사형을 떠올리게 한다. 이런 추방형이나 조선시대의 형벌인 귀양은 우리 형법에는 없다. 지금은 국가형벌권을 집행할 충분한 시설과 공무원들이 마련되어 있으므로, 국가권력 이외의 외부적인 요소로부터 괴로움을 당하게 하는 식의 과거 형벌은 없어

---

[68] 이상 창세기 4:1~15.
[69] 다만 국가가 사형을 시키는 것이 아니라 누구나 죽은 자 대신 복수를 할 수 있는 상황에 놓이게 한 것이다. 복수에 대해서는 [76] 눈에는 눈 이에는 이(복수와 국가형벌권) 참조.

졌다. 우리 형법은 살인죄의 경우 '사형, 무기 또는 5년 이상의 징역'에 처하도록 규정하였다(형법 §250①).

그런데 5년의 징역과 사형은 너무나 차이가 크다. 실제로는 재판을 할 때 판사가 여러 가지 살인의 과정과 반성의 정도 등 수많은 요소를 고려하여 그 범위에서 구체적으로 형량을 정하게 된다. 일반적으로 우발적 살인은 계획적 살인보다 형량을 적게 하는 등 수많은 기준이 마련되어 있다. 구체적으로 유무죄나 형량을 판단하는 것은 판사의 재량에 맡겨 있지만 비슷한 다른 사건과 형량이 너무 차이가 난다는 지적에 따라 대법원에 '양형위원회'를 만들어 기본적인 기준을 제시하고 있다(법원조직법 §82-2). 이 양형기준은 물론 강제 사항은 아니며, 개별 재판에서 판사가 양형위원회보다 훨씬 더 많은 요소들을 고려하여 최종적으로 판단하여 정한다.

한편 살인은 타인의 생명을 빼앗는 심각한 범죄이므로 여러 가지 관련된 범죄의 유형을 나누어 놓고 있다. 그냥 다른 사람을 살해한 것과 자신의 부모를 살해한 것은 달리 취급한다. 그래서 자신이나 배우자의 직계존속을 살해하면 '사형, 무기 또는 7년 이상의 징역'에 처한다(존속살해죄, 형법 §250②). 형법은 영아(嬰兒 갓난아이)를 살해한 경우, 본인의 승낙을 받아 살해한 경우, 스스로 자살하도록 한 경우 등 다양한 형태의 살인에 대하여 각각 처벌의 수위를 달리 정하고 있다. 또 살인을 하려고 했으나 실제 죽이지는 못한 경우 살인미수죄(형법 §254)로 처벌한다. 단순히 다른 사람을 죽이려고 계획하고 준비만 해도 살인예비죄로 처벌된다(형법 §255). 살인미수가 살인예비와 다른 점은 실제 살인의 행위를 시작했으나 죽이지 못했다는 점이다. 살인예비는 준비는 했으나 실행의 착수에는 이르지 못한 경우이다. 그 밖에도 살인과 관련된 수많은 관련 규정이 있다는 것은 사람들이 가장 잃기 싫어하는 것이 자신의 생명이란 의미일 것이다.

사형은 국가가 형벌로 범죄자의 생명을 뺏는 것이므로 이것도 심각한 경우에만 해당한다. 싸울 때 "너 죽고 나 죽자."라는 말을 하는 경우가 있지만 실제 단순 살인은 사형에 해당하지는 않는다. 사회적 비난이 큰 흉악범이나 가정파괴범, 연쇄살인범이 사형에 해당할 수 있을 것이다. 그런데 한 번 사형을 당하면 만에 하나 있을 오판을 바로잡을 길이 영영 없어진다. 그래서 사형제도를 폐지하고 가석방 없는 종신형을 도입하자는 주장이 있다. 징역형의 경우에는 징역형이 확정되어 복역했으나 나중에 진범이 잡혔다면 재심[70]을 통해 무죄로 바뀌고, 그동안 억울하게 옥살이한 것은 금전으로 보상해 준다. 이를 형사보상청구권(헌법 §28)이라 하고, 「형사보상 및 명예회복에 관한 법률(형사보상법)」에 상세한 규정이 있다. 그런데 사형을 당하면? 그래서 사형제도는 위헌이라는 주장이 있으며, 헌법재판소에서 1996년과 2010년 합헌결정이 나왔으나[71] 지금도 다시 헌법재판소에서 논의되고 있다.

---

70) 재심에 대해서는 [90] 결국은 법대로 된다(재판과 심급제) 참조.
71) 헌재 1996.11.28., 95헌바1; 헌재 2010.2.25., 2008헌가23.

[82] 재크와 콩나무(살인과 절도, 아동학대)

영국의 민화로 아이들이 재미있어 하는 '재크와 콩나무'이야기가 있다. 이 제목을 패러디한 유치원이나 이를 각색한 영화나 연극 등이 많다. 그런데 그 이야기의 결말이 흉흉하다. 보물을 훔쳐 가는 것을 눈치 챈 거인이 콩나무에서 쫓아 내려오자 재크가 도끼로 콩나무를 쳐서 결국 거인이 떨어져 죽는 장면이다. 그런데 거인이 왜 죽어야 하나? 거인이 뭘 잘못했나? 재크는 앞의 항목에서 살펴본 살인죄를 범한 것이다. 또 이 이야기의 앞부분에서 거인의 집에 몰래 들어가 보물을 훔쳐 나오는 이야기가 나오는데, 절도죄에 해당한다. 자신의 절도죄를 숨기거나 잡히지 않기 위해 살인을 했다면 우발적 살인이 아니고 목적도 불순하므로 더 높은 형을 받게 될 것이다.

보물을 몰래 훔쳐 온 것은 절도죄에 해당하는데, 우리 형법은 "타인의 재물을 절취한 자는 6년 이하의 징역 또는 1천만 원 이하의 벌금에 처한다(형법 §329)."고 규정하고 있다. 재크가 야간에 거인의 집에 들어가 훔쳐 왔다면 야간주거침입절도죄가 되어 형량이 '10년 이하의 징역'으로 높아진다(형법 §330). 더구나 재크의 절도 행위가 한번이 아니라 여러 번 이루어졌으므로 상습범으로 판단되면 "형의 2분의 1까지 가중한다(형법 §332)." 그러므로 6년에서 2분의 1을 가중하면 9년이 되므로 '9년 이하의 징역', 야간주거침입절도라면 '15년 이하의 징역'에 해당한다.

우리가 '재크와 콩나무' 이야기를 재미있다고 하며, 아이들에게 들려주는 것은 무의식적으로 '거인=나쁜 사람'이라는 선입견에 기초한다. 법적 판단을 할 때 이런 선입견은 없어야 한다. 선입견 없이 최대한 객관적으로 판단해야 공정한 재판을 할 수 있다. 이것이 정의에 맞고 실체적 진실을 발견할 수 있는 것이다.[72] 아무튼 '재크와 콩나무' 이야기에서 재크는 아주 게으르고 절도와 살인을 서슴지 않는 나쁜 아이인 것이다. 아이들이 재크를 본받고 싶어 하면 큰일이다.

　독일의 민화로 그림형제의 동화책에 나오는 '헨젤과 그레텔' 이야기에서도 비슷한 이야기가 나온다. 헨젤과 그레텔 남매가 계모에 의해 숲속에 버려진 후 빵과 설탕으로 지어진 집에 들어갔는데 사실은 마녀의 집이었다. 오빠를 구우려는 마녀를 속여 오븐에 들어가게 한 후 그레텔이 오븐을 잠그고 보석들을 가지고 나와 집으로 돌아가 부모와 재회하고 행복하게 산다는 이야기다. 그렇다면 그레텔은 살인죄를 범한 것이 맞다. 다만 앞에서 설명한 정당방어(정당방위)에 해당하여 처벌되지 않을 수는 있겠다.73) 또 보석 등을 가지고 나온 것은 '재크와 콩나무'의 재크처럼 절도 또는 강도죄에 해당한다. 강도죄는 뒤에 따로 살펴본다.

　그런데 그에 앞서 자매를 숲속에 버린 계모는 형법상 유기죄(遺棄罪)로 처벌되는데, 형법은 "나이가 많거나 어림, 질병 그 밖의 사정으로 도움이 필요한 사람을 법률상 또는 계약상 보호할 의무가 있는 자가 유기한 경우에는 3년 이하의 징역 또는 500만 원 이하의 벌금에 처한다(형법 §271①)."고 규정하였다. 부모는 자녀를 안전하게 보호하고 잘 가르치면서 기를 의무가 있기 때문이다(민법 §913). 내다 버려서 다치게 하거나 죽게 하면 가중처벌을 받는다(형법 §275①). 특히 아동에 대하여 유기하는 것은 「아동복지법」과 「아동학대범죄의 처벌 등에 관한 특례법(아동학대처벌법)」에 따라 형법보다 훨씬 엄중하게 처벌받는다.

　나아가 계모가 "아이들이 죽어도 어쩔 수 없다." 또는 "죽을 수도 있겠다."는 생각으로 숲속에 버린 것이라면 살인죄에 해당할 수도 있다. 죽이려는 의도가 명확하지는 않았더라도 이런 생각을 했다면 살인의 고의가 인정될 수 있기 때문이다. 이런 고의를 '미필적고의(未必的故意)'라고 한다.

---

72) [44] 자율주행자동차와 법(법과 정의) 참조.
73) [77] 양육비 거부자의 신상공개?(자력구제·정당방위·긴급피난) 참조.

[83] 홍길동과 알리바바(절도죄와 강도죄, 장물죄)

유명한 홍길동전에 나오는 이야기 하나 해 보자. 홍길동이 집을 나가 '활빈당' 두목이 되어 처음 한 일은, 부하들을 이끌고 해인사에 가서 재상가 자제로 꾸미고 스님들을 속여 재물을 가져온 것이다. 트집을 잡아 부하들로 하여금 스님들을 전부 묶어놓게 하고 절의 재물을 몽땅 싣고 활빈당 소굴로 돌아가 버렸다. 위의 재크와는 달리 결박하여 항거를 못하게 해 놓고 재물을 빼앗아 간 것인데, 이는 형법상 강도죄에 해당한다. 형법은 "폭행 또는 협박으로 타인의 재물을 강취하거나 기타 재산상의 이익을 취득하거나 제삼자로 하여금 이를 취득하게 한 자는 3년 이상의 유기징역에 처한다(형법 §333)."고 규정하였다. 그런데 홍길동은 부하들을 이끌고 단체로 가서 강도짓을 하였다. 이는 '흉기를 휴대하거나 2인 이상이 합동하여' 강도죄를 범한 것이므로 '무기 또는 5년 이상의 징역'으로 가중 처벌된다(형법 §334②). 이를 '특수강도'라고 한다.

우리는 홍길동을 '의적(義賊)'으로 알고 있다. 위 해인사도 그럴 수 있지만 그 이후 홍길동이 털어간 것은 이른바 탐관오리들의 부정한 재물들이다. 이런 부정한 재물을 절도나 강도를 통하여 털어다가 가난한 백성들에게 나누어 주었기 때문에 의적이라고 한다. 그런데 그 이후의 이야기를 읽어보아도 의적으로 행세하는 동안 자신들이 먹고 사는 데 필요한 재물은 정당하게, 즉 적법하게 일을 해서 벌었다는 이야기는 없다. 그렇다면 탐관오리의 재물을 빼앗아서 일부는 자신들이 쓰고 일부는 백성들에게 나누어 주었다는 이야기가 된다. 어느 정도 비율로 백성에게 나누어 주어야 의적이라고 할 수 있을까? 만약 자신들이 99%의 비율로 써 버리고 1%를 백성들에게 나누어 주었다면 과연 의적이라고 할 수 있을까? 9:1, 6:4 또는 5:5면? 아니면 반대로 90%는 나누어 주고 자신들이 10%만 소비했다면? 생각하는 사람에 따라서 다른 결론이 나올 것이다. 이는 '의적'이라는 것은 법적 개념이 아니기 때문이다. 참고로 「기부금품의 모집 및 사용에 관한 법률(기부금품법)」에 따르면 기부금품의 모집·관리 등을 위하여 쓰는 모집 비용을 받은 기부금품의 15%까지 인정한다(같은 법 §13).

탐관오리들이 백성의 재물을 부당하게 뺏은 것이라는 전제하에 생각해 보아도 문제가 있다. 다른 사람이 도둑질한 물건을 다시 훔쳤다고 절도죄가 성립하지 않는 것은 아니다. 훔친 물건을 장물(贓物)이라고 하는데 이를 단순히 '취득, 양도, 운반 또는 보관'한 사람도 "7년 이하의 징역 또는 1천500만 원 이하의 벌금에 처한다(형법 §362①)." 국가형벌권이 확립되어 있으므로 탐관오리의 불법행위는 국가법에 의하여 처리해야지 직접 나서서 해결했다고 해서 '의적'이라고 할 수는 없다. 물론 현실적으로는 탐관오리의 불법행위를 막지 못한 국가법 체계가 탐관오리들에게서 부정한 재물을 다시 빼앗았다고 해서 법에 따라 어떤 조치를 취할 수 있을지는 의문이다.

한편 홍길동과 알리바바의 공통점은? 도둑 또는 탐관오리의 재물을 훔치거나 빼앗았다는 점이다. '알리바바와 40인의 도둑(Ali Baba and the Forty Thieves)' 이야기에서 알리바바가 훔친 재물을 백성에게 나누어 준다는 말이 없으니 알리바바는 의적은 아닌가 보다. 그런데 우연히 도둑들의 소굴을 발견하고 "열려라 참깨!"라는 주문을 알게 된 알리바바가 도둑들이 없을 때 보물을 훔치는 것은 '재크와 콩나무'의 재크와 같다. 여러 번에 걸쳐 가지고 나오니 상습절도에 해당되는 것도 같다. 그리고 마지막 부분에서 알리바바의 집으로 쳐들어오기 위해서 커다란 항아리에 숨어있던 도둑들에게 끓는 기름을 부어 죽게 만들었다는 끔찍한 이야기가 나오는데 명백히 살인죄를 범한 것이다. 그렇다면 알리바바와 비슷한 경우는 홍길동이 아니라 재크의 사례이겠다.

이렇게 옛날 민담에서 끔찍한 이야기가 많이 나오는 것은 당시에는 흔한 일들이라 그렇게 끔찍하게 생각되지 않았을 것이라는 견해가 있다. 그렇다면 당시에 지금과 같은 국가형벌권이 확립되어 있지 않기 때문에 개인 간에 서로 피해를 주고 복수를 하던 사회상이 반영된 이야기들이라고 볼 수 있다.

[84] 잠자는 숲속의 공주(성희롱·강제추행·강간)

　옛날이야기 하나 더 해 보자. 디즈니 만화영화 '잠자는 숲속의 공주' 이야기74)를 보면, 마지막 부분에서 멋진 왕자가 나타나 마녀의 저주로 100년 동안 잠자고 있는 공주에게 입을 맞춤으로써 공주가 긴 잠에서 깨어난다. 대부분의 이야기가 그렇듯이 공주는 왕자와 결혼하고 "오래오래 행복하게 살았다."고 한다. 그런데 공주의 동의도 얻지 않고 멋대로 키스해도 되는 것인가? 우리 형법은 강제추행죄를 규정하고 있다. "폭행 또는 협박으로 사람에 대하여 추행을 한 자는 10년 이하의 징역 또는 1천500만 원 이하의 벌금에 처한다(형법 §298)."고 규정한 것이 그것이다. 그런데 위 이야기에서 왕자가 '폭행이나 협박'을 한 것은 아니다. 그런데 준강제추행이라고 하여 '사람의 심신상실 또는 항거불능의 상태를 이용하여' 추행을 한 경우에 같은 처벌을 한다고 규정하였다(형법 §299). 공주는 깊은 잠에 들어 있었으므로 항거불능의 상태였을 것이다. 만약 공주가 깨어 있었다면 왕자가 자신에게 키스하도록 동의했을까? 알 수 없는 일이다. 왕자가 굉장히 못 생겼을 수도 있다. 대부분의 옛날이야기가 그렇듯이 한 번의 입맞춤은 결혼으로 이어지는데, 왕자가 사실 찌질한 나라의 왕자라서 그럴만한 조건을 안 갖추고 있을 수도 있다. 그런데 의식은 없었지만 입맞춤으로 저주에서 풀려나는 것이므로 묵시적·추정적 동의가 있다고 생각해 볼 수도 있을까? 일반인의 시각에서는 그럴 수도 있겠다. 하지만 무대가 현대이고 이처럼 불안한 세상이라면 깨어나지 않고 그냥 영원히 잠들어 있는 것이 더 행복하다고 생각할 수도 있지 않을까? 따라서 다른 사람의 의사를 함부로 단정할 수는 없다.
　강제추행죄에서 '폭행이나 협박'이 아니라 갑자기 다가와 순간적으로

---

74) 처음 기록된 것은 이탈리아의 잠바티스타 바실레의 '펜타메로네(1634)'에 '해, 달, 그리고 탈리아(Sole, Luna, e Talia)'라는 제목으로였다. 그 후 샤를 페로의 '어미 거위 이야기(1697)'에, 그 후 그림 형제의 책(1812)에도 나온다.

추행을 하고 가버리는 경우는 어떨까? 이 경우 폭행 행위 자체가 추행 행위라고 인정되어 강제추행에 포함된다고 하는 것이 우리 법원의 입장이다.[75] 이런 기습추행의 경우 "추행 행위와 동시에 저질러지는 폭행 행위는 반드시 상대방의 의사를 억압할 정도의 것임을 요하지 않고 상대방의 의사에 반하는 유형력의 행사가 있기만 하면 그 힘의 대소강약을 불문한다."는 것이 일관된 판례의 입장이다.

원작에서는 공주가 아닌 평민 미녀였고, 어떤 왕이 잠든 미녀를 성폭행하여 저주로 잠든 상태에서 아이를 낳고, 이를 알게 된 왕비와의 갈등 때문에 왕이 왕비를 죽게 하고 그 미녀와 결혼한다는 훨씬 더 끔찍한 이야기라고 한다. 성폭행은 형법상 강간이라고 하는데 '3년 이상의 유기징역'으로 형벌이 더 높다(형법 §297). 강제추행죄는 '10년 이하의 징역'인데 강간죄의 형량이 더 높다고? 그렇다. 징역은 1개월 이상이므로 '10년 이하의 징역'에서는 '1개월 징역'이 가능하다. 그런데 '3년 이상의 유기징역'에서는 아무리 짧은 기간이라도 '3년의 징역'인 것이다.[76] 그러므로 '3년 이상의 유기징역'이 더 높은 형벌이다. 물론 정상참작을 하여 최종 형량을 정하기 전에 법에 규정된 형량을 기준으로 말하는 것이다.

한편 성희롱이라는 개념도 구분해야 한다. '직장 내 성희롱'이란 사업주·상급자 또는 근로자가 직장 내의 지위를 이용하거나 업무와 관련하여 다른 근로자에게 성적 언동 등으로 성적 굴욕감 또는 혐오감을 느끼게 하거나 성적 언동 또는 그 밖의 요구 등에 따르지 아니하였다는 이유로 근로조건 및 고용에서 불이익을 주는 것을 말한다(「남녀고용평등과 일·가정 양립 지원에 관한 법률(남여고용평등법)」 §2 ii). 국가인권위원회법은 그 범위를 '업무, 고용, 그 밖의 관계에서 공공기관의 종사자, 사용자 또는 근로자'로 넓히고 있다.

---

75) 대판 2020.3.26., 2019도15994 참조.
76) 형법 §42 "징역 또는 금고는 무기 또는 유기로 하고 유기는 1개월 이상 30년 이하로 한다. 단, 유기징역 또는 유기금고에 대하여 형을 가중하는 때에는 50년까지로 한다."

성희롱은 형법상의 개념은 아니다. 중요한 요소는 피해자가 '성적 굴욕감 또는 혐오감'을 느꼈는지 여부다. 너무 피해자 입장에서만 판단한다는 불만이 제기되기도 한다. 반드시 그렇지는 않다. 극단적으로 주관적인 피해자의 감정만 고려하는 것은 아니다. 단순히 '성적 언동'이라고만 했지만 실제로는 많은 사례가 쌓이고 세부적 기준이 마련되어 있다. 그리고 그에 대한 조치도 예방교육과 근무지 변경, 휴가명령, 징계 등 형벌과는 다른 조치들이 뒤따른다.

[85] 심봉사를 도와주자(사회복지)

이제까지 헌법·행정법·민법·형법 등에 대하여 대강 살펴보았다. 형사법 분야에도 할 얘기가 너무 많다. 자세한 것은 전공에 미루고 이제 기타 다른 법 분야 몇 가지 살펴보기로 한다.

'심청전'의 심봉사는 우리에게 익숙한 캐릭터다. 잘 아는 대로 시각장애인이다. 눈을 뜨게 해 준다는 것을 조건으로 몽은사에 공양미 3백 석을 내기로 약속했다는 것도 잘 아는 이야기다. 이것도 일종의 계약인데 궁박한 상태를 이용하여 무효가 될 수도 있다는 점은 앞에서 설명하였다.[77] 다만 결과적으로 눈을 떴으니까, 어떻게 해서 눈을 뜨게 해 준다는 구체적 내용은 없었으므로, 계약은 잘 이행되었고 이야기는 해피엔딩으로 끝난다.

하지만 그렇게 되기까지는 우여곡절이 많았다. 그 삼백 석은 몽은사에 보냈을 것이고 청이는 뱃사람들에게 팔려 갔다. 그러면 시각장애인 혼자 어떻게 살아갈 것인가? 이를 딱하게 여긴 뱃사람들이 삼백 석 이외에 '쌀 2백 석과 돈 3백 냥, 그리고 무명과 삼베 각 한 동[78]'을 주기로 하였다. 그러나 심봉사가 이를 잘 관리할 수 있을까? 그래서 '착실한 사람'에게 주어서 관리를 시키고 그 과실을 심봉사에게 주도록 하였다. 문제는 어찌어찌해서 이 재물들이 '뺑덕어멈'의 수중에 들어가고 뺑덕어멈에게 심봉사는 학대와 유기를 당하게 된다. 그래서 비극으로 치닫다가 반전이 이루어져 왕비가 된 청이를 다시 만나 눈을 뜨게 되고 해피엔딩으로 끝나게 된다는 것을 우리는 알고 있다.

뱃사람들이 그냥 대가 없이 심봉사를 도와준 것이므로 민법상 증여에 해당한다. 원칙적으로 증여는 계약이다. 따라서 일방적으로 줄 수 있는 것이 아니라 받는다는 의사표시를 해서 계약이 성립되어야 주고받을

---

77) [73] 팥죽 한 그릇에 장자권을 판 에서(계약의 무효) 참조.
78) '동'은 굵게 묶어서 한 덩이로 만든 묶음을 의미한다.

권리와 의무가 법적으로 발생한다. "증여는 당사자 일방이 무상으로 재산을 상대방에 수여하는 의사를 표시하고 상대방이 이를 승낙함으로써 그 효력이 생긴다(민법 §554)." 계약에 대해서는 앞에서 살펴본 바 있다.

여기서 살펴볼 것은 사회복지제도이다. 국가형벌권이 확립된 이상 개인적인 복수나 자력구제는 극히 예외적으로만 허용된다는 점도 설명하였다.[79] 마찬가지로 주변의 어려운 사람을 사적으로 도와주던 과거와는 달리 현대는 국가가 이런 역할을 맡게 되었다. 그것이 사회복지제도다. 국가가 개입하여 사회적 위험을 벗어나게 해 주는 것들을 사회권이라고 한다.[80] 그런 사회권 분야에서 중요한 것이 사회보장과 사회복지다. 사회보장은 일반 국민을 대상으로 하는 국민연금이나 건강보험 등을 말하는 데 비하여, 사회복지는 특수한 계층을 국가가 도와주는 것을 말한다. 대표적인 것이 심봉사와 같은 장애인을 국가가 배려해 주는 것이다. 헌법은 "신체장애자 및 질병·노령 기타의 사유로 생활 능력이 없는 국민은 법률이 정하는 바에 의하여 국가의 보호를 받는다(헌법 §34⑤)."고 규정하였다. 법률 차원에서는 「사회복지사업법」과 「장애인복지법」을 비롯하여 「장애인연금법」, 「장애인차별금지 및 권리구제 등에 관한 법률(장애인차별금지법)」, 「장애인 등에 대한 특수교육법(특수교육법)」, 「교통약자의 이동편의 증진법(교통약자법)」, 「장애인고용촉진 및 직업재활법(장애인고용법)」, 「장애인·노인·임산부 등의 편의증진 보장에 관한 법률(장애인등편의법)」, 「중증장애인생산품 우선구매 특별법(중증장애인생산품법)」 등 수많은 법률이 마련되어 있다.

그렇다. 이제는 개인들의 자비심에 의하여 사회적 약자를 보호하는 세상이 아니다. 국가가 나서서 사회적 약자를 보호해야 하는 세상이다. 헌법은 장애인 외에 국가가 나서서 배려해 줘야 할 사회적 약자로 노인과 청소년, 여성 등을 들고 있다(헌법 §34③④). 물론 각 해당 분야에 수

---

79) [77] 양육비 거부자의 신상공개?(자력구제·정당방위·긴급피난) 참조.
80) [64] 인구절벽과 대한민국 소멸(사회권) 참조.

많은 법률이 만들어져 있다. 이들에 대한 특별한 보호와 정도는 끊임없는 사회적 논의의 대상이다. 국가가 이들을 배려하는 데는 대부분 재정적 뒷받침이 있어야 하고 재정은 대부분 국민의 세금으로 충당되는 것이기 때문이다.

물론 국가의 사회보장 시스템이 완벽한 것은 아니다. 부족한 부분은 개인들의 도움이 필요하다. 특히 사회복지 공무원들이 다 커버하지 못하는 차상위 계층 사람들에 대한 이웃들의 관심이 요구된다.

[86] 성냥팔이 소녀(노동관계법)

안데르센(Hans Christian Andersen, 1805~1875)의 동화 '성냥팔이 소녀'에는 안쓰러운 소녀 안나(Anna)의 이야기가 나온다. 성냥을 다 팔지 못하고 돌아가면 아빠에게 매를 맞게 된다. 그래서 한 해의 마지막 날인데도 밤새 추운 밖에서 떨다가 할머니 환영을 만나 천국으로 가게 된다는 이야기다. OMG!![81] 여기서도 아동학대 이야기가 나온다. 아동학대는 앞에서 살펴보았다.[82] 추위에 떨다가 얼어 죽는 아동에 대해서는 앞의 항목에서 얘기한 사회복지 관련법에 의하여 여러 가지 도움과 보호를 받아야 한다. 아동의 잘못이 아니기 때문에 사회가 도와주어야 한다.

그런데 안나의 나이는 몇 살이었을까? 영화나 동화책에 묘사된 것으로 미루어 보면 초등학교 1학년 정도가 아닐까 한다. 그렇다면 나가서 성냥팔이를 해서 돈을 벌어오라고 시키는 것 자체가 불법이다. 법에 따르면 15세 미만자(중학교에 재학중인 18세 미만자 포함)는 근로자로 사용하지 못한다(근로기준법 §64①). 예외적으로 '취직인허증'을 받을 수 있는 나이도 13세가 되어야 한다(근로기준법 시행령 §35①). 이 예외에 또 예외가 인정되는데 예술공연 참가의 경우다(같은 시행령 §35①단서). 그러나 안나가 예술공연을 하고 있는 것이 아니니까 이런 예외에 해당하지도 않는다. 더구나 밤에도 집에 못 가고 성냥을 팔고 있었다는 것은 또 다른 위법 사항에 해당한다. 왜냐하면 18세 미만자와 임산부는 특별히 고용노동부 장관의 인가를 받아야 근로를 시킬 수 있다(근로기준법 §70②). 또 다른 보호의 대상인 여성의 경우 본인의 동의를 받아야 야간에 근로를 시킬 수 있다(근로기준법 §70①).

일을 하는 근로자와 일을 시키는 사용자는 이해관계가 상반되는 것이 당연하다. 근로자는 '일 적게 하고 월급 많이 받는 것'이 좋을 것이

---

81) Oh, My God! 또는 Oh, My Goodness!
82) [82] 재크와 콩나무(살인과 절도, 아동학대) 참조.

고 사용자는 '일 많이 시키고 임금 적게 주는 것'이 좋을 것이다. 국가는 약자인 근로자를 보호하기 위하여 이 두 사항에 대하여 법적인 기준을 마련하여 강제하고 있다. 근로시간은 최대한을 정하고 있다. 근로기준법에 따르면 일주일에 40시간이 기준이다(근로기준법 §50①). 물론 휴게시간을 빼고 계산한다. 하루는 8시간이 기준이다(같은 법 §50①). 다만 근로자가 동의하는 경우 일주일에 12시간까지 초과근무를 할 수 있다(같은 법 §53①). 그리고 이런 초과근무나 휴일 근무의 경우 통상임금의 50%를 더 줘야 한다(같은 법 §56①).[83]

임금의 경우 최저임금법에 따라 매년 정해지는 최저임금 이상을 지급하여야 한다. 이는 강행법이다. 즉 "최저임금액보다 적은 임금을 지급하거나 최저임금을 이유로 종전의 임금을 낮춘 자는 3년 이하의 징역 또는 2천만 원 이하의 벌금에 처한다(최저임금법 §28①)." 그런데 최저임금을 너무 높게 잡으면 사업체가 문을 닫게 된다. 사업체가 폐업을 하면 거기서 일하는 근로자는 일자리를 잃게 된다. 따라서 늘 사회적 합의에 따라 적정한 수준을 정하는 것이 필요하다. 임금과 관련되어서도 복잡한 기준과 문제들이 많다. 국가의 의무를 선언한 헌법 규정을 확인하고 넘어가자. "국가는 사회적·경제적 방법으로 근로자의 고용의 증진과 적정임금의 보장에 노력하여야 하며, 법률이 정하는 바에 의하여 최저임금제를 시행하여야 한다(헌법 §32①)." "근로조건의 기준은 인간의 존엄성을 보장하도록 법률로 정한다(헌법 §32③)."

아무래도 근로자(노동자)는 사용자에 비하여 약자라고 할 수 있다. 원칙적으로 근로계약도 계약이므로 당사자 간에 근로조건에 대하여 자유로이 정할 수 있다. 그러나 요즘 대기업 입사 시험을 보면 경쟁률이 수십 대 일이나 수백 대 일이 된다. 이런 상황에 회사가 임금을 약간 낮춰서 공고를 해도 지원자가 없어서 미달 될 리가 없다. 그래서 근로자들이

---

83) 근로시간의 상한선과 임금에 관하여는 [41] 법률에 자세히 안 나오면 어떻게?(위임입법과 판례법) 참조.

모여서 단체로 사용자를 상대할 수 있도록 근로자의 단결권·단체교섭권·단체행동권을 헌법상 기본권의 하나로 규정하였다(헌법 §33①). 이를 뒷받침하기 위하여 법률 차원에서 「노동조합 및 노동관계조정법(노동조합법)」이 제정되어 있다. 노동자[84]들이 단체를 만들어(노동조합) 사용자와 대등하게 협상을 한다(단체협약). 또 근로의 제공을 거절하는 것이 파업인데 이를 통하여 사용자를 압박하여 상호 적정한 임금과 기타 근로조건을 합의하도록 한 것이 골자다. 구체적으로는 매우 복잡한 절차와 기준이 마련되어 있다. 법에 따르면 사용자는 양보만 하여야 할까? 그렇지는 않다. 사용자는 노동자들의 쟁의행위(대표적인 것이 파업)에 대하여 직장폐쇄를 함으로써 근로 제공의 수령을 거절하고 임금 지급을 하지 않을 수 있다(같은 법 §44①). 그래서 '무노동 무임금'이라는 말이 생겼다.

우리 사회에서 사회적 파장이 큰 파업들이 가끔 발생한다. 노동자와 근로자의 문제는 상호 합의가 최선이며 이를 누가 대신할 수는 없다. 정부가 섣불리 개입해서 합의를 종용함으로써 쟁의를 끝내도 결국 노사 간에 합의와 이행이 되지 않아서 파업이 반복되는 경우도 많다. 정부는 노사문제에 있어서 당사자가 아님을 인정해야 한다. 정부는 입법을 통하여 기준을 제시하거나 뒤에서 도와주는 역할에 충실해야 한다. 독일의 경우 노동사건만 전담하는 특별법원으로 노동법원이 있다. 우리나라에는 노동위원회가 있는데, 우리도 노동법원의 도입을 촉구하는 견해가 있다.

---

84) 법률상 '근로자'와 '노동자'는 같은 용어이다.

[87] 허생전의 곶감(공정거래법·물가안정법)

옛날이야기에 "호랑이 온다."고 해도 울음을 그치지 않던 아이에게 "곶감 줄게."하니까 울음을 그쳤다는 얘기가 있다. 그 집에 먹잇감을 찾으러 왔던 호랑이가 자기보다 더 무서운 곶감이 두려워 도망을 쳤다는 이야기다. 무서워야 울음을 그친다고 생각한 호랑이의 짧은 생각이 우습다. 실제로는 곶감이라는 맛있는 것을 먹을 생각에 울음을 그친 것이다. 왜 울음을 그쳤는지는 그 울던 아이의 내면의 생각이다.

법은 외부로 나타난 행위를 규율하지만 내면의 생각이나 의도가 중요한 기준이 될 때도 많다. 그러나 그 내면의 생각을 법을 집행하는 기관들이 알 수가 없으므로 밖으로 나타난 언행을 가지고 내면의 생각을 간접적으로 추정할 수밖에 없다. 살인죄의 경우 우발적으로 죽였는지, 계획적으로 죽였는지가 형량을 정하는 데 있어서 하나의 기준이 된다는 얘기를 했다. 미리 살인과 관련된 대화나 자료수집 등이 있었다면 우발적 살인이라고 주장해도 판사가 받아들이지 않을 것이다. 이렇게 내면의 생각이 문제가 되는 대표적인 경우가 「독점규제 및 공정거래에 관한 법률(공정거래법)」에 따른 담합(부당공동행위)의 경우일 것이다. 담합의 의사를 직접 밝히기는 어렵기 때문에 조사에 수년이 걸리는 것으로 알려져 있다. 시장의 질서를 어지럽히지 않게 국가가 개입하는 것이다.

우리 헌법상 자유시장경제를 원칙으로 하되 일정한 한도에서 국가가 개입하는 '사회적 시장경제'를 채택하고 있다. "국가는 균형 있는 국민경제의 성장 및 안정과 적정한 소득의 분배를 유지하고, 시장의 지배와 경제력의 남용을 방지하며, 경제주체 간의 조화를 통한 경제의 민주화를 위하여 경제에 관한 규제와 조정을 할 수 있다(헌법 §119②)."

담합뿐 아니라 가격에 대해서도 일정한 상황에서는 국가가 개입한다. 조선시대 박지원이 지은 '열하일기'에 수록된 '허생전'을 한번 읽어보자.

허생은 글공부만 하고 있었는데, 가난한 집안이 지겹다고 부인이 하소연하자 장안의 갑부인 변씨를 찾아가서 1만 냥의 돈을 빌린다. 허생은 그 1만 냥으로 안성시장에 가서 곶감과 대추·배·사과 등의 과일을 사서 독점한 후 가격이 오를 때에 파는 매점매석(買占賣惜)[85]으로 큰돈을 벌었다. 또 그렇게 번 돈으로 제주도에 가서 갓을 만드는 말총을 사서 몇 배나 더 큰돈을 벌게 되었다. 그러나 서민들의 생존이 걸린 생필품인 쌀을 대상으로 하지는 않겠다는 이야기가 나온다. 당시는 조선시대라 이런 행위에 대하여 법이 없었을 것이다. 하지만 현재는 위 헌법의 원칙에 따라 정부는 「물가안정에 관한 법률(물가안정법)」을 통하여 이런 매점매석을 금지하고 처벌하고 있다. 형벌을 과하기도 하며, 과징금을 부과하기도 한다. 과징금이란 불법행위로 인하여 얻은 이익을 환수하는 것을 의미한다.

이렇게 담합이나 가격을 규제하는 것은 생산과 소비를 완전히 통제하는 사회주의 식의 통제경제나 계획경제와는 다른 것이다. 기본적으로 개인과 기업의 경제상의 자유와 창의를 존중하되 시장경제가 불공정하게 흘러가서 발생하는 '부익부 빈익빈' 현상을 어느 정도 막기 위한 것이다. 이런 경제 관련 법률도 다수 제정되어 있다. 그나마 가장 자유시장경제에 가깝다고 하는 미국의 경우도 여러 가지 법률과 정부의 조치를 통하여 경제에 개입하고 있다. 긴박하게 돌아가는 국제경제에서 모든 것을 시장원리에 맡긴다는 것은 상상하기 어렵다.

---

85) 특정 상품의 가격이 오를 것을 예상하여 상품을 대량으로 사들인 뒤 이를 팔지 않고 대기하는 것을 말한다.

[88] '악보팔이' 모차르트(저작권·지적재산권)

요즘은 작곡가들이 CD나 음원의 판매 수익으로 거액을 버는 것으로 알려져 있다. 그러면 예전의 작곡가들은 어떤 수입으로 살았을까? 우리가 잘 아는 '음악 신동' 모차르트(Wolfgang Amadeus Mozart, 1756~1791)가 많은 작품을 남길 수 있었던 것은 안정된 일자리를 얻을 수 없어 프로 작곡가가 될 수밖에 없었기 때문이다. 그의 아버지는 아들의 음악적 재능을 알아보고 피아노와 바이올린을 가르치는 데에 힘썼다. 또 모차르트가 6살이 되던 1762년부터 온 가족을 데리고 유럽 연주 여행길에 올랐다. 그 이후 모차르트는 10년간 유럽 각지를 여행하며 각지의 유명한 음악가로부터 교육을 받을 수 있는 기회를 얻었고, 작은 도시인 잘츠부르크를 넘어 좀 더 큰 무대에서 성공할 수 있는 기회를 얻으려고 하였다. 그러나 결국 이탈리아에서 구직을 포기하고 고향으로 돌아온 모차르트는 어느덧 17살이 되었다. 이제 신동으로서의 이미지를 벗고 궁정음악가로 활동하였다. 그러나 그의 자유분방한 성격은 궁정과 여러 갈등을 일으켰고, 결국 대주교와의 불화를 계기로 1781년 빈으로 떠나 죽을 때까지 빈에서 활동하였다.

이전의 음악가들이 거의 궁정악사, 악장이나 교회 전속 음악가로 직업이 협소하게 정해져 있었던 반면, 모차르트는 전업 작곡가라는 당시로서는 새로운 직종의 창시자에 가깝다. 전업이자 프리랜서가 되면서 당대의 계몽주의 사상과 맞물려 음악의 패러다임이 바뀌기 시작한 시대를 보여준다. 안정적인 수입 대신에 피아노 교습과 연주회, 작곡료 등으로 생활하게 되었다. 다른 사람에 비하여 수입이 많은 편이었으나 개인적으로는 도박에 손을 대는 등 낭비벽으로 가난과 빚에 시달렸다고 한다.

그중 작곡료는 특정 귀족의 부탁으로 작곡을 해주고 사례금을 받는 경우도 있었지만, 작곡한 음악의 악보를 팔아서 수입을 얻었다고 한다.

지금 같이 음악을 다운받아 듣거나 업소에서 틀어주는 것을 모두 파악하여 저작료를 받을 수 있는 전자적 기술이 없었기 때문이다. 저작권법은 음악뿐 아니라 문학작품·미술작품·컴퓨터프로그램 등의 저작권을 인정하고 보호한다. 이러한 저작재산권은 저작자가 생존한 동안과 사망한 후 70년간 보호된다(저작권법 §39①). 전통적으로 재산이라고 하면 부동산이나 동산 등을 떠올리지만 현대에는 무체재산권의 비중이 커지고 있다. 무체재산권은 외형적인 형태가 없는 지적·정신적 창조물을 독점적으로 이용할 수 있는 권리를 말하며 국제적으로도 보호받을 수 있다는 것이 특징이다. 무체재산권에는 앞에서 본 저작권과 특허권·상표권 등이 있다. 헌법도 "저작자·발명가·과학기술자와 예술가의 권리는 법률로써 보호한다(헌법 §22②)."고 규정하였다. 법률로는 저작권법 외에 지식재산기본법, 특허법, 실용신안법, 발명진흥법, 「콘텐츠산업 진흥법(콘텐츠산업법)」, 디자인보호법, 「공공디자인의 진흥에 관한 법률(공공디자인법)」, 「산업디자인진흥법(산업디자인법)」 등 다수가 제정되어 있다. 또한 「특허협력조약(PCT)」 등 국제조약도 매우 많다.

요즘 크리스마스를 즈음하여 거리에서 캐롤을 잘 들을 수 없는 것은 우리나라에서도 저작권에 대한 규제가 엄격해지고 있어서이다. 또 AI가 작곡한 음악에 대하여 저작권을 어디까지 인정해 줘야 하는지 세계적으로도 논란이 되고 있다.[86]

---

86) [43] AI가 만든 것은 AI 것일까(인격과 법인격) 참조.

[89] 이스라엘-하마스 전쟁은 누가 책임질까?(국제법과 국제사법)

2023년 10월 7일 가자지구를 실질적으로 통치하고 있는 무장 정파 하마스가 이스라엘 지역에 침입하여 무고한 시민들을 살해하고 다수의 시민들을 인질로 잡아갔다.[87] 이에 이스라엘이 전쟁을 선포하여 가자지구에 군대를 투입하여 또 다수의 팔레스타인 사람들이 사망하였다. 또 수만 명의 부상자와 수십만 명의 난민이 발생하였다. 한편 2014년 러시아의 크림반도 합병과 돈바스 전쟁으로 시작된 러시아-우크라이나 전쟁은 결국 2022년 전면전으로 전환되어 아직도 전쟁이 계속되고 있다. 현재까지 50만 명이 희생되었다는 설이 있지만 정확한 통계는 아직 알 수가 없다.

그런데 이 두 전쟁에서 살해당한 사람들은 대부분 민간인이었다. 누가 잘못인가? 이 전쟁으로 죄 없이 죽은 사람들은 누구를 원망해야 하는가? 역사적으로 모든 전쟁에서 그 피해배상은 패전국이 떠안았다. 전쟁 발발의 옳고 그름과는 거리가 있다. 이스라엘은 하마스가 먼저 일으킨 전쟁이라고 주장하고, 하마스는 전쟁 수행 과정에서 이스라엘의 민간인 학살을 문제 삼는다. 누가 옳고 그르다고 할 수 있을까? 또 민간인 학살과 관련하여 하마스는 이스라엘군의 대부분이 예비군이므로 민간인도 결국 군대라고 주장한다. 이스라엘은 하마스 대원이 민간인 복장을 하고 피난 대열에 숨어있으므로 이들에 대한 공격은 민간인 학살이 아니라고 한다.

상대방을 죽이지 않으면 내가 죽는다는 절박한 전쟁 상황에서 부전조약(1928)이나 「집단살해죄의 방지와 처벌에 관한 협약(제노사이드 협약, 1948 유엔 결의안 260호)」은 별다른 효력을 발휘하기 어렵다. 전쟁이 아니더라도 국제법은 강제력이 거의 없다. 국내법이 국가권력에 의하

---

[87] 전쟁의 실상은 [76] 눈에는 눈 이에는 이(복수와 국가형벌권) 참조.

여 강행되는 점과 비교된다. 「핵확산금지조약(NPT, 1968 유엔총회 결의안)」이나 파리기후협약(2015) 등을 보면 도대체 강행되는 법인지 그냥 희망 사항의 나열인지 의문이 들 정도다. 제2차 세계대전 이후 그나마 국제연합이 어느 정도의 강제력을 발휘하였으나 안전보장이사회 상임이사국인 미국과 중국·러시아의 갈등 속에 최근에는 별다른 강제력을 발휘하지 못하고 있다. 그렇기 때문에 전쟁도 국제법상 완전히 부인되는 것은 아니다. 다만 국제법에서 거론하는 전쟁의 원칙들이 잘 지켜지지 않을 뿐이다.

하지만 국제관계가 더욱 복잡해지고, 국제간 왕래가 더 빈번해지는 현대는 국제법도 더욱 중요해지고 있다. 안전보장이사회 외에서 국제법원(국제사법재판소, International Court of Justice)이나 기타 기관들이 국제문제의 해결을 위해서 노력하고 있다. 국제연합 외에 유럽연합(EU) 등 특정 지역을 관할하는 국제기구들도 있다. 또 우주개발이 본격화되는 현재 이에 대한 조약들도 생겨나고 있다. 국제법의 한 분야로 우주법이라고 한다.

조약은 예전에는 관련된 두 개의 국가가 맺는 양자조약이 일반적이었으나 현대는 여러 나라가 함께 맺는 다자조약이 일반적이다. 양자조약은 체결되면 절차가 끝나지만 다자조약은 사후에 가입할 수도 있다. 물론 탈퇴도 가능하다. 북한이 핵확산금지조약(NPT)에 1985년 가입했다가 핵개발을 위하여 1993년 탈퇴한 것이 대표적인 사례다. 그 이후 UN은 미국 주도로 북한에 대하여 각종 규제 조치를 취하고 있지만 북한은 보란 듯이 규제를 피해 핵무기의 개발을 추진하고 있는 것이 국제법의 한계라고 할 수 있다.

우리 헌법은 국제법에 대하여 "헌법에 의하여 체결·공포된 조약과 일반적으로 승인된 국제법규는 국내법과 같은 효력을 가진다(헌법 §6①)."고 규정하고 있다. 국내법은 국회가 만든 법률과 같은 정도의 효력이 있다는 것이 다수설이다. 다만 일반적으로 승인된 국제법규는 법률보다 상위이고 헌법보다는 하위라고 하는 것이 타당하다. 왜냐하면 우리나라가 직접 가입한 조약이 아니더라도 '외교관에 대한 면책특권'이나 '전쟁포로에 대한 인도적 대우' 등은 당연히 인정되어야 하며 우리 법률로 부인하기 어렵기 때문이다.

한편 국제사법이라는 것이 있다. 우리나라 사람과 미국사람이 결혼한다고 해 보자. 결혼연령이나 신고절차 등이 우리와 미국이 다르다. 그래서 이런 경우 어느 나라 법을 적용할지 미리 정해놓은 법이다. 국제사법은 국제법이 아니라 국내법이다.

V. 법대로 안 될 때

[90] 결국은 법대로 된다(재판과 심급제)
[91] 어떤 법을 적용해야 하나(속지주의, 현행법)
[92] 변사또가 왜 재판을 해?(사법부의 독립)
[93] '베니스의 상인'의 엉터리 재판(제척·기피·회피)
[94] 네가 몸으로 때워라(민사재판과 형사재판, 기타)
[95] "네 죄를 네가 알렷다"(증거재판·입증책임)
[96] "이 재판 내가 이긴 건가요?"(각하, 기각·인용)
[97] 솔로몬의 엉터리 재판(재판의 강제집행)
[98] 남성만 군대 가는데(위헌법률심판·헌법소원 등)
[99] 지금 야간옥외집회는 가능한가(위헌과 헌법불합치)
[100] 탄핵, 또 탄핵이야?(탄핵심판)
[101] 진보당과 통합진보당(정당해산심판)
[102] 『법 이야기』를 마치며

V. 법대로 안 될 때

[90] 결국은 법대로 된다(재판과 심급제)

법은 사회규범이고 그 사회에서 사람들이 행동할 때의 기준을 제시한다. 어떤 일은 해야 하고, 어떤 일을 해서는 안 된다는 명령을 하고 있다. 그런데 실제로는 하지 말라는 일을 하는 사람들이 생기게 마련이고, 그런 법 위반 사례가 있기 때문에 법이 필요한 것이다. 만약 아무도 법을 위반하지 않는다면 법은 필요가 없을 것이다. 그렇게 법에 어긋나는 일이 벌어졌을 때 법은 이를 판단하고 원상회복을 추구한다. 원상회복이 어려운 때에는 그 법 위반행위에 적당한 제재를 가함으로써 다음부터는 법을 위반하지 않도록 한다. 그 행위자뿐 아니라 다른 사람도 이를 보고 법을 위반하면 안 되겠다고 생각하게 만든다.

이렇게 법의 명령대로 되지 않은 사건을 판단하고 바로잡는 과정이 필요한데, 그것이 재판이다. 재판은 누군가 재판을 걸어야 시작된다. 재판을 거는 것을 "소송을 제기한다."고 한다. 소송을 제기하는 사람을 원고(原告), 상대방을 피고(被告)라고 한다. 형사소송의 경우 검사만이 소송을 제기할 수 있어서 검사만이 원고가 된다. 상대방, 즉 범죄를 했다고 지목된 사람은 피고인이라고 한다. 민사소송과 용어를 다르게 쓴다. 형사소송의 경우 검사가 공소를 제기하기 전에 수사 과정이 필요하다. 수사(搜査)는 경찰과 검찰의 역할이다. 그런데 수사도, 재판도 결국 사람이 하는 것이라 실수가 있게 마련이다. 은밀히 이루어지는 범죄를 현장에서 실제로 본 것도 아닌데 어떻게 정확하게 알 수 있을까? 민사사건도 당사자 간에 은밀하게 이루어진 약속 같은 것을 누가 알아서 진실을 밝힐 수가 있을까? 쉬운 일이 아니다. 따라서 재판은 '실체적 진실'을 추구하지만 불완전할 수밖에 없다. 우리 법은 공정한 재판을 위하여 앞으로 설명하는 여러 가지 장치를 가지고 있다.

여기서는 우선 심급제(審級制)에 대하여 알고 넘어가자. 한 번의 재판에서 원고와 피고 모두 만족하고 결과에 승복하기란 쉽지 않다. 재판에서 진, 즉 패소한 사람은 재판의 결과에 불만을 가질 가능성이 크다. 그런 경우 재판을 다시 받아볼 수 있다. 첫 번째 재판받은 곳보다 한 단계 높은 법원에서 다시 재판을 받아볼 수 있는데, 이를 항소(抗訴)한다고 한다. 우리 법원은 지방법원-고등법원-대법원의 단계로 구성되어 있다. 작은 사건은 지방법원 단독판사가[1] 처음 재판하고, 이에 대한 항소심은 지방법원 합의부[2]가 맡는다. 사건이 큰 경우 지방법원 합의부가 1심, 고등법원이 2심(항소심)을 맡는다. 고등법원은 모두 합의부로 구성되어 있다. 지방법원 합의부가 1심을 맡는 큰 사건이란, 민사소송의 경우 소송목적의 값이 5억 원을 초과하는 사건(「민사 및 가사소송의 사물관할에 관한 규칙」 §2), 형사사건의 경우 사형, 무기 또는 1년 이상의 징역이나 금고형에 해당하는 사건(법원조직법 §32①)을 말한다.

항소심에서도 만족하지 않고 불복하는 경우 한 번 더 재판을 받아볼 수 있는데 이를 상고(上告)한다고 한다. 상고심은 위의 두 경우 모두 대법원이 맡는다. 보통 3번의 기회가 주어진다고 해서 삼심제(三審制)라고 하는데, 반드시 3번은 아니므로 정확한 용어로는 심급제라고 한다.

세 번의 재판을 거치면서 진실은 밝혀지게 마련이다. 옛말에 사필귀정(事必歸正)이라고 하지 않았던가. 그럼에도 불구하고 억울한 사람이 있을 수 있다. 사람이 하는 일이기 때문에 100% 완벽할 수는 없다. 그

---

[1] 판사 1인이 재판한다.
[2] 판사 3인으로 이루어진 부(部)에서 재판한다.

래서 재심제도가 있다. 엄격한 요건 하에 최종 확정된 재판을 다시 할 수 있는 제도이다. 예컨대 '원판결의 증거가 된 서류 또는 증거물이 확정판결에 의하여 위조되거나 변조된 것임이 증명된 때', '원판결의 증거가 된 증언, 감정, 통역 또는 번역이 확정판결에 의하여 허위임이 증명된 때', '유죄를 선고받은 자에 대하여 무죄…를 인정할 명백한 증거가 새로 발견된 때' 등 엄격한 요건 하에서만 재심이 인정된다(형사소송법 §420).[3]

그럼에도 구제가 되지 않고 진실이 발견되지 않을 가능성이 아주 낮지만 전혀 없다고는 할 수 없다. 그런 억울한 사람은 "나의 운명이려니…"하고 받아들일 수밖에 없다. 언제가 세월이 흘러 역사가 밝혀줄지도 모르겠다. 재판제도의 한계라고 할 수 있지만 그런 경우는 아주 적을 것이라고 생각한다.

---

[3] 민사소송에서의 재심사유는 약간 다르다. 민사소송법 §451 참조.

[91] 어떤 법을 적용해야 하나(속지주의, 현행법)

법에 대해서 알아보다 보니 종류도 많고 시간적·지역적 차이도 크다. 그래서 구체적인 경우에는 어떤 법을 적용해야 할지 더욱 헷갈릴 수가 있다.

"로마에 가면 로마법을 따르라."는 서양 격언이 있다. 영어로는 "When in Rome, do as the Romans do."라고 하니까 직역을 하면 "로마에 있을 때는 로마 사람들이 하는 식으로 해라."가 될 것이다. 우리가 쓰고 있는 법은 대부분 서양법이고 그중에서도 유럽법인데 그 기원은 로마법이다. 로마법에서부터 확립된 법 개념과 원칙이 우리 법에 남아 있는 것이 많다. 로마법은 로마 사회에서 만들어진 것이라 당시의 속담이나 사람들의 생각이 법이 된 것이 많다. 우리나라처럼 다른 나라에서 만들어진 법을 들여와서 쓰는4) 입장에서는 참 부러운 현상이다.

위 격언을 법률용어로 말하자면 법의 속지주의를 표현한 것이다. 우리나라 사람이 우리나라에서 우리나라 법을 적용받는 것은 이상할 것이 없다. 그런데 우리나라에 와 있는 외국인과 우리나라 사람이 외국에 있을 때 어떤 법을 적용해야 하는지가 문제 된다. 속지주의는 지역을 기준으로 적용한다는 의미이므로 우리나라에서 벌어진 일에는 우리나라 사람이나 외국인이나 모두 적용된다는 원칙이다. 우리나라 법을 포함해서 대부분의 나라의 법 적용 원칙이다. 예컨대 형법은 "본법은 대한민국 영역 내에서 죄를 범한 내국인과 외국인에게 적용한다(형법 §2)."고 하였다. 형법은 내국인이 외국에서 범죄 한 경우에도 적용된다(형법 §3). 또 외국인이 외국에서 내란·외환의 죄, 통화의 죄 등을 범한 경우에도 적용된다(형법 §5).

우리 법은 대체로 속지주의가 원칙이지만 예외적으로 속인주의를 채

---

4) 법의 계수(繼受)라고 한다.

택하는 규정도 있다. 국적법을 예로 들어보자. 우리나라 사람이 외국에서 아이를 낳아도 원칙적으로 우리나라 국적을 준다. 우리 국적법이 속인주의를 택하고 있기 때문이다(국적법 §2). 그런데 영국이나 미국의 경우 국적에 있어 속지주의를 택하고 있기 때문에 우리나라 사람이 미국에서 아이를 출생하면 미국법에 따르면 미국 국적을, 우리 국적법에 따르면 대한민국 국적을 취득한다. 그래서 일시적 이중국적이 된다. 성년이 되면 국적을 선택하도록 하고 있다(국적법 §12).

재판 얘기로 돌아가자. 법이 하도 자주 바뀌다 보니 재판할 때 이미 적용해야 할 법이 바뀌었을 수도 있다. 그러면 구법을 적용해서 재판할지 신법을 적용해야 할지 헷갈릴 것이다. 그때그때 달라지면 안 되므로 법에 원칙이 정해져 있다. 형사재판의 경우 "범죄의 성립과 처벌은 행위시의 법률에 따른다(형법 §1①)." 따라서 재판할 때 이미 법이 개정되었더라도 사건이 벌어질 당시에 있던 법을 적용해야 한다. 형벌불소급의 원칙에 따른 것이다. 다만 "범죄 후 법률이 변경되어 그 행위가 범죄를 구성하지 아니하게 되거나 형이 구법(舊法)보다 가벼워진 경우에는 신법(新法)에 따른다(형법 §1②)." 이는 범죄를 한 사람에게 유리해지기 때문이다.

[92] 변사또가 왜 재판을 해?(사법부의 독립)

춘향전에 보면 수청을 거절하는 춘향이를 잡아다 묶어놓고 변사또가 재판을 하는 장면이 나온다. 변학도는 사또였다. 즉 지금의 군수 정도 되는 행정관리였고 판사가 아니었다. 그때는 사법부가 독립되어 있지 않았기 때문에 관리가 행정도 하지만 재판도 하였다. 그 점은 동서양이 모두 공통된다. 다만 서양에서 먼저 사법부의 독립과 전문적인 판사들이 생겨났으며, 동양은 이를 나중에 받아들인 것이다.

우리나라는 구한말 갑오개혁 때 법률 제1호로 「재판소구성법(1985)」이 공포됨으로써 사법과 행정이 분리되고 근대 사법제도가 도입되었다. 이 법에 따르면 지방재판소, 한성 및 인천 기타 개항장재판소, 특별법원, 제2심인 순회재판소, 최고 법원인 고등재판소의 5종으로 구분하여 두기로 하였다. 같은 해 서울에 '한성재판소'가 설치되었으며, 1899년에 고등재판소는 '평리원'으로 이름이 바뀌었다.

그러다가 을사조약(1905)으로 통감부 하부기관으로 이사청(理事廳)을 두어 한국 내 일본인에 대한 재판을 시작하였고, 1909년부터는 모든 한국재판소를 폐지하였다. 그 대신 일본재판소를 설치하고 일본의 법을 원칙적으로 적용하기 시작하였다. 이에 따라 '통감부재판소'를 설치하였다가 후에 '조선총독부재판소'로 이름을 바꾸었다.

해방이 되고 나서 현재의 사법제도가 정비되어 현재에 이르고 있다. 당시에 일제 잔재 청산이 사회적 화두였으나 판·검사 등의 법률전문가를 갑자기 대체하기는 어려웠다. 따라서 상당수의 인물은 일제강점기의 인물들이 사법부 운영에 계속 가담할 수밖에 없었다. 이에 따라 사법부에 대한 불신이 완전히 해소되지 못한 측면이 있었다.

국민이 재판에서 바라는 점은 진실의 발견과 공정한 재판일 것이다. 그러기 위해서는 사법부가 행정부나 입법부로부터 독립되어야 하는 것은 당연하다. 최소한의 관련을 뺀다면 직접 재판에 있어서는 외부 입김이 작용해서는 안 된다. 심지어 판사가 소속된 법원의 법원장이라고 해도 재판에 어떤 영향을 주어서는 안 된다. 그래야 공정한 재판이 이루어질 수 있다. 헌법은 "법관은 헌법과 법률에 의하여 그 양심에 따라 독립하여 심판한다(헌법 §103)."고 규정하였다. 또 "법관은 탄핵 또는 금고 이상의 형의 선고에 의하지 아니하고는 파면되지 아니하며, 징계처분에 의하지 아니하고는 정직·감봉 기타 불리한 처분을 받지 아니한다(헌법 §106①)."고 하여 법관의 신분보장을 규정하였다. 그래야 외부의 눈치를 보지 않을 수 있는 것이다. 또 법관만 해당하는 것은 아니지만 "공무원의 신분과 정치적 중립성은 법률이 정하는 바에 의하여 보장된다(헌법 §7②)."고 하여 정치적 중립을 지키도록 하였다.

공정한 재판을 위해서 법관은 외부 의견에 좌우되어서는 안 된다. 이는 이상적인 말이지만 판사도 사람이고 어떤 결정을 하기 위해서는 다른 사람들의 생각을 참고할 수밖에 없다. 그러면 법관은 '국민의 눈높이'를 고려해서 재판해야 할 것인가? 아니면 '국민의 법 감정'은 무시하고 전문가적인 시각에서 소신껏 재판을 해야 할까? 정답은 없다. 다만 우리나라는 영국과 미국의 사례를 참조하여 일반인이 형사재판에 참여하는 배심제를 도입하였다. 「국민의 형사재판 참여에 관한 법률(국민참여재판법)」이 그것이다. 배심원이 판단하는 것이 판사들이 판단하는 것보다 더 정의에 부합할까? 이것도 정답은 없다. 판단은 국민 각자의 몫이다. 실제로 국민참여재판이 강제 사항은 아니며, 당사자가 원할 때 한다. 또 배심원들의 판단이 법관을 강제하지는 않는다(같은 법 §46⑤). 그러나 실제로는 배심원의 의견(평결)이 90% 이상 반영된다고 한다. 배심원들은 시민 중에서 무작위로 선정된다. 배심원으로 참여하면 하루 일당 12만 원을 받는다. 선정기일에 출석한 배심원 후보자는 배심원으로 선정되지 않아도 6만 원의 일당을 받는다.[5]

춘향전의 변사또는 춘향이에게 곤장을 치라고도 하고, 나중에 감옥에 넣기도 한다. 곤장을 쳐서 자백을 받아내는 것은 고문인데 현대법에서는 금지된다. 아무튼 변사또는 일종의 수사와 재판, 그리고 형의 집행[6]을 모두 하는 것으로 나온다.

---

5) 자세한 것은 법원 홈페이지 전자민원센터 참조. https://help.scourt.go.kr/nm/min_9/min_9_3/index.html(검색 2024.2.6.)
6) [80] 슬기로운 감방생활(형의 집행) 참조.

[93] '베니스의 상인'의 엉터리 재판(제척·기피·회피)

세익스피어(William Shakespeare, 1564~1616)의 유명한 희극에 '베니스의 상인(The Merchant of Venice)'이 있다. 가난한 상인인 바사니오(Bassanio)는 사랑하는 여인 포샤(Portia)에게 구혼하기 위해 친구인 안토니오(Antonio)에게 3천 두카트(ducat)[7]를 빌리는데, 마침 자신이 가지고 있던 배가 모두 출항 중이어서 안토니오는 유대인 고리대금업자 샤일록(Shylock)에게 돈을 빌려서 건네준다. 안토니오를 증오하던 샤일록은 변제기일에 돈을 갚지 못한다면 안토니오의 가슴살 1파운드를 베어가겠다는 조건을 내걸고 돈을 빌려준다. 하지만 배가 풍랑을 만나 파선하였고 샤일록과 안토니오는 민사재판을 하게 되었다. 그런데 포샤는 남장을 한 뒤 재판관인 공작 행세를 하여 안토니오를 구해주고 도리어 샤일록에게 벌금을 부과한다. 계약서에 명시된 문장 그대로 이행할 것을, 즉 살만 정확히 1파운드 가져가고 피는 한 방울도 흘리지 말 것을 판결한다. 이에 따라 샤일록의 재산은 전부 몰수된다. 전형적인 권선징악, 해피엔딩이다.

그런데 법적으로 몇 가지 생각해 보아야 할 문제들이 있다. 우선 돈을 빌려주는 계약에 "돈을 기한 내에 갚지 못하면 살 1파운드를 대신 준다."는 것은 앞서 살펴본 대로 '선량한 풍속 기타 사회질서'에 위반하여 무효인 계약이다.[8] 요즘 조폭 영화에 자주 등장하는 '신체포기각서'가 무효인 것과 같다.

만약 그런 계약이 가능하다고 가정하면, 판결의 내용인 '살만 가져가고 피는 한 방울도 흘리지 말 것'도 사회 통념상 불가능한 판결이다. 왜

---

[7] 두카트(ducat)는 베네치아 공화국에서 처음 만들어져 1284년부터 제1차 세계 대전 이전까지 유럽 각국에서 통용된 무게 약3.5g에 순도 98%의 금화다. 3,000두카트를 현재 금 시세로 하면 약 2억 5천만 원 정도가 된다.
[8] [73] 팥죽 한 그릇에 장자권을 판 에서(계약의 무효) 참조.

냐하면 보통 고기를 산다고 할 때 약간의 피가 섞여 있는 것을 의미하지, 피 한 방울도 섞이지 않은 고기를 의미하지는 않는 것이 사회통념이기 때문이다.

더 결정적인 문제가 있다. 채무자는 안토니오지만 친구인 바사니오 때문에 돈을 빌린 것이고, 그 돈은 부자집 딸이었던 포샤에게 청혼하는 데 쓰였다. 즉 재판관 역할을 한 포샤는 안토니오와 밀접한 관계를 가진 사람이다. 그런 사람이 재판을 하면 공정하게 할 수 없을 것이 당연하다. 물론 우리는 샤일록이 '유대인이자 나쁜 고리대금업자'[9]라고 생각하지만, 공정한 재판이 되기 위해서는 당사자들이 원래 착한 사람이건 아니건 묻지 않고 사건에 집중해야 하기 때문이다. 우리 소송법에는 이러한 경우에 제척·기피·회피제도를 두고 있다. 제척(除斥)이란 법관이 그 사건의 당사자이거나 법관의 배우자가 당사자인 경우 그 재판에서 제외되는 것이다. 또 친족관계이거나, 그 사건에서 증언이나 감정을 하거나, 대리인이거나 등의 경우에도 같다. 과거에 이런 관계였던 경우도 제척된다(민사소송법 §41). 또 "당사자는 법관에게 공정한 재판을 기대하기 어려운 사정이 있는 때에는 기피신청을 할 수 있다(같은 법 §43①)." 다만 기피신청을 한다고 그 법관이 당연히 제외되는 것은 아니며 법원이나 법관이 수용 여부를 결정한다(같은 법 §46). 법관은 법원의 허가를 받아 스스로 그 재판을 회피할 수 있다(같은 법 §49). 형사소송법도 같은 취지의 규정들을 가지고 있다(형사소송법 §17~§25).

원작에서는 공작의 양해를 얻어서 포샤가 재판을 하게 되지만 원천적으로 재판관은 누가 대신할 수 없는 것이다. 따라서 포샤는 제척되기 이전에 법관의 자격이 없다.

한 가지 더 지적하자면, 빌려 간 돈을 돌려달라는 것은 민사재판인데, 그 과정에서 계약대로 하지 않는다고 벌금을 부과하는 얘기가 나온

---

[9] 당시 유럽에서의 유대인 혐오의 원인과 양상에 대해서는 오호택, 『법과 종교』, 동방문화사, 2022, 116~123, 281면 참조.

다. 민사재판은 민사재판이고 벌금은 형벌이라 형사재판에서 나온다. 우리 법에 따르면 두 가지는 다르며 각기 다른 재판을 통해서 이루어진다.

이렇게 볼 때 '베니스의 상인'에서의 재판은 현대법에 따르면 말도 안 되는 엉터리 재판이다. 그러나 당시는 16세기다. 아무리 작자가 살던 영국이라고 해도 현대법과 같은 사법제도가 완비되어 있지는 않았나 보다.

"너희는 또한 가난한 사람의 송사라고 해서 치우쳐서 두둔해서도 안 된다(출애굽기 23:3)."

[94] 네가 몸으로 때워라(민사재판과 형사재판, 기타)

　청소년 특히 남자아이들은 커가면서 친구들과 주먹다짐을 하는 경우도 많다. 그런 경우 때린 사람과 맞은 사람이 생기고 보통 가해자와 피해자로 불린다. 맞은 아이의 부모는 아이를 병원에 데려가고 때린 아이의 부모들과 만나게 된다. 그러면 단순히 사과로 끝나는 것이 아니라 치료비와 합의금을 얘기하게 된다. 일반적인 금액 기준을 잘 모르니까 피해자 측에서는 무조건 많이 달라고 금액을 올려서 요구하기 마련이다. 한두 번 만나서 합의가 안 되면 가해자 부모가 가해 학생에게 "네가 몸으로 때워라. 우리 형편에 그런 돈이 어디 있냐?"라고 말한다. 형사피의자로 입건되어 징역을 살더라도 돈을 마련할 수가 없다는 이야기다. 어쩐지 요즘 얘기는 아니고 우리가 다들 어렵게 살던 몇십 년 전 이야기 같다.

　아무튼 여기서 생각해 볼 문제가 있다. 다른 사람을 폭행한 경우 형사사건이 되어 폭행죄로 형사처벌을 받게 된다. 그런데 이 폭행죄는 '반의사 불벌죄'라 피해자가 처벌을 원하지 않으면 형사처벌을 하지 않는다. 형법은 폭행과 존속폭행죄는 "피해자의 명시한 의사에 반하여 공소를 제기할 수 없다(형법 §260③)."고 규정하고 있다. 이를 반의사불벌죄라고 한다. 그래서 합의금을 받는 대신 "처벌을 원하지 않는다."는 의사표시를 수사당국에 해 주게 된다.

　문제는 형사처벌을 받는다고 해서 민사사건도 없어지는 것은 아니라는 점이다. 합의금이 없어 피해자로부터 처벌불원 의사를 받아내지 못해서 형사처벌을 받았다고 해서, 민사소송을 통한 손해배상 책임도 없어지는 것은 아니다. 따라서 위 대화는 잘 몰라서 하는 말이다. 즉 민사사건과 형사사건은 서로 별개로 각각 진행되는 것이다. 실제로 서로 참고하기는 한다. 민사적인 배상을 충분히 하면 형사소송에서 형량을 정할 때 어느 정도 감해주는 것이 관례다. 피해자 측에서 너무 터무니 없는 돈을 요구하여 합의가 이루어지지 않을 때는 가해자가 법원에 통상의 기준에 따라 일정액을 공탁하면 합의금을 주고 합의한 것으로 인정해 주는 제도도 있다.

이 합의금은 정신적 피해배상, 즉 위자료의 성격이 있다. 병원비 등 실제로 들어간 돈은 정확히 그 액수만큼 배상해야 한다. 실제로는 한꺼번에 합의하여 "민·형사상 일체 이의를 제기하지 않겠다."고 각서를 쓰기도 한다.

이렇게 우리가 쉽게 접할 수 있는 소송(재판)은 민사소송과 형사소송이다. 각각 민사소송법과 형사소송법이 규율한다. 민사소송은 민사사건에 관한 소송을 말하는데, 민사사건이란 민법·상법 등 사법(私法)에 의하여 규율되는 대등한 주체 사이의 신분상 또는 경제상 생활 관계에 관한 사건을 말한다. 이에 비하여 형사소송은 '사인(私人)에 대한 국가의 형벌권 행사에 관한 사건(형사사건)'을 대상으로 하는 점에서 민사소송과 구별된다.

재판의 결과를 집행하기 위해서 각각 민사집행법과 「형의 집행 및 수용자의 처우에 관한 법률(형집행법)」이 마련되어 있다.

대등한 관계가 아니라 한편이 법에 의하여 강제력이 있는 관계가 있는데 행정법관계가 그것이다. 이는 행정소송에 의하고 행정소송법이 규율한다. 법원이 재판을 통해서 해결하기 전에 상급 행정기관이 해결하는 절차가 별도로 있는데 이를 행정심판이라고 하고 행정심판법이 규율한다. 행정심판은 소송은 아니지만 별도의 행정심판위원회를 구성하여 소송과 유사한 절차에 따라 진행한다. "재판의 전심절차로서 행정심판을 할 수 있다. 행정심판의 절차는 법률로 정하되, 사법절차가 준용되어야 한다(헌법 §107③)."

이 밖에도 가사소송과 가사비송사건도 있다. 가사소송은 혼인·친자·양자 등의 기본적인 신분관계에 관한 분쟁 및 그와 관련된 재산관계에 관한 분쟁을 다루는 재판이며, 가정법원에서 행한다. 가정법원은 지방법원급이다. 또 가사비송사건은 상대방의 존재를 전제로 하지 않는 한정치산 및 금치산, 부재자의 재산관리, 입양 또는 파양에 관한 사건, 친권을 행사할 자의 지정과 자의 양육에 관한 사건 등을 다룬다. 별로도 비송사건절차법에 따른다.

[95] "네 죄를 네가 알렷다"(증거재판·입증책임)

춘향전을 비롯하여 사극에 보면 원님이 죄인을 붙잡아 와서 묶어놓고 "네 죄를 네가 알렷다!"라고 소리치는 장면이 많이 나온다. 그 사람이 진짜 범인이라면 자신이 무슨 죄를 지었는지 알고 있을 것이나, "그래서 뭐 어쩌라고?" 전후 문맥으로 보자면 "스스로 죄를 자백해라!"는 뜻일 것이다. 이런 자백이 수사하는 입장에서는 매우 편한 것이다. 별다른 노력을 하지 않아도 범인을 확인시켜 주고, 누구나 재판의 결과를 당연하다고 여길 조건이 된다. 스스로 범인이라고 죄를 자백했으니까 말이다. 그런데 범인, 즉 형법 용어로는 용의자나 피의자 또는 피고인의[10] 입장에서는 자신이 죄를 지었다고 자백할 이유가 무엇일까? 죄를 뉘우치고 죗값을 달게 받기 위해서? 이런 경우는 백에 한둘이 있을까 말까 할 것이다. 누구나 자신의 죄를 인정하고 처벌되는 것은 싫을 것이다. 그러므로 수사기관의 입장에서는 손쉽게 폭력을 가함으로써 자백을 얻어내려는 유혹을 받기 쉽다. 약간의 '가학수사(?)'를 하면 증거물을 한 시간 내에 찾아올 수 있지만, 범인이 자백하지 않으면 수천 명의 경찰을 동원해서 며칠을 뒤져야 살인에 쓴 흉기를 찾을 수 있다. 이러한 폭력을 고문(拷問)이라고 한다. 그러나 고문은 인간을 인간으로 대우하는 것이 아니라 단순히 물건으로 취급하는 것이다. 따라서 법에서는 엄격히 금지한다. '인간의 존엄과 가치(헌법 §10)'를 해치는 대표적인 사례가 고문이다.

헌법은 "모든 국민은 고문을 받지 아니하며, 형사상 자기에게 불리한 진술을 강요당하지 아니한다(헌법 §12②)."고 규정하였다. 그래도 미덥지

---

[10] 용의자(容疑者)는 범죄 혐의가 뚜렷하지 않아 정식으로 입건되지는 않았지만 내사 단계에서 수사기관 내부적으로 조사 대상이 된 사람이며, 피의자(被疑者)는 내사 이후 정식으로 범죄 혐의 사실이 인정됨으로써 수사기관이 사건을 접수하여 수사가 개시된 사람을 말한다. 피고인(被告人)은 검사가 공소를 제기하여 법원에서 재판이 진행되고 있는 사람을 가리킨다.

않았던지 또다시 "피고인의 자백이 고문·폭행·협박·구속의 부당한 장기화 또는 기망 기타의 방법에 의하여 자의로 진술된 것이 아니라고 인정될 때 또는 정식재판에 있어서 피고인의 자백이 그에게 불리한 유일한 증거일 때에는 이를 유죄의 증거로 삼거나 이를 이유로 처벌할 수 없다(헌법 §12⑦)."고 확인하고 있다. 고문에 의한 자백은 당연히 무효이며, 자백만이 유일한 증거라면 유죄판결을 할 수 없다는 의미다. 다시 말해서 물증(物證)이 있어야 한다고 한 것이다. 이를 '증거재판주의'라고 한다. 증거에 의해서만 판단해야 한다는 것이며, 이는 형사소송 뿐 아니라 민사소송에서도 같다.

자백밖에 증거가 없으면 무죄로 풀려난다. 그러면 어떻게 하라는 것일까? 검사가 증거를 대라는 의미다. 왜냐하면 형사소송에서는 검사만이 원고가 될 수 있으며 피해자나 제삼자인 일반인은 형사소송을 제기할 수 없기 때문이다. 증거재판주의에서 증거를 대야 할 책임은 어떤 사실을 주장하는 사람에게 있다. 민사소송의 경우 원고가 피고에게 채무의 이행 같은 어떤 것을 요구하는 것이므로 원고가 증거를 대야 한다. 증거를 댈 수 없다면 원고의 청구가 받아들여지지 않는다. 형사소송의 경우 검사가 원고이므로 검사가 증거를 대야 하고, 증거가 없으면 무죄로 결론이 날 수밖에 없다.

그러므로 형사소송에서 무죄판결을 받았다고 해서 범인이 아니라는 것과 같은 의미는 아니다. 소송법적으로 무죄란 "유죄로 판결할 만큼 증거가 확보되지 않았다."는 의미일 뿐이다. 진짜 범죄를 하지 않은 억울한 피고인도 있을 수 있으나, '심증은 있으나 물증이 없는' 경우일 수도 있다.

다음 사례를 한번 생각해 보자. A는 2021년 5월 평소 자신이 전자담배를 피우는 과정에서 소지하게 된 니코틴 원액을 섞은 음료와 음식을 남편 B에게 먹여 숨지게 한 혐의로 구속기소 되었다. 검찰에 따르면 A

가 출근하는 B에게 미숫가루와 꿀, 우유를 섞은 음료에 니코틴 원액을 탄 후 마시게 했더니 속쓰림과 구토증세를 보였으나 사망하지 않자, 퇴근 후 니코틴을 넣은 흰죽을 쑤어 먹였다. 이에 응급실에 가서 치료를 받고 새벽에 돌아오자 찬물에 니코틴 원액을 타서 먹였더니 결국 사망했다고 한다. 피해자의 사인은 급성 니코틴 중독이었다. 1심과 2심은 A에게 징역 30년을 선고했으나 대법원은 제시된 증거들은 간접증거에 불과하고 사인의 직접적인 증거가 없다고 이 판결을 파기하여 수원고등법원으로 돌려보냈다(2022). 이에 따라 수원고등법원도 무죄를 선고하였다(2024).11) 수원고등법원은 무죄의 논거로 치사량 이상의 고농도 니코틴을 몰래 마시게 하는 게 사실상 불가능하다는 점을 들었다. 또 아내 A씨의 불륜 사실을 알고 피해자가 자살을 시도한 적 있고, 가정의 경제적 문제, 부친과의 불화 등으로 심리적으로 불안정했을 가능성이 있다는 점도 들었다. 따라서 스스로 먹었을 가능성도 있다고 하였다. 과연 진실은 무엇일까?

　이렇게 증거를 대야 하고 증거를 서로 못 대면 주장하는 사람에게 불이익하게 판단되는 것을 입증책임이라고 한다. 제시된 증거가 제대로 된 증거인지 유죄의 근거가 되는지 등은 전적으로 판사가 판단한다. 이를 자유심증주의라고 한다. 즉 재판은 원고와 피고가 서로 자기가 옳다고 주장하고 서로 증거를 대게 하고 판사는 제3자의 입장에서 객관적으로 판단하게 된다. 이를 대심주의(對審主意) 또는 당사자주의(當事者主意)라고 한다. 비슷한 의미인데 당사자들이 제출한 사실과 증거만 재판의 기초로 삼는 것을 변론주의(辯論主義)라고 하는데 민사소송의 원칙이다. 이에 비하여 법원(판사)에게 주도권을 주어 증거의 수집과 조사에 간여하는 것을 직권주의(職權主義)라고 하는데 행정소송이나 형사소송에서 보충적으로 인정된다.

---

11) 수원고법 2024.2.2., 2023노813.

이렇게 소송법적으로는 일상생활에서 쓰지 않는 개념이나 용어들이 쓰이므로 소송법 분야는 일반인들이 잘 모르거나 공부하기 쉽지 않은 분야이다. 그러나 그렇기 때문에 법학을 전공했다고 하려면 소송법 분야를 잘 알아야 일반인들로부터 인정받을 수 있다. 당사자 간에 이해관계가 첨예하게 대립하므로 소송법은 정밀하게 규정하고 엄격하게 해석해야 한다. 조직법 분야도 그렇다. 추상적으로 윤곽만 나오는 헌법상 기본권이나 임의법이 많은 민법 규정과 대비되는 특성이다.

[96] "이 재판 내가 이긴 건가요?"(각하, 기각·인용)

필자가 대법원과 헌법재판소에서 일할 때의 일화다. 선고일에 법정에 나가보면 사건의 당사자들이 방청석에 와 있다. 그런데 선고가 이루어져도 그 재판의 결과를 몰라서 필자에게 "이 재판 내가 이긴 건가요?" 하고 물어보는 경우가 있었다. 법정에서는 판사가 판결문을 선고함으로써 판결을 선고(宣告)12)한다. 이때 주문(主文)을 읽게 된다. 주문이란 그 판결의 결론 부분이다. 먼저 읽을 때도 있고, 이유를 다 설명한 후 나중에 읽는 경우도 있다. 그런데 그 주문을 보면 자신이 그 재판에서 승소했는지 패소했는지 알 수 있다. 주문의 주어는 원고이다. "원고의 청구를 각하한다." "원고의 청구를 기각한다." "원고의 청구를 인용한다."의 세 가지 중의 하나로 선고하게 된다. 소송의 종류에 따라 용어가 조금씩 달라질 수는 있지만 모든 종류의 소송이나 심판은 이 세 가지 패턴 중의 하나로 결론을 낸다. 하나씩 살펴보자.

우선 소송(재판)의 구조를 보자면, 모든 종류의 소송은 두 단계로 진행된다. 먼저 형식심사로 재판으로서의 형식을 갖추었는지, 즉 소송이 법적으로 성립하여 다음 단계인 실질심사로 넘어갈지를 판단하게 된다. 요건심사, 본안전 심사라고도 한다. 예컨대 소송제기 기간을 지켰는지, 소송을 제기할 자격이 있는지(자신의 현재 권리가 침해되었는지), 소송수행능력이 있는지13), 굳이 재판을 해야 할 법적 이익이 있는지 등을 검토한다. 이런 것들을 다 갖추면 다음 단계로 넘어가며, 이런 것 중 하나라도 요건을 갖추지 못했다면 이 단계에서 재판은 끝난다. 이렇게 요건을 갖추지 못해서 내용을 심사하지 않겠다는 것이 각하(却下)다. 보통 "부적법하여 각하한다."고 표현한다.

---

12) 일제강점기에는 '언도(言渡)'한다고 했다.
13) 예컨대 미성년자인 경우 권리는 가지고 있지만 원칙적으로 소송수행 능력이 없다. 민사소송법 §55 "미성년자 또는 피성년후견인은 법정대리인에 의해서만 소송행위를 할 수 있다."

요건을 갖추면 다음 단계로 넘어가는데, 실질심사, 내용심사, 본안심사 등으로 표현한다. 이 단계에서는 원고가 주장하는 내용의 당부(當否)를 판단하여 결론을 낸다. 원고의 청구가 법적으로 타당하면 인용(認容)하고, 부당하면 기각(棄却)으로 선고한다. 그러므로 "원고의 청구를 인용한다."고 할 때만 원고가 승소한 것이다. 기각되면 패소한 것이다.

각하는 기각과 발음이 비슷하지만 전혀 다른 것인데, 실질적인 내용을 판단하지 않았다는 것이므로 원고가 옳은지 그른지는 판단 안 했다는 것이다. 보통 각하도 원하는 결과를 못 얻었으므로 패소했다고 하지만 엄밀히 말하면 다른 것이다. 뉴스 등에서도 각하와 기각을 혼동하여 말하는 경우가 많으니 조심해야 한다. 이 세 가지 용어만 알면 자신이 그 재판에서 이겼는지 졌는지 누구에게 물어볼 필요는 없을 것이다.

물론 소송의 유형에 따라 용어가 달리 쓰일 수 있다는 점은 유의해야 한다. 앞서 설명한 것은 주로 민사소송과 행정소송의 경우이다. 형사소송의 경우 "피고인에게 징역 5년을 선고한다."는 식으로 표현한다. 행점심판이나 헌법소원심판에서는 원고 대신에 '청구인', 피고 대신에 '피청구인'이라고 한다.

이제까지 주문에 대하여 설명하였다. 판결문의 구성을 보면 사건번호와 사건명, 당사자, 주문, 이유, 날짜와 서명 등의 순서로 되어 있다. 모든 종류의 재판이나 심판은 이와 같은 형식의 판결문(결정문)으로 구성되어 있다. 인터넷에서 한두 개 검색해 보면 쉽게 눈에 들어온다.

[97] 솔로몬의 엉터리 재판(재판의 강제집행)

앞에서 '베니스의 상인'의 재판이 엉터리라고 했는데, 다른 사례를 하나 더 들어본다. 히브리성경에 보면 솔로몬의 유명한 재판이 나온다. 앞에서 사례로 든 바가 있으므로 내용은 생략한다.[14] 솔로몬은 "칼로 아이를 반으로 나누어 두 여인에게 나누어 주라."고 했고, 이에 질겁하는 여인이 진짜 아이의 엄마라고 단정하고 그녀에게 아이를 주라고 했다. 권선징악·해피엔딩은 맞다. 재판의 내용은 "누가 진짜 아이의 엄마인가?"로 우리 민사소송의 '친자확인소송'에 해당한다. 그렇다면 판사는 대심주의에 따라 원고와 피고의 주장과 그들이 제출한 증거에 의하여 판결만 하면 되는 것이고 그 이상 개입하면 안 된다. 즉 재판과정에서는 진실만을 판단해 주면 되는 것이지 사건을 해결해 주는 것은 아니다.

만약 아이를 바꿔치기한 가짜 엄마가 태연히 연극을 하고 울면서 "그러면 아이가 죽으니 안 된다."고 외치면 어떻게 되었을까? 또 반대로 재판은 길어지고 진짜 아이의 엄마가 어차피 아이를 찾을 가능성이 없고 아이가 그 가짜 엄마에게 넘어갈 듯 보이자, '나의 아이가 저 집에 들어가게 되어 나중에 학대를 받으면 어쩌나?'하고 생각하게 되었다고 해 보자. 그래서 아이를 위해서는 차라리 죽는 것이 낫겠다고 생각하고 "그렇게 잘라서라도 주십시오."라고 했다면 어쩌겠는가? 우리는 결과를 알고 보기 때문에 '솔로몬의 명 재판'이라고 하지 결과를 모르고 이 이야기를 읽는다면 과연 현명한 재판이라고 하기 어렵다.

이와 비슷한 경우로 우리나라 판소리 12마당에 있었다고 하는 '옹고집전'에도 엉터리 재판이 나온다. 두 옹고집 중 누가 진짜인지 가려달라는 재판인데, 재판을 맡은 원님이 족보를 가져오라고 해서 물어보니, 가짜 옹고집이 진짜 옹고집보다 더 잘 알고 있어 진짜 옹고집이 패소(敗

---

14) 내용은 [16] 잠꼬대와 취중진담(행위의 준칙) 참조.

訴)한다. 그리고 진짜 옹고집은 곤장을 맞고 쫓겨난다. 집에서도 쫓겨난 옹고집은 온갖 고생을 하다가 산속을 떠돌게 되었다. 그러다 문득 못되게 살아온 자신의 잘못을 깨닫게 되었고 도승을 만나 부적을 들고 집으로 돌아와 새사람이 되어 착하게 살았다는 이야기다. 이 이야기의 원님은 제대로 진짜를 가릴 증거가 부족한데도 섣불리 판결을 하여 실제적 진실을 밝히는 데 실패하고 말았다. 지금 같으면 항소와 상고를 통해 다시 한번 진실을 밝히는 기회를 얻을 수 있었을 것이지만 그렇지도 못했다. 증거가 부족하여 판단하기 어려우면 판단하지 말았어야 한다.15) 그런데 국가는 재판을 거절하면 안 되니까 당장 판결하지 않고 더 증거를 확보할 때까지 재판을 계속 했어야 한다. 물론 지금이라면 유전자 검사를 통하여 쉽게 결론을 내릴 수 있겠지만 말이다.

옹고집전의 원님도 솔로몬과 같이 직접 판단하고 집행도 해 버렸다. 곤장을 때려서 쫓아낸 것 말이다. 지금이라면 판사가 형벌을 과한 것이 되는데 역시 부당한 집행이다. 형사소송의 판결은 형벌로 나타나므로 그 집행은 법무부가 담당하며 교도소 등이 마련되어 있다는 것은 앞에서 설명하였다.16) 민사재판의 경우도 법원이나 판사가 직접 집행하는 것이 아니라 집행관이 이를 담당한다. "집행관은 지방법원에 소속되어 법률에서 정하는 바에 따라 재판의 집행, 서류의 송달, 그 밖에 법령에 따른 사무에 종사한다(집행관법 §2)." 집행관은 전직 법원 공무원 중에서 지방법원장이 임명하고(같은 법 §3), 감독을 한다(같은 법 §7①). 그러나 법원 공무원은 아니다.

솔로몬의 재판이나 옹고집전의 재판이나 엉터리 재판이라고 한 것은 현대법에 비추어 보았을 때 그렇다는 의미이다. 당시의 사회상이나 사법제도를 고려해 볼 때는 나름 타당한 재판이었을 수 있다는 점을 덧붙여 둔다.

---

15) [95] "네 죄를 네가 알렷다"(증거재판·입증책임) 참조.
16) [80] 슬기로운 감방생활(형의 집행) 참조.

[98] 남성만 군대 가는데(위헌법률심판·헌법소원 등)

이제까지 권리구제 절차로서 재판에 관하여 이모저모 살펴보았다. 그런데 우리가 살펴본 민·형사소송은 아니지만 우리 생활에 깊숙이 들어와 있는 재판유형이 하나 더 있는데 바로 헌법재판이다.

헌법재판소는 현행 헌법에 따라 1988년에 만들어졌다. 그 이전에는 헌법위원회가 있었고(제헌헌법, 1972년 헌법, 1980년 헌법), 1962년 헌법에서는 대법원이 그 역할을 하였다. 1960년 헌법, 이른바 제2공화국 헌법에는 헌법재판소가 규정되었으나 곧바로 5·16으로 헌정이 중단되었기 때문에 실제로는 구성되지 않았다.

역사적으로 현행 헌법재판소만큼 많은 역할을 한 적이 없었다.[17] 생각하기에 따라 다르겠지만 헌법재판소의 존재감을 나타낸 사건으로 다음 2가지를 들고 싶다.

우선 이른바 '민주화시대'를 연 상징적 사건으로는 전두환 당시 대통령의 행위가 위헌이어서 무효라는 '국제그룹 해체 사건'[18]을 들 수 있다. 요즘 세대는 느끼지 못하겠지만 전두환 시절 대통령의 권력은 하늘을 나는 새도 떨어뜨린다는 소리를 들을 때였다. 그런 시대의 종언을 상징적으로 보여주는 사건이었다. 헌법재판소 결정 당시에는 이미 대통령이 김영삼으로 바뀐 상태였다.

전두환 대통령에 대한 사건은 이미 옛날이야기가 되어 버렸다. 그러니 요즘도 문제가 되고 있는 남녀평등 관련 사건 하나 들어보자. 아직 기성세대가 사회를 주도하고 있어서 통계로는 확인하기 어려울 수도 있지만, 이미 사회 많은 분야에서 여성이 남성에 비하여 우위를 보이거나 주도하는 현상을 볼 수 있다. 여성이 차별받던 사회에서 시대를 가르는

---

17) 현행 헌법 하에서 헌법재판이 활성화된 이유는 오호택, 『헌법소송법』, 제10판, 동방문화사, 2022, 29~30면 참조. 일반인에게 헌법재판을 간략히 소개한 것은 오호택, 『헌법재판이야기』, 살림출판사, 2010 참조.
18) 헌재 1993.7.29., 89헌마31.

사건으로는 '제대군인 가산점제도 사건'[19]을 들어볼 수 있다. 군대를 갔다 오면 공무원이나 교사임용시험에서 복무기간에 따라 5% 또는 3%의 가산점을 부여하는 「제대군인 지원에 관한 법률」 제8조 제1항이 위헌이라는 결정이었다. 여성들의 입장에서는 법에 따라 군대를 가지 않는 것인데, 공무원 임용시험 등에서 평균 5점을 상대적으로 적게 받고 경쟁하라는 것은 불공정하다는 것이었다. 물론 우리 헌법은 "누구든지 병역의무의 이행으로 인하여 불이익한 처우를 받지 아니한다(헌법 §39②)."고 규정하고 있다. 하지만 그것은 군필자에 대한 지원을 통해서 이루어져야지 여성이나 신체적 결함으로 군대를 가지 못한 사람들의 기회를 박탈하는 것으로 하면 평등의 원칙에 위배된다는 것이 헌법재판소의 설명이다. 이 결정 이후부터 공무원이나 중고등학교 교사에 여성의 진출이 많아지고 오히려 요즘은 남성보다 더 많은 합격자를 내고 있다. 그런 형편이라 "그러면 여성도 군대를 가라."는 주장을 하는 남성들이 있다. 이 주제는 '젠더 갈등'의 단골메뉴다. 그러나 이 문제는 입법자가 군 제대자에 대한 적절한 보상을 입법함으로써 해결될 문제이다. 여성에 대한 병역의무 부과는 좀 더 신중히 고민해야 한다고 생각한다. 구체적인 것은 헌법 강의에서 토론해 보자.

위에서 예로 든 두 사건의 심판 형태에 대하여 알아보자. 두 사건 모두 사건번호는 '헌마'로 되어 있다. '헌마'는 헌법소원심판의 사건기호다. 우리 헌법재판소는 위헌법률심판, 탄핵심판, 정당해산심판, 권한쟁의심판, 헌법소원심판의 5가지 종류의 헌법재판을 담당하고 있다. 각각 사건기호는 헌가, 헌나, 헌다, 헌라, 헌마로 붙인다. 헌법소원심판의 또 다른 형태인 위헌소원(헌법재판소법 §68②)의 경우 '헌바'로 구분되어 있다. 위 '헌재 1993.7.29., 89헌마31'은 '헌법재판소에서 1993.7.29. 선고하였고, 1989년 접수한 헌법소원심판 사건으로 31번째 사건'이라는 의미다.

---

[19] 헌재 1999.12.23., 98헌마363.

위헌법률심판은 법률이 헌법에 위반되는지가 일반 법원의 재판의 전제가 된 경우 법원의 청구에 의하여 헌법재판소가 심판하여 위헌으로 결정되면 그 법률이나 법조항의 효력을 상실시키는 제도이다.

헌법소원심판은 공권력의 행사나 불행사가 국민의 기본권을 침해한 경우 당사자의 청구에 의하여 헌법재판소가 그 공권력의 행사를 취소하거나 불행사가 헌법에 위반되는 것을 확인하고 선언하는 제도이다.

5가지 심판 중 헌법소원만이 유일하게 국민이 청구할 수 있는 것이며, 나머지는 모두 국가기관이 청구하는 것이다. 5가지 심판이 각각 성격이 다르지만 공통점은 '헌법해석이 중요 쟁점이 되는 재판'이다. 또한 헌법재판이 앞에서 설명한 일반 재판과 다른 점은, 일반 재판의 결과는 당사자만 구속하는 데 비하여 헌법재판은 국가기관과 국민을 모두 구속한다는 점이다.

앞에서 권력분립을 입법·사법·행정의 3가지를 가지고 주로 설명했지만,[20] 사실 현대에 와서 중요한 2가지 요소를 더 들어야 한다. 정당에 의하여 권력융합 현상이 일어나므로 여당에 대한 야당의 견제가 중요해졌다. 또 여기서 설명하는 헌법재판제도야 말로 다른 국가기관을 견제하는 역할을 한다. 형식적으로 보면 입법에 대한 견제 뿐 아니라 행정부나 법원에 대해서도 그 권한의 행사가 헌법과 기본권에 부합하도록 통제하는 기능을 한다. 물론 그렇다고 헌법재판소가 헌법상 최고의 기관이냐 하면 그렇지는 않다. 헌법은 각 기관의 역할을 배분하고 이들 기관들이 각자의 기능을 적정하게 수행함으로써 국민의 주권을 실질화한다. 그런 의미에서 헌법재판소는 다른 기관들의 행위가 헌법에 위반될 때 이를 견제하는 역할에 한정된다. 민사소송이나 형사소송에 비하여 헌법소송은 강제집행 절차가 미흡하다는 점도 이러한 점을 말해 준다. 헌법재판소는 국민과 국가기관이 받아들일 만한 한도에서 결정을 할 수밖에 없다.

---

20) [67] 왕과 대통령(권력분립, 입법·행정, 정당) 참조.

[99] 지금 야간옥외집회는 가능한가(위헌과 헌법불합치)

헌법재판소는 일반 법원과 구분하기 위하여 약간 다른 용어를 쓰기도 하는데 재판이란 말 대신 심판이라고 하고, 판결 대신에 결정이라고 쓴다. 학설은 나뉘지만 대체로 헌법재판도 사법의 일종이라고 본다. 즉 누군가 소송을 제기해야 재판을 할 수 있다는 수동성, 권리나 기본권의 침해가 현실적으로 있어야 하며, 장래의 사건에 대하여는 재판할 수 없다는 등의 공통점이 있다. 다만 헌법재판은 객관적 소송으로 사건 당사자가 아닌 일반인에게도 결정의 효력이 미치며, 정치적 성격을 많이 띤다는 점이 특징이다.

헌법재판소는 1988년 문을 연 뒤 현재까지 5만여 건의 심판을 수행하였다. 그중 위헌법률심판은 1천 백여 건, 헌법소원심판은 4만 8천여 건이다. 이는 헌법소원만이 국민이 직접 청구할 수 있다는 점 때문이다. 나머지는 모두 국가기관이 청구하는 것이므로 불필요한 청구가 최소화되었다고 보면 된다.

그런데 가끔 뉴스에 '위헌결정' 외에 '헌법불합치결정'이라는 것도 보도된다. '위헌'과 '헌법불합치'는 어떻게 다를까? "헌법에 위반된다."와 "헌법에 합치하지 않는다."는 것은 문언적으로는 같은 말이다. 그러나 우리 헌법재판소는 독일 연방헌법재판소의 예에 따라 이 두 가지를 구분하여 사용한다. 위 항목에서 예로 든 '국제그룹 해체 사건'과 '제대군인 가산점제도 사건'은 모두 헌법소원심판이며 위헌으로 결정된 사건들이다.

헌법불합치 결정의 사례도 많은데, 「집회 및 시위에 관한 법률」에서 금지한 야간 옥외집회에 대한 결정을 예로 들어보자. 헌법재판소는 2009년 야간 옥외집회를 금지하는 집시법 조항[21])에 대하여 헌법불합치

---

21) 「집회 및 시위에 관한 법률」 §10 "누구든지 해가 뜨기 전이나 해가 진 후에는 옥외집회 또는 시위를 하여서는 아니 된다."

결정을 하였다.22) 그러면서 그 조문은 "2010.6.30.을 시한으로 입법자가 개정할 때까지 계속 적용된다."고 하였다. 개정 시한을 주고 그때까지 국회가 개정하여 그 조문의 위헌성을 제거하되, 그 개정 시한이 넘으면 해당 조문은 폐지된다는 것이다. 다시 말해서 위헌성은 있으나 당장 위헌결정을 하면 그 조문이 효력을 잃게 되어23) 입법 공백이 생길 수 있다. 따라서 당장 효력을 상실시키는 대신 입법자에게 입법 개선을 촉구하는 것이 헌법불합치 결정이다. 제시된 시한까지는 그 법을 적용하지 않는 것이 원칙이나 위 집시법 결정처럼 계속 적용하도록 하는 결정도 많다. 계속 적용 여부는 사건 별로 결정문에서 밝힌다.

이 조문은 그 후 어떻게 되었을까? 국회에서 개정안을 마련하지 못하여 기한을 넘기고 말았고, 결국 이 조문은 효력을 상실하여 없어졌다. 당시 여당이었던 한나라당은 '오후 10시부터 다음 날 오전 6시까지' 금지하는 개정안을, 야당이었던 민주당은 야간에도 원칙적으로 옥외집회를 허용하되 주거지역, 학교, 군사시설 등 일부에서 '자정부터 다음 날 오전 6시까지' 금지하는 개정안을 제시한 채 합의에 이르지 못한 것이다. 두 안은 별 차이가 없어 보이는데도 무조건 반대하는 정치권의 민낯을 보여주는 사례다.

그래서 야간에는 옥외집회가 제한되지 않으므로 현재는 야간 옥외집회가 가능하다. 다만 문제점들이 많아 정치권에서는 어느 정도 제한하자는 논란이 끊이지 않고 있다. 헌법재판소의 헌법불합치 의견에 따르면 야간 옥외집회는 야간의 평온을 위하여 제한하는 것이 합리적이다. 하지만 겨울철 같은 경우 직장인이나 학생의 경우 퇴근이나 하교한 후에는 이미 해가 져 있어서 현실적으로 집회를 전혀 할 수 없으므로 야간 옥외집회를 일률적으로 제한하는 것이 위헌이라는 취지였다.

---

22) 헌재 2009.9.24., 2008헌가25.
23) 헌법재판소법 §47② "위헌으로 결정된 법률 또는 법률의 조항은 그 결정이 있는 날부터 효력을 상실한다."

헌법재판소의 견해대로 구체적인 기준은 입법자인 국회가 마련해야 한다. 헌법재판소가 구체적 기준까지 제시하는 것은 입법권을 침해할 소지가 있다. 헌법재판소는 권력기관을 통제하는 역할을 하는 것이지 행정부나 입법부의 기능을 대신하는 것은 헌법이 예정하고 있는 바는 아니다. 국민의 입장에서는 대통령과 국회, 법원과 헌법재판소 모두 헌법이 부여한 역할을 각자 충실히 하는 것이 필요하다. 그래야 국가의 주인인 국민의 기본권이 제대로 보장될 것이기 때문이다.

헌법불합치 외에도 한정합헌이나 한정위헌이라는 결정도 있다.[24] 대법원이 이를 인정하지 않아서 헌법재판소와 대립하는 결정 유형이다. 너무 전문적인 것들이라 자세한 설명은 헌법이나 헌법재판소법 강의에 미룬다.

---

[24] 헌법재판소법에는 이런 결정의 유형들이 규정되어 있지 않아서 이런 것들을 '변형결정'이라고 부른다.

[100] 탄핵, 또 탄핵이야?(탄핵심판)

아직도 우리 기억에 생생한 박근혜 전 대통령 탄핵 사건이 있다. 또 세월이 좀 흘렀지만 그 이전에 노무현 대통령 탄핵 사건도 있었다. 여야가 극한적으로 대립하고 있는 요즘 장관이나 판·검사에 대하여 연이어 탄핵이 발의되고 있다. 원내 다수당인 야당이 가지고 있는 몇 안 되는 무기 중 하나인데 이를 최대한 활용하고 있는 셈이다. 다만 탄핵이 자주 발의되는 것이 국민을 위하여 바람직한 현상인지는 의문이다. 뒤에서 설명할 정당해산심판과 함께 이 두 가지는 민주주의의 최후의 보루로서 상징적 의미를 가질 뿐, 선거나 재판처럼 일상적인 제도가 아니라는 점을 알고나 있는지 궁금하다.

우선 탄핵의 일반적인 사항에 대하여 알아보자. 탄핵은 헌법재판소가 하는 5가지 심판 중 위헌법률심판에 이어 2번째로 규정되어 있다. 나름대로 매우 중요하다는 의미일 것이다. 헌법재판소는 홈페이지에서 "탄핵심판은 일반적인 사법절차나 징계절차에 따라 소추하거나 징계하기 곤란한 행정부의 고위직 공무원이나 법관 등과 같이 신분이 보장된 공무원이 직무상 중대한 비위를 범한 경우에 이를 의회가 소추하여 처벌하거나 파면하는 절차로서, 탄핵심판제도는 고위직 공직자에 의한 헌법침해로부터 헌법을 보호하기 위한 헌법재판제도이다."라고 설명하고 있다.[25] 그런데 헌법과 헌법재판소법은 탄핵요건을 단순히 '그 직무집행에서 헌법이나 법률을 위반한 때'라고만 규정하고 있다(헌법 §65①, 헌법재판소법 §48). 이렇게 요건이 상세하게 규정되어 있지 못하다는 것은 이것이 일상적 제도가 아니라는 점을 말해 준다.

2명의 대통령 탄핵 사례를 살펴보자. 노무현 대통령은 새천년민주당의 후보로 당선되었으나 새로 열린우리당을 창당하였고, 총선을 앞두고

---

[25] https://www.ccourt.go.kr/site/kor/03/10302030000002020100508.jsp(검색 2024.2.1.)

열린우리당의 후보를 지지하여 달라는 발언을 한 것이 계기가 되었고, 창당을 반대하였거나 그 과정에서 소외되었던 여당 의원의 일부와 야당 의원들이 모여 국회에서 탄핵을 의결하였다.26) 이에 대하여 헌법재판소는 별지 포함하여 판례집 기준으로 61면에 이르는 기나긴 설명을 하고 있다. 16가지에 이르는 쟁점에 대하여 설명하면서 일부 정치적 중립의무 위반은 위법하다고 판단하고 나머지는 위법하지 않다고 판단하였다. 결론은 기각이었다.27)

박근혜 대통령 탄핵의 경우 이른바 '최순실 국정농단'사건으로 촉발되어 노무현 대통령 때와 똑같이 여당 일부 의원과 야당의 의기투합으로 국회에서 탄핵이 의결되었다. 헌법재판소는 이번에도 70면에 이르는 방대한 설명을 하였고, 12가지의 쟁점을 판단하였다. 권한을 남용하여 공익실현 의무와 비밀엄수 의무에 위반되며 나머지는 법 위반이 아니라고 하였다. 결론은 인용, 즉 대통령직에서 파면하였다.28)

결론이 달라진 두 사건의 차이를 법률적으로는 설명하기 어렵다. 그러나 정치적으로는 설명이 된다. 노무현 대통령의 경우 헌법재판소에서 결정이 있기 전에 실시된 국회의원 총선에서 노무현 대통령이 창당한 열린우리당이 제1당이 되었다. 국민의 뜻이 대통령을 파면하는 데 동의하지 않는다고 볼 수 있었다. 반면에 박근혜 대통령의 경우 헌법재판소의 결정이 있는 순간까지도 시민들의 대규모 시위가 끊이지 않아서, 법률적 당부와 상관 없이 대통령직을 수행하기 곤란한 상황이었다고 판단한 듯하다.

결국 탄핵이야말로 헌법재판소가 행하는 심판 중 가장 정치적 성격을 띤다고 생각한다. 그 연장선에서 최근 진행되고 있는 탄핵소추도 대

---

26) 탄핵을 의결하려면 대통령의 경우 국회의원 재적 3분의2 이상이 필요하다. 기타 대상은 재적 과반수의 찬성이 필요하다(헌법 §65②).
27) 헌재 2004.5.14., 2004헌나1.
28) 헌재 2017.3.10., 2016헌나1.

부분 정치적 공격일 뿐 법적인 판단은 별도로 법원의 재판이 진행되고 있고 또 그렇게 되어야 한다. 법원에서 유죄판결을 받으면 그 직에서 당연히 퇴직하므로 굳이 탄핵으로 파면할 이유는 정치적 의미 밖에는 없다. 그리고 법원에서 무죄라면 '그 직무집행에서 헌법이나 법률을 위반한 때'라는 탄핵 사유를 충족시키기 어렵다.

만약 탄핵을 우리나라처럼 자주 활용할 생각이 있다면 그 요건을 좀 더 정밀하게 규정해야 한다. 이른바 선진국에서는 탄핵의 사례가 거의 없다. 미국의 경우에도 1800년대 초에 한두 번의 사례가 있을 뿐이다. 그 이후에도 닉슨 대통령(Richard Milhous Nixon, 1913~1994)의 워터게이트 사건(1972), 클린턴 대통령(William Jefferson Clinton, 1946~)의 성추문 사건(1998)[29] 등으로 탄핵이 진행된 적은 있으나 실제로 탄핵된 경우는 없다. 트럼프와 바이든의 대립이 심한 요즘 서로 탄핵을 추진하거나 전 단계의 조사가 진행된 적이 있으나 우리나라처럼 정치적 공세에 불과하다.

그렇다면 탄핵제도는 민주주의의 보루로서 임기가 보장되어 있는 고위 공무원에 대한 경고의 의미를 가지고 있는 것이지, 일상적으로 추진되는 것은 바람직하지 않다고 생각된다.

---

[29] 실제 탄핵 사유는 르윈스키와의 성추문이 아니라 의회에서의 위증과 사법방해이다.

[101] 진보당과 통합진보당(정당해산심판)

헌법재판소의 심판의 유형 중 일상적인 제도이어서는 안 되는 또 하나의 심판이 정당해산심판이다. 헌법재판소는 "정당해산심판은 정당의 목적이나 활동이 민주적 기본질서에 위배될 때 헌법재판소의 심판을 통해 정당을 해산하는 제도이다."라고 설명하고 있다.[30] 그러면서 "정당해산심판 제도는 정당을 보호하기 위한 취지에서 도입되었지만 정당의 강제적 해산 가능성을 헌법적으로 허용하는 것이므로, 정치적 비판자들을 탄압하기 위한 용도로 남용되는 일이 생기지 않도록 매우 엄격하고 제한적으로 운용되어야 한다."고 덧붙이고 있다.

우리나라의 사례로는 1959년의 진보당 사건과 2014년의 통합진보당 사건이 있다. 두 사건에 대하여 알아보자.

진보당 사건(進步黨事件)은 진보당의 강령과 당헌이 북한의 주장과 같아서 자유민주주의에 위반된다는 문제 제기로 촉발된 것이었다. 그러나 대법원은 "진보당의 강령·정책(혁신정치의 실현, 수탈 없는 경제체제의 확립, 평화통일의 실현)은 헌법의 전문, 제5조(국가의 국민의 자유·평등·창의 존중과 공공복리 향상 의무), 제8조(평등조항), 제18조(근로3권), 제84조(경제질서)의 각 규정에 비추어 볼 때 위헌이라 할 수 없고, 평화통일에 관한 주장 역시 헌법 제13조의 언론의 자유의 한계를 이탈하지 아니하는 한 이를 위헌이라 할 수 없다."고 하였다.[31]

그러나 같은 해 7월 당수(黨首, 당총재)였던 조봉암은 국가변란, 간첩죄 혐의로 체포되었고 결국 사형이 선고되고 집행되었다. 또한 당시에는 정당에 관한 규정이 헌법에 없어서 진보당은 보호되지 못했고, 행정처분(공보실장의 명령)에 의하여 등록이 취소되었다. 이에 대하여 사형당한 지 52년 만인 2011년 대법원은 재심에서 조봉암에 대하여 무죄판결을

---

30) https://www.ccourt.go.kr/site/kor/03/10302040000002020100508.jsp(검색 2024.2.1.)
31) 대판 1959.2.27., 4291형상559.

하였다.32)

한편 2014년 우리나라 최초로 헌법재판소에 의한 정당해산 사례로 통합진보당 해산 결정33)이 나왔다. 헌법재판소는 판례집 기준으로 255면의 방대한 결정문을 통하여 이에 대하여 설명하고 있는데, 요약하면 다음과 같다. 통합진보당이 북한식 사회주의를 실현한다는 숨은 목적을 가지고 내란을 논의하는 회합을 개최하는 등 활동을 한 것은 헌법상 민주적 기본질서에 위배되고, 이러한 피청구인의 실질적 해악을 끼치는 구체적 위험성을 제거하기 위해서는 정당해산 외에 다른 대안이 없으며, 이는 비례의 원칙에도 어긋나지 않고, 위헌 정당의 해산을 명하는 비상 상황에서는 국회의원의 국민 대표성은 희생될 수밖에 없으므로 소속 국회의원의 의원직 상실은 위헌정당해산제도의 본질로부터 인정되는 기본적 효력이다.

문제는 앞에서 살펴본 탄핵과 마찬가지로 정당해산은 민주주의의 최후의 보루로서의 상징성을 가질 뿐 일상적으로 행해지는 제도는 아니라는 점이다. 정당해산제도는 독일에서 히틀러의 나치에 의한 전체주의를 경험하고 그에 대한 반성으로 방어적 민주주의의 이념에 기초하여 도입된 제도다. 그러나 독일에서도 1952년 사회주의국가당(SRP; 일명 신 나찌당)과 1956년 독일공산당(KPD)에 대하여 연방헌법재판소의 결정을 거쳐 해산한 경험이 있을 뿐 그 이후 이후에는 사례가 없다. 세계적으로도 이른바 선진국에서는 사례를 찾아보기 어렵다.

정당해산은 정부의 제소와 헌법재판소의 결정으로 이루어진다.34) 그런데 그 정당을 지지하는 사람들의 세력이 민주주의를 위협할 정도가 아니라면 굳이 해산하지 않아도 된다. 반대로 많은 국민이 지지하는 정

---

32) 대판 2011.1.20., 2008도11.
33) 헌재 2014.12.19., 2013헌다1.
34) 헌법 §8④ "정당의 목적이나 활동이 민주적 기본질서에 위배될 때에는 정부는 헌법재판소에 그 해산을 제소할 수 있고, 정당은 헌법재판소의 심판에 의하여 해산된다."

당이라면 그 정당을 해산한다고 해도 문제가 해결되지 않는다. 따라서 일상적 제도라고 생각하면 안 된다. 혹시라도 또 정당해산이 문제 될 가능성이 있다면 탄핵과 마찬가지로 요건을 정밀하게 다시 구성해야만 한다. 현재는 해산의 요건으로 "정당의 목적이나 활동이 민주적 기본질서에 위배 될 때"라고만 하고 있을 뿐이다(헌법 §8④, 헌법재판소법 §55).

　탄핵이건 정당해산이건 결국 민주주의를 지켜야 하는 책임은 궁극적으로 국민의 깨어 있는 헌법수호의 의식이라고 하는 점을 잊어서는 안 된다.

[102] 『법 이야기』를 마치며

여기까지 읽었다면 이제 우리는 갈림길 앞에 서 있는 것이다. 즉 두 가지 유형의 사람이 있을 수 있다. 첫째는 법과 법학에 대하여 어느 정도 알게 되었으니 앞으로 살면서 법적 문제에 부딪히더라도 겁먹지 않고 그 문제를 이해하고 해결할 용기가 생긴 경우다. 그러나 법을 전문적으로 더 공부하지는 않고 필요하면 적절한 전문가의 도움을 요청할 사람이다. 두 번째는 이제 법과 법학에 흥미를 느껴서 법을 전문적으로 공부하려는 경우이다. 이 책을 쓰게 된 동기는 첫 번째 사람을 위한 것이 더 컸다. 두 번째의 경우는 어차피 전공에서 더 상세하게 배우게 된다. 다만 그런 경우에도 이 책이 어느 정도 법을 이해하는 데 실마리를 제공할 수 있을 것이다.

혹시라도 법을 전공하거나 법을 더 공부하려는 사람은 이 책을 한두 번 더 훑어보기를 권한다. 왜냐하면 법이나 법학을 생소하게 생각하는 이유가 법률용어가 생소하기 때문이라고 하였거니와,[35] 용어와 개념은 반복하면 익숙해지는 것이다. 결국 공부는 반복 숙달이다. 나중에는 몸이 기억하고 무의식적으로 나온다. 물론 창조적인 학문연구를 위해서는 더 많은 시간 접하면서 생각을 많이 해 보는 것이 필요하다. 야마구치 마유는 『7번 읽기 공부법』[36]에서 첫 번째, 두 번째 읽을 때의 주의점을 설명하고 있는데, 어떤 식으로 읽든 7번을 읽으면 웬만하면 머릿속에 내용이 다 들어올 것이다. 대개 그만큼 읽을 때까지의 인내력이 부족할 뿐이다.

이 책을 처음부터 끝까지 정독하는 것이 답답하게 느껴지면 목차를 보고 눈길 가는 항목을 골라 읽어보는 것도 좋겠다. 에피소드 중심으로 쓰다 보니 법적으로는 여러 개념이 관련될 수 있어서 각주에 관련 항목

---

[35] [5] 법은 영어보다 쉽다(법과 법학공부) 참조.
[36] 야마구치 마유, 『7번 읽기 공부법』, 위즈덤하우스, 2015.

을 표시해 놓았으니 도움이 될 것이다. 그냥 여기저기 뒤적이다 보면 법과 법학에 대하여 흥미를 느끼는 순간이 있을 것이다. 통독은 나중에 해도 된다. 필자가 법학을 처음 공부할 때 선배들이 모든 법의 총칙인 '민법총칙' 책을 20번은 읽어야 한다고 가르쳐 준 적이 있다. 몇 번인가 읽으면서부터는 짧은 시간에 1회독을 할 수 있게 되었다. 그러므로 처음 이 책이나 법학책을 볼 때 머릿속에 잘 안 들어온다고 걱정할 필요는 없다. 그저 읽다 보면 쉬워진다는 것은 경험해 본 사람만 말할 수 있다.

이제 『법 이야기』를 마무리할 때가 되었다. 이 책을 구상한 것은 꽤 오래되었고, 소재들은 다년간 강의하면서 강의실에서 했던 이야기들을 정리한 것이다. 대부분 필자의 경험과 기억에 따른 내용이다. '머릿속 강의안'을 정리한 것이다 보니 정확한 출전을 밝히지 못한 곳도 많았고, 또다시 보면서 덧붙일 내용이 생각나는 경우도 많았다. 논문이든 책이든 붙들고 있으면 계속 수정할 내용들이 나오고 더 연구해야 할 부분이 나오게 마련이다. 다시 보면서 수정하다 보면 어려운 용어가 자꾸 나와서 이제는 멈춰야 할 것 같다. 더구나 새 학기를 얼마 안 남겨 둔 지금 이제 마무리할 수밖에 없다는 현실적 핑계가 있다. 여러모로 부족한 부분이 많다는 것을 인정할 수밖에 없으니 독자들의 양해를 바란다. 시사적인 내용이 많아 시간이 흐르면 수정해야 할 내용이 다수 발생할 것이고, 쓰는 과정에서 내용적 오류나 오탈자도 남아 있을 것으로 우려된다. 혹시 그런 것이 있다면 필자에게 피드백을 해 주기 바란다. 그런 것이 필자에게는 정말 큰 도움이 된다.

대학가에 "밥 먹으려는 개와 개강을 앞둔 교수는 건들지 말라."는 말이 있다. 개강 스트레스는 학생이나 교수나 똑같다. 잘 모르는 사람은 "교수는 방학이 길어서 좋겠다."고 한다. 반만 맞는 얘기다. 출퇴근에 얽매이지는 않지만 해야 할 일은 학기 중보다 더 많다. 학기 중에는 강의하느라 자유롭게 하고 싶은 일을 할 수 없기 때문이다. 개인적으로 하고 싶은 일이 많은지 적은지는 개인차가 있을 것이다. 그러나 시간은 누구에게나 똑같이 주어진다. "오늘 일을 내일로 미루지 말자."는 말이 있는 반면에, "내일 할 일을 미리 당겨서 오늘 하지 말자."는 말도 있다. 그날 그날 충실하게 일하고 남은 시간은 쉬면서 즐겨야 한다는 것이 평상시의 소신이다.

    이 책에 머리말을 쓰지 않은 이유는, 독자 중에 머리말을 읽지 않고 넘어가는 사람도 많다는 생각이 들어서이다. 이 책의 목적이나 활용법 등 꼭 하고 싶은 말이 있어서 본문에 넣어서 시작하였다. 머리말을 쓰지 않았으므로 이 자리를 빌어 이 책을 보는 모든 사람들과 강의를 듣는 학생들에게 감사의 인사를 전하고 싶다. 늘 책을 출간해 주시는 동방문화사의 사장님과 직원들에게도 다시 한번 감사한다.

색 인

3권분립	191
AI	121, 123
droit	44
jus	44
KS표준규격	117
lex	44
Recht	44

ㄱ

가사비송사건	270
가사소송	269
가족관계등록부	136
가처분	128
각하(却下)	275
간통죄	97, 210, 221
갑질	10, 88
강간	239
강도죄	235
강제추행죄	238
강행법	112
개고기 식용금지법	69
거부권(재의요구권)	193
건축허가	199
검수완박법	142
결과의 평등	162
결혼식	92
경과규정	108
경범죄처벌법	63
계약	134
고교학점제	180
고등교육법	84
고문(拷問)	271
고의	127
공무원시험 임용령	138
공무집행방해죄	214
공법	112
공서양속(公序良俗)	214
공소시효	80
공정거래법	247
공직선거법	70, 150
공천제도	191
공포(公布)	193
과료(科料)	229
과잉입법	70
과징금	248
과태료	57
과태료(過怠料)	229
관습법	92
관점	101
관할법원	113
관행	92
교도소	226
교수의 자유	180
교육권	74
구법	107
구체적 타당성	82

구치소	226	근친혼	211
국가	147	금고형(禁錮刑)	229
국가공무원법	89	금전채권	206
국가기관	157	기각(棄却)	276
국가인권위원회법	239	기결수용자	226
국가형벌권	217	기관차량조례	87
국내법	105	기망(欺罔)	207
국민	66	기본소득	121
국민주권	186	기부금품법	236
국민주권론	148	기습추행	239
국민참여재판법	263	기피	266
국민투표	186	기회의 균등	162
국세징수법	89	기획재정부	196
국세청	196	긴급피난	220
국적법	261	김영란법	222
국정통제기관	190		
국제법	105, 251	■ ㄴ ■	
국제법원	252	낙태죄	103, 172
국제사법	253	남녀평등	161
국회법	83, 150	남여고용평등법	239
군주주권론	148	납세의 의무	196
권력구조	152	내란목적 살인죄	48
권력분립	190	내용심사	276
권리능력	120	노동법원	246
권리의 충돌	133	노동위원회	246
규범	46	노동조합법	246
규제개혁위원회	86	노무현 대통령 탄핵	285
규칙	107	노인복지법	57
근로기준법	115, 214, 244	논리해석	139
근로시간	245	뇌물공여죄	214
근로자	244	누진세	197

ㄷ

다수결	133
다수설	104
다윗과 골리앗	101
단체협약	246
담합	247
당사자주의	273
당연해석	140
대국가적 효력	169
대사인적 효력	170
대심주의(對審主意)	273
대의기관	186
대의제(代議制)	148
대통령	156
대통령제	188
대학의 자치	180
도덕	91
도로교통법	60, 86
도박빚	206
도박죄	222
동성동본 금혼	212

ㄹ

로(law)	44
로봇세	121
로비스트	31
로스쿨	33

ㅁ

마약죄	221
만 나이	137

매매계약	134
매점매석(買占賣惜)	248
면책특권	253
명예훼손죄	219
무권해석	141
무상교육	162
무체재산권	250
무효	208
물가안정법	248
물건	127
물권	206
물증	272
미결수용자	226
미국 연방헌법	151
미래세대	151
미필적고의	234
민법	113, 202
민사소송	88, 269
민사소송법	113
민사집행법	128
민주공화국	161
민주국가	186
민주적 정당성	190
민주주의	154

ㅂ

바이마르(Weimar) 공화국	153
박근혜 대통령 탄핵	286
반대해석	140
반의사불벌죄	268
배심제	263

배임	78	부전조약	251
벌금	229	부정축재처리법	82
법	44	분담금	197
법령	24, 107	분묘기지권	93
법률	44	불문법	203
법률안 제출권	193	불법주차	58
법률행위	134	비교형량	133
법무부	226	비송사건절차법	270
법무사	31	비영리법인	120
법원(法源)	118	빈부격차	95
법의 실효성	87		
법의 유추적용	67	■ ㅅ ■	
법의 합목적성	84	사교육비	164
법인	120	사기죄	130, 205, 207
법적 안정성	54, 80	사단법인·재단법인	120
법적제재	88	사문화된 법	25, 62
법정상속분	208	사법(司法)	191
법조삼륜	33	사법(私法)	112, 204
법조인	30	사법시험	34
법치국가	21, 160	사상의 자유	174
법칙	45	사실의 해석	55
변론주의	273	사실인 관습	93
변호사	30	사실혼	93, 212
변호사시험	35	사용료	197
병역의 의무	161	사용자	244
보험사기방지 특별법	108	사이버명예훼손죄	65
보호법익	222	사이코패스	91
본안심사	276	사형	229
본안전 심사	275	사형제도	172
부동산실명법	93	사회권	168, 182, 183, 242
부부별산제	96	사회규범	46

색인 299

사회보장	242	세출(歲出)	197
사회보장제도	182	소급입법	82
사회복지	242	소년법	107
사회복지사업법	242	소멸시효	81
사회적 시장경제	66, 247	소송	88, 257
사회주의 국가당	289	소수설	104
산업안전보건법	194	소유권	205
살인 예비·음모죄	48	소음·진동 관리법	105
살인미수죄	48, 231	속인주의	260
살인예비죄	231	속지주의	260
살인죄	47, 231	수권법	154
상고(上告)	258	수도권정비계획법	72
상린관계	92	수뢰죄	214
상법	203	수사(搜査)	257
상습범	233	수수료	197
상위법	105	수정자본주의	66
상인	203	스토킹방지법	8
생명권	171	스토킹처벌법	89
선거	187	식품위생법	68
선고	275	신법	107
선의	19, 127	신법우선의 원칙	108
선의의 제삼자	127	실제적 조화의 원리	133
선한 영향력	95	실체적 진실	258
성문법	24	심급제(審級制)	258
성문법주의	203		
성인	137	▌ㅇ▌	
성희롱	239	아동학대	244
세금	196, 197	아동학대처벌법	74, 234
세는 나이	138	악법	87
세법	196	악의	19, 127
세입(歲入)	197	야간 옥외집회	283

야간주거침입절도	233	위헌법령심사	106
야경국가	66	위헌법률심판	106, 281
약법삼장	77	위헌소원	280
양곡관리법	85	유권해석	141
양성평등	161	유기죄	234
양육비이행법	219	유니콘(Unicorn)기업	86
양형위원회	231	유럽연합(EU)	252
언론·출판의 자유	175	유류분(遺留分)	213
언론의 자유	174, 178	유추해석	140
여소야대	188, 190	유통산업발전법	73
역차별	163	윤리	91
연 나이	137	을질	88
연좌제	224	의무교육	162
열거	143	의사표시	135
영리법인	120	의원내각제	188
영아살해죄	47	이민정책	182
영해 및 접속수역법	29	이중국적	261
예(禮)	9	이행강제금	89
예시	143	인가	200
예외법	108	인간다운 생활을 할 권리	182
요건심사	275	인간의 존엄과 가치	271
용의자	271	인격	120
우주법	252	인과관계	129
운전면허	200	인민	66
원고(原告)	257	인사청문회	83, 224
원칙법	108	인사청문회법	83
원포인트 개헌	187	인용(認容)	276
위법성 조각사유	220	일반법	78, 108
위임입법	114	일반성	114
위자료	269	일반적 정의	82
위헌결정	282	일부사처제	209

일상가사대리권	140	저작재산권	250
임의법	112	저출산	181
입법	191	저항권	87, 185
입법권	193	적기조례	87
입증책임	273	적정임금	245
입헌주의 헌법	184	전세 사기	130
		절도죄	233
▌ ㅈ ▌		정당	149, 192
자구행위	219	정당방어	234
자력구제	219	정당방위	220
자연인	120	정당해산심판	288
자연채무	81, 207	정당행위	220
자유권	168	정보통신망법	65
자유민주주의	153	정상참작감경	18
자유시장경제	247	정의	80
자유심증주의	273	정의(正義)	125
자유재	207	정차	139
자율주행자동차	123	제3자	126, 127
자치법규	107	제척(除斥)	266
작량감경	18	조례	107
잠정적 우대조치	162	조리(條理)	118
장물(贓物)	236	조약	252
장사법	70	조직법	274
장애인복지법	242	존속살해죄	231
장자권	208	종교	90, 94
재·보궐선거	187	죄형법정주의	119
재심	259	주거의 자유	183
재판	257	주권(主權)	147
재판소구성법	262	주문(主文)	275
쟁의행위	246	주세법	197
저작권법	250	주차	139

준강제추행	238
준법투쟁	11
준연동형 비례대표제	142
중대재해처벌법	84, 194
중앙행정기관	86
중우정치	153
중혼죄	210
증거재판주의	272
증여	241
지상권	93
지적재산권	121
직권주의	273
직장폐쇄	246
진보당 사건	288
진의(眞意) 아닌 의사표시	135
진통설	103
집권당	192
집행관	278
집회·결사의 자유	175
징계	89, 229
징병제	161
징역형	229

ㅊ

채권	206
채권자	207
채무자	207
처분	199
청소년보호법	137
청탁금지법	222
초·중등교육법	138

초과근무	245
초중등교육법	74
총선거주의	187
최소침해의 원칙	133
최저임금법	84, 245
추상성	114
축산물 위생관리법	68
축산법	68
취직인허증	214
친일재산귀속법	82
친자확인소송	277

ㅋ

쿠데타	154, 184
쿼터제	162

ㅌ

탄핵심판	285
탈리오 법칙	216
통설	104
통합진보당 해산	289
특별법	78, 108
특별법 우선의 원칙	108
특수강도	235
특정강력범죄법	78
특정경제범죄법	78
특정금융정보법	78
특정범죄가중법	78
특허	200

ㅍ

파리기후협약	252

파업	246	행정규제기본법	86
팍스 로마나	176	행정기본법	199
판례법	115	행정벌	229
판례의 변경	116	행정심판	269
평등	161	행정입법	115
폭행죄	268	행정절차법	199
표현의 자유	175	행정처분	199
피고(被告)	257	행정행위	114, 199
피고인	257, 271	허가	199
피의자	271	헌법	105
		헌법불합치	282
■ ㅎ ■		헌법소원심판	280, 281
하위법	105	헌법수호	290
하위법규	114	헌법위원회	279
하천법	205	헌법재판	281
학리해석	141	헌법재판소	97, 279
학생인권조례	75	형사보상법	232
학설	103	형사소송	89, 269
한시법	108	형사책임 개별화의 원칙	224
한정위헌	284	형집행법	226
한정합헌	284	혼인빙자 간음죄	97
합계출산율	181	혼인신고	92
항소(抗訴)	258	확신범	94
해제조건	104	확증편향	202
핵확산금지조약(NPT)	252	회피	266
행정	191	횡령	78

| 저자 소개 |

〈약 력〉

고려대학교 법과대학 법학과 졸업
고려대학교 대학원 법학과 졸업(법학석사·법학박사)
고려대·아주대·인하대 강사
대법원 판례심사위원회 조사위원
헌법재판소 전문직 연구원
한경국립대학교 법학부장·연구지원실장·기획처장·
　　　　　　인사대학장·대외협력본부장·인권센터장·교수회장
사법시험 등 각종 국가고시, 공무원시험 출제위원
경기도 소청위원·행정심판위원, 경기도의회 입법고문, 경기지방노동위원회 공익위원
한경국립대학교 법경영학부(법학전공) 교수(현)
인사혁신처 소청심사위원, 경기도 선관거관리위원(현)

〈저 서〉

『법학첫걸음』, 제4판, 동방문화사, 2023
『헌법강의』, 제14판, 동방문화사, 2024
『헌법소송법』, 제10판, 동방문화사, 2022
『법과 종교』, 동방문화사, 2022
『우리고전 법과문화』, 개정증보판, 동방문화사, 2022
『판례로 구성한 헌법』, 제4판, 동방문화사, 2009
『교회법의 이해』, 동방문화사, 2010
『헌법재판 이야기』, 『법원 이야기』, 『우리 헌법 이야기』, 『개헌 이야기』,
　　　　　　살림출판사, 2006~2013
『헌법과 미래』, (칼럼집, 7인공저), 인간사랑, 2007

[E-mail 주소]　oht@hknu.ac.kr

『법 이야기』

지은이 / 오 호 택	인 쇄 / 2024. 2. 20
펴낸이 / 조 형 근	발 행 / 2024. 2. 24
펴낸곳 / 도서출판 동방문화사	

서울시 서초구 방배로 16길 13. 지층
전화 : (02) 3473-7294.　　　팩스 : (02)587-7294
메일 : 34737294@hanmail.net　등록 : 서울 제22-1433호

저자와의 합의에 의해 인지 생략

파본은 바꿔 드립니다.　　　본서의 무단복제행위를 금합니다.
정가 : 27,000원　　　　　　ISBN 979-11-89979-71-3　93360